ABC부터 가장 재미있고 알기 쉬운

안현필의
NEW 영어기초확립

불후의 명저

ENGLISH STUDY PRE-BASICS

안현필 先生 영어 체계 완성

안현필 영어는
왜 알기 쉽고 실력이 붙을까요?

안선생 자신이 대학 법과에 입학해서 원서 읽기에 쩔쩔매다가
ABC부터 다시 시작하여 아예 전공을 영어로 방향 전환했습니다.
그래서 학생들이 무엇을 몰라 쩔쩔매는지를 잘 알고 있기 때문입니다.
안선생은 30여 년 간 수재, 범재, 둔재 등의 실력 차가 上中下인 각층의 학생들을 가르친 경험으로
책을 만드셨기 때문입니다.

A 학습용 평소에 교과서처럼 공부하는 책

1 영어기초확립

ABC부터 中(중) 1, 2 정도의 기초를 확고하게 다져줍니다.
처음 영어를 시작하는 학생이면 누구나 꼭 공부해야 할 책입니다.

2 영어실력기초

기초 영어의 Bible. 中(중) 3, 高(고) 1 학생은 누구나 한 번은 꼭 학습해야 할 책으로서 영어의 기본 골격을 만들어 줍니다.
중학교를 졸업하고 고등학교에 가기 전 준비 기간 중에 이 책을 학습하면 더욱 효과적입니다.

3 메들리 삼위일체강의

高 1, 2, 3 학생의 필수적인 기본 영어입니다.
세계에서 가장 유명한 A. W. Meddley의 삼위일체를 교실 강의식으로 자세히 설명하였습니다.

4 영어연구

「영어실력기초」의 확장편으로 영어 원서를 읽어야 하는 사람은 이 책을 학습하고 바로 원서를 공부하면 됩니다.

B 수험용 입학시험에 대비해서 공부하는 책

1 영어기초오력일체

특목고 입시의 완성과 대입수능의 기초를 위한 책으로, 수험 영어에 필수적인 기본 골자들입니다.
「영어실력기초」를 기본으로 공부하고 난 후의 확장편으로, 수험용으로 적당합니다.

2 대입수능영어

대입수능 대비용으로, 교실 강의식의 자세한 지도는 여러분의 훌륭한 가정교사 역할을 합니다.

C 단어·숙어

1 영어 단어·숙어 암기집

단어·숙어는 보통 단어장 또는 사전으로는 암기가 잘 안 됩니다. 이 책은 다른 책에서 찾아볼 수 없는 특수 암기법으로 엮은 가장 효과적이고 경제적인(최소노력, 최대효과) 단어·숙어 암기의 지름길입니다.

2 영단어깨부수기

암기하지 않아도 암기되는 21세기형 영단어 책입니다. 단순히 암기하는 단어, 숙어가 아닌 단어를 쪼개어 뜻과 철자를 동시에 학습할 수 있습니다.

안현필 영어를 공부하는 순서

초중생: 영어기초확립 ···▶ 영어실력기초

고교생: 영어실력기초 ···▶ 영어기초오력일체 ···▶ 메들리삼위일체강의 ···▶ 영어연구

- 「메들리삼위일체강의」와 「영어연구」는 순서가 바뀌어도 무방합니다.)
- 위와 같은 단계를 거치지 못한 고3및 수험생은 「영어실력기초」→「수능요점영어」(가제)를 공부하시고 시간이 나는 대로 「메들리삼위일체강의」를 공부하십시오.

이 책을 처음으로 공부하는 여러분께

여러분 중에는 이번에 처음으로 영어 공부를 시작하는 분도 계실 것입니다.

나는 어린 시절에는 영어 선생이 되리라고는 꿈에도 생각 못하고, 법과 대학을 졸업해서 판사나 검사가 되려는 꿈을 꾸었답니다. 그런데 어쩌다가 꿈에도 생각 못했던 영어 선생을 하게 되어 근 30년 동안 줄곧 이 길만 걸어 왔습니다.

나는 일본 동경에 있는 모 대학 법과에 입학하게 되었습니다. 처음부터 영어로만 쓴 몇 가지 원서를 공부하게 되었는데 각 책을 하루에 몇 페이지씩 빠른 속도로 공부하여 나는 아주 미칠 지경이었습니다. 왜냐하면 나 자신이 껍데기는 사각모자를 쓴 의젓한 대학생이었지만 영어 실력은 형편이 없어 사전을 찾으면서 온갖 노력을 해 봤자 하루 몇 페이지는 고사하고 반 페이지도 공부하기가 어려웠습니다. 심지어 이 영어 때문에 전공인 법학 공부도 제대로 할 수가 없었습니다. 중학교나 고교 때는 교과서를 해설한 참고서가 있어서 이것을 읽으면서 그럭저럭 점수를 얻어 먹고 살았는데 대학에는 그것이 없었던 것이지요. 오늘날 미국에 가 있는 유학생들도 내가 겪은 고통의 몇 배나 고통을 겪고 있는 분이 많을 것입니다.

나는 이 영어 때문에 학교도 공부도 다 싫어졌습니다. 몇 번이고 학교를 그만 둘까 하면서 약 2년 동안을 고민과 실의 속에서 헤매었던 것입니다.

그 후 나는 단연코 결심했습니다. '대학 공부를 제대로 하려면 무엇보다도 먼저 영어를 철저히 알아야 한다. - 영어가 기본 무기이다. 그러면 영어를 ABC부터 새로 공부하자. - 기초가 없기 때문이다. - 영어의 첫 걸음이 잘못되었기에 이렇게 어려움을 겪게 되었다.'라고 생각하면서 나는 용감히 휴학을 하고 영어 공부에 매달리게 되었습니다.

그래서 나는 그 당시 일본 동경에 있는 영어의 대가를 모조리 찾아 다니면서 영어 공부법을 배웠습니다.

한 1년 동안 죽어라 하고 판 후에 먼저 공부했던 원서를 읽어보니 이제는 훤하게 알게 되었습니다. 모르는 단어만 사전에서 찾으면 되었습니다.

그런데 영어를 알게 되니까 법과 공부는 점점 하기 싫어지고 영어 소설 같은 것을 읽으면서 밤을 새는 일이 잦게 되었습니다. 나중에는 법과를 아예 그만두고 영문과로 전과해 버리고 말았습니다. 그래서 오늘의 내가 되고 말았지요. 사람 팔자 참 알 수 없지요? 영어 뿐만 아니라 수학을 못 해서 낙제하고는 자살까지 기도 했던 어떤 학생이 이왕 죽을 바에는 수학을 하다가 죽자고 결심하고서 기초부터 다시 해서 드디어 수학으로 박사 학위까지 딴 사람을 나는 목격했습니다.

그 당시 공부한 그대로, 또 오랜 교단 생활의 체험을 토대로 해서 내가 지은 책 중에 「영어실력기초」라는 책이 있습니다.

내가 쓴 책을 내가 좋다하면 좀 우스우니까 우선 서점에서 알아보시고 고교 졸업생, 대학 재학생과 졸업생 또는 미국에 가 있는 분들에게 물어보면 답이 나올 것입니다.

나는 교묘하게 책 선전을 하고 싶지 않습니다. 내 책의 광고를 보신 분은 아마 없을 것 입니다. (이 책은 처음 나올 때만 존재를 알려주는 의미에서 광고를 하지만) 광고를 통해서 팔리는 책은 오래 가지 못 합니다. 책 광고는 출판사나 저자가 해서는 오래 가지 못하므로 독자가 선전을 해야 합니다. 즉 읽어 봐서 좋으면 부탁을 하지 않아도 자연히 선전이 되는 법입니다. 만일 교묘하게 거짓 광고를 했다가는 저자나 출판사는 신용을 크게 잃으며 독자는 다시 믿지 않을 것입니다. 즉, 독자는 한 번 밖에 속지 않고 그 책은 생명을 영원히 잃고 말 것입니다. 또 동시에 저자는 사회를 속인 큰 죄인이 되며 이 세상에 그 책이 나온 보람이 없어지고 말 것입니다.

그런데 무엇 때문에 시간도 없는 독자들에게 이 듣기 싫은 자랑 이야기를 하고 있을까요? 그것은 그 책을 읽은 독자들의 성화에 못 견뎌서 이 책을 쓰게 되었기 때문입니다.

그 내용이 무엇이냐면 - 「영어실력기초」의 「기초」자는 무엇 때문에 붙였느냐 하는 것입니다. 기초라면 ABC부터 안하고 왜 중간부터 시작했느냐는 것입니다. 나는 학교에서나 학원에서 수험 공부를 시키기 위해서 교재를 만들었기 때문에 필요에 의해서 「영어실력기초」를 쓰게 되었고 몇 번이고 ABC부터 기초 부분을 쓰려고 했으나 시간이 없었습니다.

그런데 그 당시 여섯 살이었던 우리 집 꼬마 아가씨가 벌써 자라서 어린 여학생이 되려는 시점이었고 이것도 이 책을 쓰기 시작하는 데에 큰 동기가 되었던 것입니다. 즉, 이 책은 사랑하는 아들, 딸들을 위하여 그 아버지가 쓴 책입니다.

영어를 공부하는 데 무엇보다 더 중요한 것은 올바른 스타트를 해서 확고한 기초를 세우는 것입니다. 그렇지 않으면 필자의 법과 대학 시절처럼 될 것이 틀림없습니다.

지은이 안현필

*편집자 주: 이 책의 머리말, 잔소리 등은 저자의 의도와 어조를 살리기 위해 생전 말씀을 최대한 유지했습니다. 이 점 양해부탁드립니다.

차례

공부를 시작하기 전에

안현필 선생 영어 체계 완성	2
이 책을 처음으로 공부하는 여러분께	4
공부를 위한 마음가짐	8
첫 잔소리	10
금언 (1)	14

PART 01 알파벳과 발음기호

Lesson 01	ALPHABET 대문자	16
Lesson 02	ALPHABET 소문자	19
Lesson 03	ALPHABET 필기체	22
Lesson 04	발음기호	29

PART 02 영어기초확립

Lesson 01	am, is, are	46
Lesson 02	are (복수)	50
Lesson 03	be동사의 의문문 (am, is, are의 의문문)	55
Lesson 04	have, has	59
Lesson 05	have, has의 의문문	63
Lesson 06	be, have 외의 동사	68
Lesson 07	What, Where, How ...?	73
Lesson 08	Who, Whom, Whose ...?	78
Lesson 09	Which, Why, ... or ...?	83
Lesson 10	not ... (부정문)	88

Lesson 11	Aren't you ...? Yes, ... / No, ... How(What) ...! There(Here) is ...	93
Lesson 12	명령문, 진행형	99
Lesson 13	과거: was, were, had, told, did, played ...	105

PART 03 응용연습

Lesson 01	What do you do?	112
Lesson 02	A Man and a Horse	115
Lesson 03	A House and a Room	119
Lesson 04	Good Morning, Mr. Johnson.	126
Lesson 05	Time	135
Lesson 06	Mr. Robert Dawson's Family	143
Lesson 07	From City to Suburb	149
Lesson 08	A Hat and Wind	156
Lesson 09	What will you do with the money?	178
Lesson 10	A Journey	183

부록

불규칙 동사 암기 노트	202
편지 쓰는 법	205
실용 영어 단어 암기	208
마지막 잔소리	231
고유 이야기	232

공부를 위한 마음가짐

- 노력 그리고 인내야말로 쓰라린 인생을 광명으로 이끄는 참된 안내자이다. 살아서 굴욕(屈辱)을 받느니 차라리 분투 중에 쓰러짐을 택하라.
- 위인(偉人)이 달한 고봉(高峰)은 일약 지상으로부터 뛰어 올라간 것이 아니다. 남이 잠자는 사이에도 한 걸음 한 걸음 애써 기어 올라간 것이다.

★ "아니, 그래도 자네가 일개의 남아(男兒)라고 했나?" – 그러면 물어보자. 아니, 남들이 다 들어가는 – 더군다나 연약한 여학생들까지도 다 들어가는 고등학교에도 못 들어가는 바보 – 그래도 장래 대통령, 장관, 대사업가가 될 꿈을 꾼다는 자네가 – 창피스럽게 그 낯짝을 들고 어딜 어슬렁 어슬렁 걸어다닐 참인가? 차라리 죽어버리고 말지.

– 조, 조, 조금 기다려요. 이왕 죽을 바에는 죽도록 공부하다가 죽어도 늦지는 않아.

– '살아서 굴욕을 받느니 차라리 분투 중에 쓰러짐을 택하라.'

사나이 대장부가 적어도 이만큼한 기백이 없고서야 무슨 일을 할 수 있단 말인가? 그러나 죽을 힘을 다하는 분투 노력에도 반드시 적절한 건강 관리와 현명한 학습 방법이 수반되어야 한다. 맹목적인 분투 노력은 개죽음을 초래할 따름이다. 미친듯이 밤을 새워가면서 공부하는가 하면 그 다음은 온통 몇 날을 다 놀아 먹어버리는 바보들 – 100년을 해 보라, 소용이 있는가. – 나는 이 책에서 그것을 막기 위하여 무수히도 잔소리를 한다. 공부하는 데 무엇보다도 중요한 것은 정신무장이다.

★ 위대한 인물이 도달한 높은 봉우리는 땅에서부터 한꺼번에 뛰어 올라간 것이 아니다. 남이 잠자는 사이(노는 사이)에도 한 걸음 한 걸음 착실히 애써 기어 올라간 것이다. 뛰어 올라가면 미끄러져 떨어지고 만다. 그래도 또 뛰어 올라가면 재수생(再修生) 생활 2년으로 접어든다. 역시 늦어도 선구자와 같이 천천히 착실히 애써 기어 올라갈 도리밖에 없다.

대부분의 수험생은 낙망과 실의의 심연에서 일생을 헤맬 것이다. 뛰어 올라가는 사람은 일생을 두고서도 그 높은 봉우리에는 못 올라간다. 처음부터 소 걸음과 같이 한 걸음 한 걸음 착실히 올라가는 자만이 가장 빠르고 정확하게 올라갈 것이다.

★ 시간과 돈이 없어서 공부를 못 한다는 것은 게으름뱅이가 노상 부려먹는 한낱 구실에 불과하다. 위대한 인물이란 시간과 돈을 극복한 사람들이다. 하늘은 그대를 위대한 인물로 만드시기 위해서 그대에게 시간과 돈을 안 주신 것이다. 이 진리를 빨리 깨달으면 깨달을수록 그대의 앞날에 영광이 있으리라.

★ 우리에겐 정든 고향이 있고, 따뜻이 보살펴 주시는 자상한 아버지와 어머니가 계시다. 지식에도 정든 고향이 있고 보살펴 주시는 부모가 있어야 하는 법이다. 이 책 저 책으로 방랑의 여행을 하는 자는 고향이 없고 부모가 없는 고아이니라. 그런 사람은 시험이라는 위급한 시기에 처해 있어도 역시 의지할 곳이 없는 고아이다. 각 학과에는 기본 참고서가 하나씩 있어서 몇 페이지에 무엇이 쓰여 있다고 기억이 날만큼 철저히 해두어야 된다. 시험 때, 원서를 읽을 때, 회화를 할 때 – 아! 이것은 어느 책 몇 페이지의 것이군 하고 무의식적으로 기억이 날 만큼 해두어야 한다. 지식의 고향이 없고 어머니가 없는 사람은 일생 동안 인생을 방랑하는 천애의 고아와 같으니라.

★ 현명한 학습 방법에 따라 공부하지 않으면 10년 공부가 헛수고로 된다. 나는 30여 년 간 무수한 '돌대가리들' '범재(凡才)들' '수재들'을 가르치고 마지막에는 학원에서 무수한 학생들을 가르쳐왔다. 그간 이 방법 저 방법으로 갖은 실험과 경험을 해왔는데 이 책에서는 그 중 가장 좋은 방법을 택했다. 보통 책과는 방법이 아주 다르다. 내가 학교에서 가르칠 때는 내가 담임한 반 학생의 약 95% 이상이 매년 일차 대학에 합격했다. 이것은 제군의 선배가 다 아는 사실이며 또 그렇기 때문에 오늘의 내가 된 것인데, 방법이 보통과는 좀 다르다. 나를 믿고 공부하라는 뜻에서 일부러 자랑 이야기를 했으니 양해하라. 그러나 객관적으로 실증된 엄연한 사실이니 끝까지 믿고 공부하라.

첫 잔소리

꼬마 잔소리

다음은 여러분이 영어 공부를 하는 데 있어서 꼭 알아 두어야 할 아주 중요한 부분입니다. 몇 번이고 거듭하여 읽어서 꼭 그대로 따라 주시기를 바랍니다. 글을 읽되 뜻을 생각하면서 읽어야 합니다. 읽은 후에 뜻을 물어보면 별안간 벙어리로 변해 버리는 친구가 많아서 그렇습니다.

1. 나는 자타가 공인하는 옛날부터 유명한 잔소리장이 입니다. 각오하세요.
2. 교실 강의 그대로 쓰려고 합니다. 혼자서 배우는 고통을 내가 몸소 겪었기 때문입니다.
3. 공부할 때 무엇보다도 가장 중요한 원칙은

> 답을 보거나 강의를 듣기 전에 공부하는 사람 자신이 먼저 생각하여야 합니다. 이 일을 행하는 자는 필승하며 행하지 않는 자는 필망하니라. (예습을 안하고 학교나 학원에 다니는 사람은 공연한 헛수고입니다.)

학생들에게 가르치시는 분이 학생들로 하여금 미리 생각 하게도 하지 않고 한 시간 내내 진땀을 흘리면서 웅변을 토하시는 것은 지극히 장한 일이지만 그야말로 진짜 헛수고라는 것을 깨달아야 합니다. 더군다나 진도를 맞춘다고 해서 급속도로 수업을 진행하는 일이 있는데 한 책을 끝마친다는 기분은 살리지만 진실로 실력 양성에는 오히려 크나큰 장애가 되고 맙니다. 요점을 추려서 학생들로 하여금 먼저 생각하게 하면서 차근차근 강의하시는 것이 현명합니다. 100가지를 애매하게 하는 것보다 그 절반인 50가지를 철저히 하는 것이 학생에게는 몇 배나 유리한 일입니다.

그런데 선생님이 학생들에게 먼저 생각하게 하기 위해서는 가르치기 전에 먼저 학생들에게 질문을 하셔야 하는데 질문을 하면 아는 척 하는 학생이 재빨리 대답을 해버리고 말기 때문에 이것이 큰 골치덩어리입니다. (골치덩어리로 생각조차 못 한다면 학생, 선생 양쪽이 다 망합니다.) 즉 전체 학생의 사고(생각)를 방해해 버리니까 말입니다.

그래서 나는 책을 쓸 때도 이 점에 특별히 유의해서 가르치기 전에 먼저 묻고 답을 보이지 않는 곳에 둡니다.

그런데 요런 바보 멍텅구리들이 있습니다. 즉 선생님이 일일이 떠먹여주는 것과 답을 바로 밑에 두는 것 – 그리고 또 빨라도 좋으니까 책을 끝 페이지까지 끝마쳐 주는 것을 아주 좋아하는 사람들입니다. 세상에는 성공하는 사람 수가 극히 적고 바보들로 가득 차 있습니다. 이 바보들은 동으로 가라면 서로 가고 북으로 가라면 남으로 가는 것을 지극히 좋아합니다.

그렇게까지 말해도 여러분 중에는 문제 바로 밑에 답, 기타 설명을 써 놓는 친구가 있는데 — 아니 그러면 복습할 때에 생각할 여유도 없이 바로 답과 설명을 보면서 공부하란 말입니까? 이런 식의 공부 100년을 해봐라 — 저 천당으로 올라가서 박사 학위를 100개쯤은 무난히 따게 될 터이니. (그 중의 하나만은 나에게 나눠주고요.)

4 보통 책은 지식을 쭉 늘어놓고 학생들에게 일일이 떠먹여주는 방식을 취하고 있습니다. 아주 친절하게 보이고 일반 바보 학생들에게 호감을 사고 있습니다. 그러나 나중에 가서는 앞의 것을 다 잊어버리고 '이 책은 모르겠다'고 내팽개치는 것이 보통입니다. 헌책을 파는 서점에 가서 책들을 보시오. 처음 몇 페이지만 본 흔적이 있고 나머지는 대부분이 하얗고 깨끗합니다. 즉 끝 페이지까지 읽는 사람이 극히 드뭅니다. 더군다나 답이 바로 밑에 붙어 있으므로 생각할 여유도 없이 공부하게 되므로 소화될 리가 만무하고 진실한 실력을 얻을 리가 없습니다.

5 이 책에서는 지식 하나 하나를 토막토막 잘라서 문답식으로 쭉 나아가고 있습니다. 어떤 지식이든 처음부터 떠먹여주지 않고 우선 물어보고 생각하게 한 후에 답을 주는 방식을 취하고 있습니다. 문제 하나 하나에 □□1, □□2, □□3과 같은 형식의 번호를 매기고 있습니다.

6 무엇 때문에 □□1 식과 같은 괴상한 번호를 매겼을까요? 아마 세상에 이런 식의 책은 처음일 것입니다. 나는 여러분을 꼭 성공시키기 위해서 그야말로 아주 색다른 방법으로 지도하겠습니다. 먼저 말씀드린 바와 같이 세상에는 성공하는 사람이 극히 소수이고, 바보들로 가득 차 있습니다. 그러므로 그 대다수인 바보들과 똑같은 짓을 하면서 성공할 수는 없는 것입니다. 성공하는 사람은 무엇인가 남보다 한 걸음 앞서는 점이 있어야 하며 남과는 다른 점이 있어야 되는 법입니다. 그런 사람들은 옆 사람들로부터 '저놈 돌았다!'라는 말도 흔히 듣는 법입니다. 따라서 나는 여러분들을 바보가 되지 않고 성공하는 사람이 되게끔 하기 위하여 세상에 없는 아주 색다른 방법으로 지도해 가겠습니다.

7 자, 무엇 때문에 □□1식의 번호를 매겼을까요?

일단 배운 것을 후에 잊어버리면 무슨 소용이 있나요? 이 책 100페이지 쯤에 가서 앞에서 공부한 것을 거의 잊어버리고 있다면 그 책은 어려운 것처럼 되어버려서 영어에 취미를 잃게 되고 공부하려는 의지가 없어지게 됩니다. 어떤 것은 좀 복잡해서 한 번 읽고는 이해하기가 좀 힘들 것입니다. 만일 한 번 읽어서 그 뜻을 완전히 파악한다면 그 머리 좋습니다. 그러나 한 번으로 몰라도 결코 실망을 마세요. 열 번 이상 읽으면 머리가 좋지 않더라도 통하게 될 것입니다. 옛말에 '독서 백 번이면 뜻이 스스로 통하니라.'는 말이 있습니다. 백 번까지는 못 해도 열 번 이상만 읽으세요. 어디 한 번만 읽어도 알게 되나 자기 머리를 테스트해 보세요.

- 여러분의 머리는 아는 것, 모르는 것, 희미하게 아는 것으로 막 뒤죽박죽 – 즉 비빔밥, 잡채로 꽉 차 있습니다. 복습을 할 때에도 아는 것 모르는 것을 막 뒤죽박죽으로 하면 시간 낭비는 물론 아무런 효과도 없는 일을 하고 있는 것입니다. 그러지 말고 처음 배울 때부터 아는 것 모르는 것을 딱 분간해서 표시해 놓으세요. 복습을 할 때는 그 표시해 놓은 모르는 것만 추려가면서 하되 이 때에도 다시 되는 것, 안 되는 것을 분간해서 표시해 놓으세요. 그 다음에 또 복습할 때는 그 안 되었던 것만 추려가면서 복습을 하되 이 때에도 되는 것, 안 되는 것을 다시 표시해 가면서 하세요. 이렇게 하면 잊어버리기 쉬운 것만 반복해서 복습하게 되므로 능률적이며 효과적이고 재미있는 공부 전과가 되지 않을까요? 또 시간 낭비를 얼마나 막을 수 있는지 아시겠지요?

- 이 책은 여러분이 조직적으로 위와 같은 방식으로 복습하게끔 하기 위해서 □□1, □□ 2 식으로 문제 번호를 매기고 있습니다. 1, 2의 앞 두 칸은 O, X표를 하는 난입니다. 이것을 하는 방법을 p. 16과 p. 48 특별 잔소리에 쓰고 있습니다.

- 영어뿐만 아니라 다른 과목도 이런 식으로 공부하면 성공하지 말라 해도 안 할 도리가 있나요? '다른 과목도 이런 식으로 하라니?' '다른 책은 이런 식으로 꾸며져 있지 않는데 어떻게 하란 말이오?'란 질문이 으레 나올 것입니다. 어떤 과목을 공부하면서 모르는 것이 나오면 문답을 만들어서 노트에 정리해 가면 되지 않나요? '시간이 걸려서 그런 일을 어떻게 한담?'이란 말도 나올 것입니다. 시간이 걸리는 것 자체가 아주 인상적이고 효과적인 공부 방법입니다. 성급하고 편하게 빨리빨리

공부한 것은 성급하고 편하게 빨리빨리 도망가시나이다. 무엇이든 고생해서 할수록 효과가 좋습니다. 사전 찾는 것을 아주 싫어하는 사람이 있습니다. 한 단어를 완전히 자기 것으로 하려면 사전도 찾아보고 쓰고 읽기도 해보고 노트 정리도 하면서 막 골려 놓아야 자기 것으로 됩니다. 이것 저것 귀찮은 것이 싫으면 아예 공부를 포기해야만 합니다.

- 기본 참고서는 이와 같이 면밀하고 치밀하게 해 두고서는 어느 페이지에 무엇이 쓰여 있다고 기억이 날 만큼 해 두어야 합니다. 여러분에게는 따뜻한 어머니가 있고 정든 고향이 있습니다. 지식에도 어머니가 있고 고향이 있어야 됩니다. 후일 시험 같은 걸 볼 때는 의지할 어머니와 고향이 있어야 됩니다. 이 책, 저 책으로 방랑의 여행을 하다간 여러분은 고아가 되고 말아요.

- p. 87 「이 책을 나는 이렇게 쓰고 있습니다」를 읽으세요.

금언 (1)

**노력(努力) 그리고 인내(忍耐)야말로 쓰라린 인생을 광명(光明)으로 이끄는 참된 안내자이다.
살아서 굴욕(屈辱)을 받느니 차라리 분투(奮鬪)중에 쓰러짐을 택하라.**

이 금언은 나의 일생을 지배한 금언입니다. 아마 여러분에게도 그렇게 될 것이며, 또 그렇게 되기를 나는 진심으로 바랍니다. 나는 소년 시절에 이 금언을 벽에 써 붙여 놓고 수만 번이고 이것을 읽으면서 각오를 새롭게 하여, 자칫하면 게으르기 쉬운 내 마음을 채찍질하면서 앞으로 앞으로 전진했던 것입니다.

불평을 할 시간이 있거든 그 대신 노력을 하십시오. 불평은 조금의 이익도 없이 오히려 해만 가져올 따름입니다. 그저 묵묵히 노력하세요.

큰 일을 하고자 하는 사람은 작은 일은 참아야 합니다. 사소한 일에 일일이 기분을 망치고서는 몇 날 며칠이고 공부도 안 하는 친구가 있습니다. 또 돈이 없고 시간이 없어서 공부를 못 한다고 그냥 놀아버리는 친구도 있습니다.

옛날부터 오늘에 이르기까지 위대한 인물이 된 사람은, 누구나 거의 다 돈이 없고 시간이 없었던 것입니다. 위대한 인물이란 돈과 시간을 극복한 사람들입니다. 돈이 없고 시간이 없어서 공부를 못 한다는 것은 게으름뱅이가 항상 들먹이는 한낱 구실에 불과합니다. 공부하려는 열성만 있으면 돈과 시간은 저절로 극복이 되는 것입니다. 여기에 산 표본이 있습니다. 중학교서부터 대학 졸업할 때까지 나는 부모의 돈을 일전 한 푼도 안 썼습니다. 나뿐만 아니고 성공한 사람은 대개가 다 그러하였습니다. 하물며 부모의 돈을 써가면서도 공부를 못 하는 사람은 그야말로 한심한 사람입니다. 돈 없는 사람보다 곱이나 성적이 더 나아야 될 것 아닙니까?

그럴 바에는 차라리 죽어버리고 말지. — 잠깐 기다리세요! — 이왕 죽을 바에는 죽을 힘을 다해서 공부하다가 죽어버릴 생각으로 공부하세요. — 그러면 성공 못할 리가 있나요?

PART 01

알파벳과 발음기호

Lesson 01 ALPHABET 대문자

※ **이것 아세요?** (O X 표 하시오.)

☐☐ 01. 알파벳(ALPHABET)이란 말을 혹시 들어 보셨나요? 무엇일까요?

> 다음 글자들은 **인쇄체 대문자** 입니다. 혹 읽을 줄 아시는 분이 계시면 읽어보세요.
> 처음 배우는 분은 뒤쪽에 있는 정답과 설명을 보면서 20번 이상 읽고 쓰는 연습을 하세요.

☐☐ 02. A B C D E F G
☐☐ 03. H I J K L M N
☐☐ 04. O P Q R S T U
☐☐ 05. V W X Y Z

1 답과 설명은 다음 페이지에 있습니다. 그러나 답을 빨리 보아서는 안 됩니다. 답을 보기 전에 먼저 천천히 생각하세요. 성급히 한 공부는 성급히 도망가시나이다.

2 처음부터 완전히 아는 것은 ☐ 내에 X표를 하고, 모르는 것에는 O표를 해두었다가 훗날 이것을 두고두고 복습하세요.

3 처음 배우는 분은 거의 다 O표가 될 것이나 실망하지 마세요. 당연한 일이니까요.

연습문제

※ 위의 문제 2, 3, 4, 5를 20번 이상 연습하셨지요? 내 말 안 들으면 큰일납니다. 그러면 다음을 읽고 쓰는 연습을 10번 이상 하세요.

☐☐ 06. Z X V T R P N L J H F D B
☐☐ 07. Y W U S Q O M K I G E C A
☐☐ 08. 인쇄체 대문자를 처음부터 끝까지 차례로 눈감고 소리를 내서 읽기도 하고 써보기도 하세요. (10번 이상)

테스트

※ 다음 테스트에서 100점을 얻도록 노력하세요. 실제 고사장에서 시험을 치는 정신으로, 다른 종이에 틀린 것을 표시하는 것 잊지 마세요.

※ 다음을 인쇄체 대문자로 쓰십시오.

☐☐ 09. 엑스, 유―, 아―르, 피―, 엔, 케이, 에이치, 이―, 오우, 씨―, 에프, 제이, 엠.
☐☐ 10. 즈이―, 와이, 더블유, 뷔―, 티―, 에스, 큐―, 엘, 아이, 지―, 디―, 비―

잔소리　한 문제 하고 답을 보고 또 한 문제 하고 답을 보고 있지요? 그렇게 해서는 안 됩니다. 왜냐하면 다음 문제의 답이 눈에 띄어서 하기도 전에 미리 답을 보아버리기 때문입니다. 그러지 말고 다른 종이에 답을 쭉 끝까지 써놓고 한꺼번에 답을 쭉 맞추어 보세요. 그때에 틀린 것에는 표시를 해 두었다가 두고두고 복습하세요. 공부하는 데는 이렇게 치밀한 작전을 필요로 하는 것입니다. (2~5의 경우는 왼편 빈 자리에 □을 5개 더 만들어 놓는 것도 좋습니다.)

정답과 설명

01　우리글에 『ㄱ ㄴ ㄷ ㄹ ㅁ ㅂ ㅅ … ㅏ ㅑ ㅓ ㅕ …』와 같은 자음과 모음이 있듯이 영어에도 26자의 자음과 모음이 있습니다. 이것을 **알파벳**(ALPHABET)이라고 합니다. 알파벳에는 책에 인쇄할 때 쓰이는 **인쇄체**와 손으로 쓸 때에 쓰는 **필기체** 두 가지가 있습니다. 또 '인쇄체'나 '필기체'에는 각각 대문자와 소문자가 있습니다. 그러니까 한 글자의 꼴이 각각 4종류가 되므로 글자의 꼴로 볼 때는 26×4=104개가 됩니다. 이것을 한꺼번에 뒤죽박죽 공부하다간 효과가 없으므로 하나하나 연습해 가면서 차근차근히 공부해 갑시다. Lesson 1에서는 인쇄체 대문자만 공부합시다. (그리고 '알파벳'이란 이름은 그리스어의 첫 글자인 α(알파), β(베타)에서 따온 것입니다.)

02　**A = 에이**

『에』를 강하게 발음하고, 『이』를 약하게 살짝 붙입니다. 우리말에 '에잇' '에잇끼놈!'이란 욕하는 말이 있지요? — 이 '에잇'의 '에이'('시옷'을 뺌)입니다. 그리고 A를 『에—』라고 길게 발음하면 안 됩니다.

B = 비—

윗입술과 아랫입술을 서로 붙이고 『비—』라고 발음하면서 양 입술을 떼면 됩니다. '빌딩'이라고 할 때의 『비』입니다. '—'는 길게 발음하라는 표시입니다.

C = 씨—

혀 끝을 윗잇몸에 가까이 붙이고 『쓰이—』가 한 음으로 들리도록 『씨—』라고 발음합니다. 『쓰이—』에 가까운 『씨—』로 생각하면 되는 것입니다.

D = 디—

혀 끝을 윗니 뒤에 붙이고 강하게 『디—』라고 길게 발음합니다

E = 이—

우리말의 『이』보다 혀의 복판을 높은 위치로 올리고 길게 『이—』 하면 됩니다.

F = 에프

이 『프』는 우리말에는 없는 음이므로 특별히 주의해야 합니다. 윗니로 아랫입술을 가볍게 누르고 그 사이로 『프』 하면서 입김을 내보내세요 — 조금은 『흐』에 가까운 음이 나오지요?

G = 지—

입 천정에 혓바닥을 넓게 붙이려고 애쓰면서 혀를 약간 떨리게 하는 기분으로 『쥐—』와 비슷하게 『지—』라고 길게 발음합니다.

03　**H = 에이치**

『에』는 강하게, 『이치』는 약하게 살짝 붙입니다. 여기의 『치』는 우리 음 『치』와는 다릅니다. 우리 음의 『치』음 속에는 『이』음이 들어있지요? 『치』로부터 『이』음을 빼고 남은 『츠』에 가까운 음입니다. 그리고 H를 『엣치』로 하는 것은 정확하지 못한 발음입니다.

I = 아이

『아』는 강하게, 『이』는 약하게 살짝 붙입니다. 우리말 '아이들이 떠든다'의 『아이』입니다.

J = 제이

『제』를 강하게, 『이』는 약하게 살짝 붙입니다.

K = 케이

『케』를 강하게, 『이』를 약하게 살짝 붙입니다. K를 『케—』라고 길게 발음해서는 안 됩니다.

L = 엘   M = 엠   N = 엔

이것들은 설명이 필요 없으니 이대로만 기억해 두세요.

04 O = 오우

『오』를 강하게 발음하고『우』를 가볍게 붙이세요.『우』없이『오―』라고 길게 발음해서는 안 됩니다.

P = 피―
Q = 큐―
R = 아―르

우리 음『알』에 가깝기는 하나 좀 차이가 있습니다. 입을 될 수 있는 한 크게 벌려『아―』라고 길게 발음 하다가 살짝『르』를 붙입니다. 그런데 이『르』은 우리 음의『ㄹ』과는 다릅니다. 우리 음『알』의『ㄹ』을 발음할 때에 혀 끝이 어떻게 되나 보세요. 혀 끝이 윗니 뿌리에 완전히 붙은 채 입김이 혀 끝 양쪽으로 나오지요? 그런데 R『아―르』의『르』을 발음할 때는 혀 끝을 위로 말아서 입 천정에 닿을락 말락 하면서 (대지는 말고)『리』하면 입김이 혀 끝과 윗니 뿌리 사이로부터 스쳐나오게 됩니다. 얼핏 듣기에는『르』비슷하기도 하고『을』비슷하기도 한 소리입니다. 알기 쉬운 요령은『아―르』의『르』를 혀 끝을 위로 약간 말아서 약하게『을』에 가깝도록 발음하면 됩니다. 그래도 모르면 혀 끝을 약간 말면서 입 천정에 닿을락 말락 하면서『을』이라고 해보세요. 그래도 모르면『알』이라는 정도로 기억해 두어도 그럭저럭 통합니다.

S = 에스   T = 티―   U = 유―

05 V = 뷔―

F『에프』의『프』와 같이 윗니 끝을 아랫입술에 가볍게 대고『비―』라고 발음해 보세요. 그러면 '부'와 '이'가 한 음으로 된『뷔―』소리가 나옵니다. B는 빌딩의『비―』로서 윗입술과 아랫입술을 함께 붙여서 하는데 V는 윗니 끝을 아랫입술에 대고서 하는 것에 특히 주의하세요.

W = 더블유―

『더』를 강하게 발음하고 , 이어서『블유―』를 가볍게 붙입니다.

X = 엑스

『엑』을 강하게 발음하고,『스』를 가볍게 붙입니다.

Y = 와이

우리 음의『와』보다 입술을 더 둥글게 오므려서 내밀고『와』라고 강하게 발음하고서는『이』를 가볍게 붙입니다.

Z = 즈이― (영국에서는『젣』)

J나 G에 포함되어 있는『제』『지』는 우리 음과 거의 비슷합니다. 그러나 Z 속에 들어 있는『즈』나『제』는 아주 다릅니다.『스』와『즈』를 발음해 보세요. 혀 끝의 움직임이 다르지요?『스』와 같은 혀 끝의 움직임으로『즈』를 발음해 보세요. 좀 보통『즈』와는 다르지요? (즉『스』의 흐린 음 입니다.) 또『세』와『제』를 발음해 보세요. 혀 끝의 움직임이 다르지요?『세』와 같은 혀 끝의 움직임으로『제』를 발음해 보세요 ― 그와 같이 해서『즈이―, 젣』를 발음하세요. 알기 힘들면『즈이―』정도로만 해두세요.

06 Z = 즈이―, X = 엑스, V = 뷔―, T = 티―, R = 아―르, P = 피―, N = 엔, L = 엘, J = 제이, H = 에이치, F = 에프, D = 디―, B = 비―

07 Y = 와이, W = 더블유―, U = 유―, S = 에스, Q = 큐―, O = 오우, M = 엠, K = 케이, I = 아이, G = 지―, E = 이―, C = 씨―, A = 에이

08 답은 위에 다 있으므로 생략합니다.

09 엑스 = X, 유― = U, 아―르 = R, 피― = P, 엔 = N, 케이 = K, 에이치 = H, 이― = E, 오우 = O, 씨― = C, 에프 = F, 제이 = J, 엠 = M

10 즈이― = Z, 와이 = Y, 더블유― = W, 뷔― = V, 티― = T, 에스 = S, 큐― = Q, 엘 = L, 아이 = I, 지― = G, 디― = D, 비― = B

Lesson 02 ALPHABET 소문자

※ **이것 아세요?** (O X 표 하시오.)

다음 인쇄체 대문자를 인쇄체 소문자로 고쳐 쓰세요.
처음 하는 분은 20번 이상 연습하셔야 합니다.

☐☐ 11. A B C D E F G
☐☐ 12. H I J K L M N
☐☐ 13. O P Q R S T U
☐☐ 14. V W X Y Z

잔소리   A 밑에 'a'라고 답을 써넣는 친구가 있습니다. 이렇게 생각 없는 친구는 공부할 소질이 없습니다. 복습할 때는 어떻게 하는지? 답을 보면서 공부하게 되니 무슨 공부가 되겠습니까? 영어뿐만 아닙니다. 학교에서 공부할 때에 선생님이 말씀하시는 답, 설명을 부지런히 써넣는 친구가 너무나 많습니다. 그것도 연필로도 아니고 잉크나 볼펜으로 써넣기 때문에 지울 수도 없고 결국은 책도 망하고 공부하는 것도 망하게 되니 이게 무슨 꼴입니까?

연습문제

※ 다음을 읽어보세요. (입에서 줄줄 나올 때까지 10번 이상 읽으세요.)

☐☐ 15. x t p l h d b f j n r v z
☐☐ 16. w s o k e a i m q u y g c
☐☐ 17. 인쇄체 대문자와 인쇄체 소문자를 각각 나란히 처음부터 끝까지 써보세요. (10번 이상)
☐☐ 18. 인쇄체 대문자와 소문자 중에서 서로 그 모양이 똑같은 것은?
☐☐ 19. 비슷하나 약간 다른 것은?
☐☐ 20. 아주 다른 것은?
☐☐ 21. 읽는 법은 전혀 다른데 모양이 아주 비슷한 것이 있습니다. 무엇일까요?

잔소리   연습문제나 테스트를 할 때는 다른 종이에 답을 쭉 쓴 후에 다음 페이지의 답과 대조하면서 틀린 것은 표시해 두었다가 복습하셔야 합니다. 그런데 그렇게 하지 않고 아주 편하게 그냥 책에다 써 버리는 친구가 있습니다. 그런 공부는 아주 편하게 그냥 도망가버려요. 공부는 모든 귀찮은 것을 꾹 참고 될 수 있는 한 고생을 많이 하며 한 것이 진짜 자기의 피와 살이 되는 것입니다.

테스트

※ (이번 만큼은 꼭 100점이 되도록 하세요.) 다음 우리 글자를 영어 글자로 고치세요. 인쇄체 대문자, 소문자로 바꾸세요.

☐☐ **22.** 유―, 피―, 케이, 이―, 씨―, 제이, 엠, 에프, 에이, 에이치, 엔, 아―르, 엑스

☐☐ **23.** 와이, 뷔―, 에스, 엘, 지―, 비―, 디―, 아이, 큐―, 티―, 더블유―, 즈이―

※ 주의: 틀린 것은 표시해 두었다가 복습하는 것 잊지 마세요.

정답과 설명

11-14 대문자 A B C D E F G H I J K L M N O P Q R S T U V W X Y Z
소문자 a b c d e f g h i j k l m n o p q r s t u v w x y z

15 x = 엑스, t = 티―, p = 피―, l = 엘, h = 에이치, d = 디―, b = 비―, f = 에프, j = 제이, n = 엔, r = 아―르, v = 뷔―, z = 즈이―

16 w = 더블유―, s = 에스, o = 오우, k = 케이, e = 이―, a = 에이, i = 아이, m = 엠, q = 큐―, u = 유―, y = 와이, g = 지―, c = 씨―

17 11~14와 같습니다.

18 C, O, P, S, V, W, X, Z

19
* 아이의 대문자는 I, 소문자는 i * 제이의 대문자는 J, 소문자는 j
* 케이의 대문자는 K, 소문자는 k * 엘의 대문자는 L, 소문자는 l
* 유―의 대문자는 U, 소문자는 u * 와이의 대문자는 Y, 소문자는 y

20 A a, B b, D d, E e, F f, G g, H h, M m, N n, Q q, R r, T t

21 I = 〔아이〕의 인쇄체 대문자, l = 〔엘〕의 인쇄체 소문자

22
* 유―[U u]   * 피―[P p]   * 케이[K k]   * 이―[E e]
* 씨―[C c]   * 제이[J j]   * 엠[M m]   * 에프[F f]
* 에이[A a]   * 에이치[H h]   * 엔[N n]   * 아―르[R r]
* 엑스[X x]

23
* 와이[Y y]   * 뷔―[V v]   * 에스[S s]   * 엘[L l]
* 지―[G g]   * 비―[B b]   * 디―[D d]   * 아이[I i]
* 큐―[Q q]   * 티―[T t]   * 더블유―[W w]   * 즈이―[Z z]

금언 (2)

위인(偉人)이 달(達)한 고봉(高峰)은 일약(一躍) 지상(地上)으로부터 뛰어 올라간 것이 아니다. 남이 잠자는 사이에도 한 걸음 한 걸음 애써 올라간 것이다.

- ▶ 위인(偉人) = 위대한 인물
- ▶ 달(達)한 = 닿은, 도달한
- ▶ 고봉(高峰) = 높은 봉우리 → 높은 지위, 크게 성공한 자리
- ▶ 일약(一躍) = 한꺼번에 뛰어서
- ▶ 지상(地上) = 땅 위
- ▶ 남이 잠자는 사이에도, 남이 노는 사이에도, 잠은 제대로 자야 합니다. 공부는 머리의 활동입니다. 머리가 맑지 않고 피곤하면 무슨 공부가 됩니까? 보통 때는 놀다가 시험 때만 밤을 새우는 바보가 있어요. —— 말하자면 응급 조치로 하룻밤 사이에 막 주워 담고 뒷날은 배탈이 나든 말든 머리는 띵하게 아픈 채로 시험을 친다. —— 답은 엉망이지만 공부한 흔적은 좀 있다. —— 선생님은 낙제점을 매기면 학생 간에 인기가 떨어질 것을 걱정해서 빵점 대신에 60점 심지어는 90점 까지 준다. —— 자기는 학교 성적이 좋다고 하면서 까불고 다닌다. —— 그런데, 그런 친구들이 대학수능시험에 가서는 드디어 가면이 벗겨지고 맙니다. 그때 가서는 때는 이미 늦었어요. 갖은 특효약을 써도 소용 없고 끝내는 돈으로 뒷문을 노리는 친구가 있는데 뒷문으로 들어갈 수 있는 학교는 나오나마나 —— 오히려 불명예가 됩니다. 남이 노는 사이에도 한 걸음 한 걸음 애써 올라가는 것이 제일 좋은 방법입니다.

위 금언은 내가 여러분 시절에 위인 전기를 읽으면서 뽑아낸 것인데 나는 처음 이것을 볼 때 무척 감동했던 것입니다. 그래서 이것을 벽에 써서 붙여 놓고 매일 보면서 자칫하면 게으르기 쉬운 나 자신을 채찍질하곤 했습니다. 여러분 중에도 나와 같이 감동하시는 분이 많을 것입니다. 감동한 나머지 눈물까지 흘리는 분도 계실 것입니다. 그런 분은 나중에 보십시오. 기어이 고봉(高峰)까지 올라가고야 맙니다. 그러나 읽을 당시만 감동하고 뒷날은 생각조차 안 하는 친구는 상대가 안 됩니다. 또 이런 금언을 읽고서도 처음부터 무감각인 친구는 아예 말할 가치도 없습니다.

Lesson 03 ALPHABET 필기체

※ **이것 아세요?** (O X 표 하시오.)

다음을 필기체 대문자와 소문자로 고쳐 쓰세요.
(인쇄체 소문자도 써 보면서 10번 이상 연습하세요.)

☐☐ 24. A B C D E F G
☐☐ 25. H I J K L M N
☐☐ 26. O P Q R S T U
☐☐ 27. V W X Y Z

잔소리 종이에 써 보지도 않고 눈으로만 보면서 편하게 공부하는 사람이 있습니다. 이런 잔소리를 해도 안 듣는 사람은 쓰레기통에 담아버려야 하고 잔소리를 듣고 비로소 하는 사람은 보통 인간이며, 성공하는 사람은 잔소리를 듣기 전에 미리 하는 사람입니다.

연습문제

※ 다음을 필기체로 고쳐 쓰세요. (읽기도 하고, 번역도 해보세요.)

☐☐ 28. (a) I am a boy.　　　　　　(b) You are a girl.
☐☐ 29. (a) He is a student.　　　　(b) I am Tom.
☐☐ 30. (a) You are Mary.　　　　　(b) He is Jack.
☐☐ 31. (a) This is a book.　　　　　(b) That is a desk.
☐☐ 32. (a) John is a carpenter.　　(b) We are boys.
☐☐ 33. (a) You are girls.　　　　　(b) They are students.
☐☐ 34. (a) They are dogs.　　　　　(b) These are books.
☐☐ 35. (a) Those are desks.　　　　(b) They are girls.
☐☐ 36. (a) They are carpenters.　(b) Dogs are faithful.
☐☐ 37. (a) She is Mary.　　　　　　(b) It is a dog.

테스트

※ 다음 테스트에서 100점을 얻도록 노력하세요. 실제 고사장에서 시험을 치는 정신으로, 다른 종이에 틀린 것을 표시하는 것 잊지 마세요.

☐☐ 38.

	인쇄체 대문자	인쇄체 소문자	필기체 대문자	필기체 소문자
엑스				
유-				
아-르				
피-				
엔				
케이				
에이치				
이-				
오우				
씨-				
에프				
제이				

☐☐ 39.

	인쇄체 대문자	인쇄체 소문자	필기체 대문자	필기체 소문자
즈이-				
와이				
더블유-				

뷰 -

티 -

에스

큐 -

엘

아이

지 -

디 -

비 -

정답과 설명

24

인쇄체 대문자	필기체 대문자		인쇄체 소문자	필기체 소문자	
A	𝒜	𝒜 𝒶 𝒶	a	𝒶	𝒶 𝒶 𝒶
B	ℬ	ℬ ℬ ℬ	b	𝒷	𝒷 𝒷 𝒷
C	𝒞	𝒞 𝒞 𝒞	c	𝒸	𝒸 𝒸 𝒸
D	𝒟	𝒟 𝒟 𝒟	d	𝒹	𝒹 𝒹 𝒹
E	ℰ	ℰ ℰ ℰ	e	ℯ	ℯ ℯ ℯ

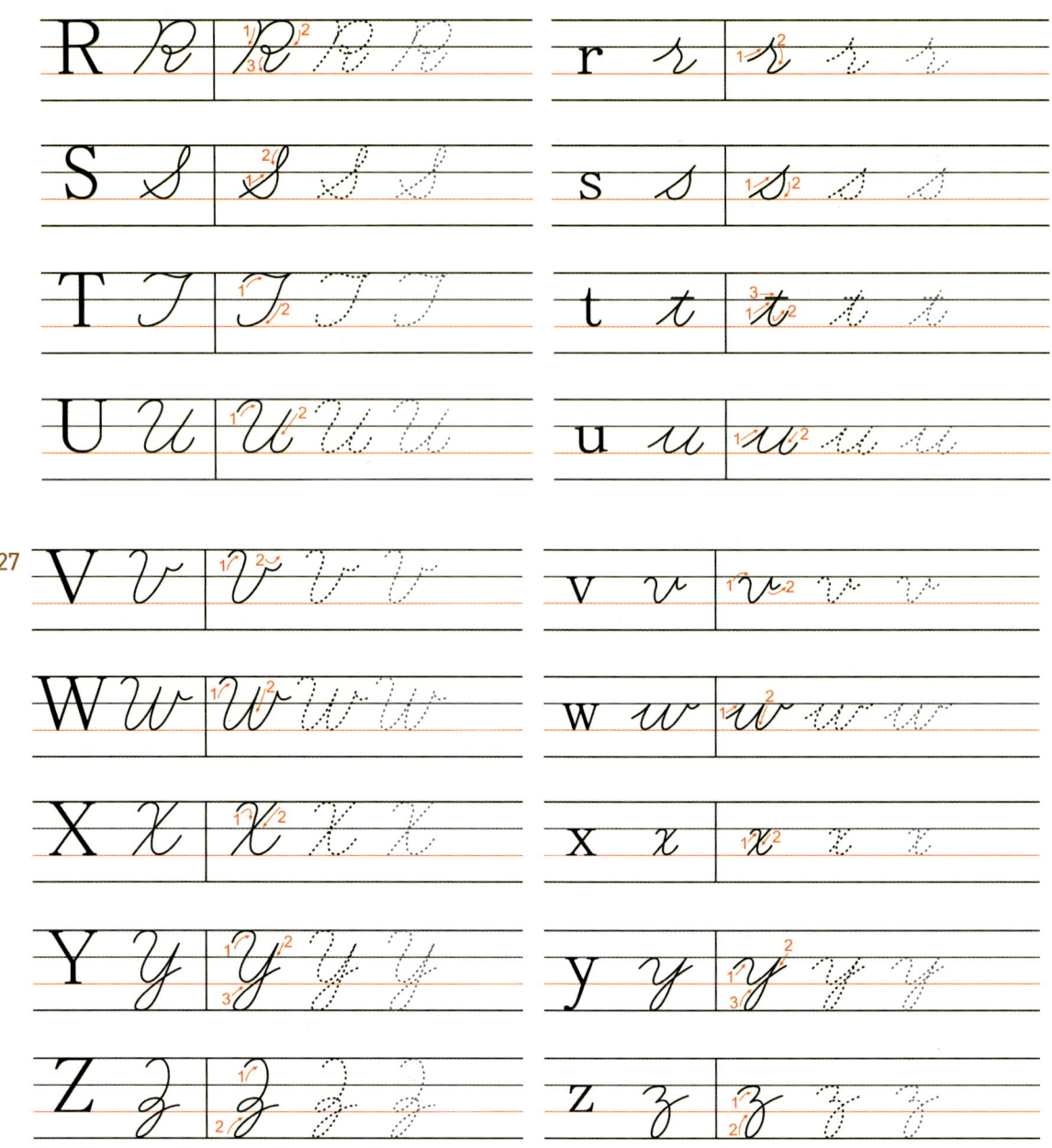

38~39의 답은 위에 있는 24~27을 보세요.
그리고 다음을 보면서 열 번 이상 연습하세요. 몇 선까지 오르내리는 것은 정확히 안 해도 좋으나 다음과 비슷하게 쓸 수 있도록 노력하세요. 가능하면 문구점에서 영어 노트를 팔고 있으니 그것을 구해서 연습하도록 하세요.

28 (a) I am a boy.
(b) You are a girl.

29. (a) He is a student.
    (b) I am Tom.

30. (a) You are Mary.
    (b) He is Jack.

31. (a) This is a book.
    (b) That is a desk.

32. (a) John is a carpenter.
    (b) We are boys.

33. (a) You are girls.
    (b) They are students.

34. (a) They are boys.
    (b) These are books.

35. (a) Those are desks.
    (b) They are girls.

36. (a) They are carpenters.
    (b) Dogs are faithful.

37. (a) She is Mary.
    (b) It is a dog.

휴게실

머리의 피곤을 풀기 위해서 ― 즉, 소풍 삼아 ― 이야기 해볼까요?

그러니까 내가 일곱 살쯤 되는 옛날이라면 아마 여러분은 이 세상에 나오려고 꿈도 꾸지 못했던 때이겠지요. 그 당시 시골에 사는 사람치고 한문 서당에 안 다니던 사람이 거의 없었습니다. 한문 서당에서는 누구나 다 으레 붓글씨 쓰기 공부를 하였던 것입니다. 나도 한 3년쯤은 한문 서당에 다녔는데, 그때에 연습했던 붓글씨가 나의 일생에 큰 도움이 되었습니다. 붓글씨를 잘 쓰면 펜 글씨도 저절로 잘 써지는 법입니다. 어렸을 때의 붓글씨 공부로 덕 본 일이 수없이 많은데, 그 중 두 가지만 이야기 해봅시다. 일본 동경에서 고등학교를 막 졸업한 때였는데 나는 고등학교를 졸업할 때까지는 부모의 돈 일전 한 푼도 쓰지 않고 여러 가지 고된 아르바이트 생활을 하였는데 ―― '이제 고등학교를 졸업했으니까 좀 고상하고 시간 여유가 있는 아르바이트를 하자'고 생각하고 있었던 어느 날, 신문에 '변호사 사무원 1명 구함. 단, 글씨를 잘 쓰는 분'이란 광고가 났습니다. 글씨는 어릴 때부터 남보다 많이 연습했기 때문에 어느 정도 자신이 있었습니다. 그래 이력서를 써서 갔더니 아니 한 명을 구한다는데 그 집 앞에 넥타이 신사, 대학생 등 굉장히 많은 사람이 모여 들어 있었습니다. 초라한 옷을 입은 홀쭉이인 나는 아주 땅 속으로 기어들고 싶은 생각이 나고 아무리 해도 자신이 없어서 그냥 돌아섰습니다. 그런데 전차를 타려는 순간에 '두드려라! 그러면 열린다!'라는 말이 생각 났습니다. 나는 다시 그 변호사 사무실로 용감하게 향했습니다. 내 번호는 77번이었습니다. 재수가 좋은 번호라고 생각하면서 순서를 기다렸습니다. 내 차례가 왔습니다. 변호사가 나의 이력서를 보더니 "이것 자네가 쓴 것인가?" "네, 그렇습니다." "그럼 이 종이에 써 보게." 그 후 여러 가지 문답을 한 후에 변호사 왈 ―― "후보를 5명 뽑는데 자네도 그 중의 한 명이네. 모레 아침 10시에 오게." 나는 희색이 만연하여 집으로 돌아왔습니다. 마침내 총 응모자 98명 중 나 하나가 채용되었습니다. 나의 첫 일은 나머지 97명에게 채용하지 못해서 미안하다는 편지를 내는 일이었습니다.

또 하나의 이야기는 「영어실력기초」란 책의 원고를 어떤 출판사 사장에게 보여 주었습니다. 출판사에서는 이름 없는 사람의 저서를 좀처럼 맡아 주지 않는 법인데, 나의 그 원고를 사장님께서 보시더니 내용은 어떻든 우선 깨끗하고 정성껏 쓴 글씨에 감복하여 말하기를 "첫 인상이 아주 좋습니다." 그 후 영어 대가들의 심의를 거쳐서 드디어 출판하기로 결정되었습니다. 그때는 부산 피난살이 시절이라 출판사에서는 출판해 준다고 해 놓고서는 자금이 없어서 차일피일 미루다가 서울로 수복한 후 드디어 출판하게 되었습니다. 그간 실로 약 4년간 그 불쌍한 원고가 출판사 서랍 속에서 낮잠을 자고 있었지요. 일단 책이 나오자 나 자신도 상상 못할 정도로 전국 방방곡곡으로 무수하게 퍼져 나갔습니다. 이것이 내가 세상에 나오는 계기가 될 줄이야 누가 알았겠습니까?

요즘 우리 나라에서도 가끔 자필 이력서를 내라는 일이 많습니다. 글씨는 한 사람 한 사람의 성격과 인격을 나타낸답니다. 영어 글씨 뿐만 아니라 한글 글씨도 부지런히 연습하셔야 합니다. 이력서나 편지의 글씨를 정성껏 예쁘게 쓰지 않으면 벌써 상대방의 첫 인상이 나빠져서 불리한 입장이 되는 수가 여간 많지 않습니다.

회사, 은행, 학교, 기타 직장에서 너저분한 글씨로 쓴 장부를 가지고 윗자리의 사람에게 결재를 받으러 갈 때와, 글씨를 말끔히 깨끗하게 쓴 장부를 가지고 갈 때의 차이를 생각해 보세요. 실로 글씨 쓰기는 그 사람의 입신출세에 큰 영향이 있습니다. 내가 이런 잔소리를 단순히 여러분의 머리만 식히기 위해서 하는 줄 아세요? 글씨를 부지런히 연습하세요. 방법은 남보다 조금만 더 연습하면 되는 것입니다. 현재에 있어서 남보다 조금 더 앞서는 점이 없으면 미래에 있어서도 남보다 앞서는 점이 없다는 것을 명심하셔야 합니다.

잔소리 또 복습하는 것을 잊으려고 했지요? – 사실은 저도 그래요. – 자 그러면 어디를 어떻게 해야 할까요? 먼저 배운 과의 끝을 보세요.

Lesson 04 발음기호

※ **이것 아세요?** (O X 표 하시오.)

발음기호 (發音記號)

☐☐ 40. 발음기호란 무엇일까요?
☐☐ 41. 모음, 자음이란?
☐☐ 42. 액센트란?

※ 다음 발음기호는 어떻게 발음하나요?

☐☐ 43. [a] [aː] [aːr] [ʌ]
☐☐ 44. [ə] [ər] [əː] [əːr] [æ]
☐☐ 45. [i] [iː] [u] [uː]
☐☐ 46. [ɔ] [ɔː] [oː]
☐☐ 47. [e] [ɛ] [ɛː]
☐☐ 48. [ai] [au] [ei] [ɔi] [ou]
☐☐ 49. [iə] [iər] [ɛə] [ɛər]
☐☐ 50. [uə] [uər] [ɔə] [ɔər] [oər]
☐☐ 51. [p] [b] [t] [d] [k] [g]
☐☐ 52. [f] [v] [s] [z] [θ] [ð]
☐☐ 53. [ʃ] [ʒ] [tʃ] [dʒ] [h]
☐☐ 54. [l] [r] [j] [w] [m] [n] [ŋ]
☐☐ 55. [ts] [dz] [hw]

연습문제

※ 다음을 발음하고 원 단어의 철자와 뜻을 쓰세요. (위의 것을 20번 이상 하고 난 다음에.)

☐☐ 56. [nat] [baks] [fáːðər] [paːrk] [kaːrd]
　　　　[kaːr] [aːr] [kʌp] [sʌn]

☐☐ 57. [ən] [əmérikə] [dáktər] [sʌ́pər] [bəːrd] [əːrθ]
　　　　[tʃəːrtʃ] [æpl] [æm]

☐☐ 58. [pin]　　　[iŋk]　　　[ínsekt]　　[biː]　　　[iːt]
　　　　[buk]　　　[fut]　　　[muːn]　　　[spuːn]

☐☐ 59. [hat]　　　[dal]　　　[ɔːl]　　　[bɔːl]　　　[wɔːl]
　　　　[stouv]　　[kout]　　[houm]

☐☐ 60. [pen]　　　[eg]　　　[mɛ́əri]　　[ɛəriə]　　[pɛ́ərənt]

☐☐ 61. [ais]　　　[skai]　　[mauθ]　　[aut]　　　[neim]
　　　　[bɔi]　　　[tɔi]　　　[nou]　　　[nouz]

☐☐ 62. [aidíːə]　　[niər]　　[biər]　　[ɛər]　　　[tʃɛər]　　[bɛər]

☐☐ 63. [puər]　　[juər]　　[hɔːrs]　　[dɔːr]　　[nɔːrθ]
　　　　[stɔːr]　　[sɔːrt]　　[blǽkbɔ̀ːrd]

☐☐ 64. [pig]　　　[bed]　　　[buk]　　　[tent]　　[desk]
　　　　[kiŋ]　　　[kʌp]　　　[gəːrl]

☐☐ 65. [fíŋgər]　　[laif]　　[fut]　　　[vàiəlín]　　[faiv]
　　　　[sʌn]　　　[zuː]　　　[rouz]　　[zí(ː)rou]　　[θiŋk]
　　　　[θæŋk]　　[mauθ]　　[ðis]　　　[ðæt]　　[mʌ́ðər]

☐☐ 66. [ʃiː]　　　[siː]　　　[ʃiːt]　　　[siːt]　　　[ruːʒ]
　　　　[pléʒər]　　[tʃəːrtʃ]　　[tʃɛər]　　[dʒʌmp]　　[dʒʌst]
　　　　[bridʒ]　　[hænd]　　[haus]

☐☐ 67. [laik]　　　[lʌv]　　　[bel]　　　[ræt]　　　[triː]
　　　　[bred]　　　[jes]　　　[ju]　　　　[wud]　　　[watʃ]
　　　　[muːn]　　　[milk]　　[gʌm]　　　[swim]　　[kǽnədə]　　[iŋk]

☐☐ 68. [kæts]　　　[hæts]　　[bedz]　　[hændz]　　[(h)wat]　　[(h)wɛər]

(답은 다음의 정답과 설명 안에 있습니다.)

정답과 설명

40　〔**발음기호**〕는 만국음성학회에서 제정한 발음을 표시하는 글자를 말합니다. 우리 나라의 '가' '나' '다'는 각각 하나의 발음만 가지고 있습니다. '가'를 〔가〕로 발음하지 달리 발음하지는 않지요? 그런데 영어에서는 예를 들어 말하면 'a'는 알파벳으로 발음하면 〔에이〕이지만 한 단어를 구성하게 되면 〔애〕〔에〕〔아—〕〔에이〕 등 여러 가지로 발음이 됩니다. 우리 나라 사람 같으면 한글로 〔애〕〔에〕 등으로 토를 달면 되지만 미국 사람이나 영국 사람이 자기 나라 발음을 잘 몰라서 토를 달려면 (한글도 모르고 하니) 어떻게 할까요? 또 우리 나라 사람일지라도 한글로 표시할 수 없는 영어의 발음이 있을 때는 무엇으로 토를 달아야 되나요? 또 미국 사람이 우리 나라 말을 배울 때 영어에는 없는 발음이 있다면 어떻게 토를 달아야 되나요? 이래서 발음기호가 생겨 났습니다. 이것만 알면 세계 어느 나라의 말도 발음을 적어서 읽을 수가 있지요. 그리고 발음기호는 다른 것과 구분하기 위해서 [ ] 내에 써놓기로 되어 있습니다.

41 〔**모음과 자음**〕의 구별을 학술적으로 설명하면 매우 어렵습니다. 아주 알기 쉽게 말하면 [a], [ɔ], [u], [i], [e] 등을 발음해 보고, 또 [t], [d], [p], [b], [m] 등을 발음해 보세요. 어떤 차이가 있습니까? 앞의 것은 입 속에서 아무런 방해를 받지 않고 목에서 자연스럽게 나오지요? 뒤의 것은 입 속에서 이리 부딪치고 저리 부딪치며 야단 법석을 떨며 나오지요? 앞의 것을 모음(母音)이라 하고 뒤의 것을 자음(子音)이라 합니다.

42 〔**액센트**〕는 우리는 먹는 '바나나'를 발음할 때 어느 부분을 더 강하게 발음하거나 또는 약하게 발음하지 않고 그저 평평하게 발음하지만 미국 사람은 〔버내너〕라고 발음하는데 여기에서 〔내〕를 〔버〕나 〔너〕보다 강하게 발음합니다. 또 영국 사람은 〔버나-너〕라고 발음하는데 〔나-〕를 더 강하게 합니다. 영어 단어에서는 모음이 둘 이상 있으면 반드시 어느 한 쪽이 다른 쪽보다 더 강하게 발음됩니다.

이것을 「**액센트」를 넣어서 읽는다**고 합니다. 액센트의 표시는 강하게 발음하는 모음 위에 점을 찍습니다. 즉 [bənǽnə] 같이 나타내게 됩니다.

43 [a] = 우리 나라의 〔아〕와 같습니다. 입을 더 크게 벌려서 〔아〕라고 발음하세요.

「~아니다」 not [nat]
「상자」 box [baks]
▲ [a]는 미국식 발음으로서 영국에서는 다음에 배울 [ɔ]를 써서 [nɔt] [bɔks]로 발음합니다.

[aː] = [ː] 표는 길게 발음하라는 표시입니다.

「아버지」 father [fáːðər]

[aːr] = 입을 크게 벌려서 혀 끝을 안으로 약간 구부리고 윗니 뿌리에 닿을락 말락 하면서 〔알〕을 발음해 보세요. (우리 음의 '알'은 혀 끝이 입천장에 붙지요?) 이 〔알〕의 〔아〕를 [aː]에 가깝도록 약간 길게 뽑다가 〔ㄹ〕을 가볍게 붙이면 [aːr] 소리가 나옵니다. 좀 어렵지요? 다시 말하면 혀 끝을 약간 구부리고 윗니 뿌리에 닿을락 말락 하면서 〔알〕이라고 발음하면 됩니다.

「공원」 park [paːrk]
「카드」 card [kaːrd]
「차」 car [kaː(r)]
「~이다」 are [aː(r)]
▲ park, card, car, are과 같이 'r' 자가 들어 있으면 미국에서는 [aːr], 영국에서는 [aː]로 발음합니다.

[ʌ] = [a]의 〔아〕보다 입을 적게 벌리고 〔어〕에 가까운 〔아〕 소리를 내면 됩니다. 〔아〕와 〔어〕의 중간 음으로 생각하세요.

「컵」 cup [kʌp] → 우리말의 〔컵〕〔캅〕의 중간음.
「태양」 sun [sʌn] → 우리말의 〔선〕〔산〕의 중간음.

44 [ə] = 약하게 〔어〕 하면, 약간 〔오〕에 가까운 소리가 나옵니다. [ʌ]나, 우리 음의 〔어〕보다 입을 적게 벌리고 약하게 〔어〕 하면 됩니다.

「하나의」 an [ən]
「미국」 America [əmérikə]

[ər] = [aːr] 때와 마찬가지로 혀 끝을 안으로 구부리고 윗니 뿌리에 닿을락 말락 하면서 약하게 〔어ㄹ〕라고 소리를 내면 〔오ㄹ〕에 가까운 음이 나옵니다. 우리 음의 〔얼〕은 혀 끝이 입 천장에 붙는 것에 주의하세요.

「의사」 doctor [dáktər]
「배우」 actor [ǽktər]
「저녁식사」 supper [sʌ́pər]

[əː] = [ə]를 길게 소리 내면 됩니다. 즉 약하게 〔어-〕라고 하면 〔오-〕에 가까운 소리가 나옵니다.

[əːr] = [ər]를 길게 발음하면 됩니다. 즉 혀 끝을 안으로 구부리고 윗니 뿌리에 닿을락 말락 하면서 〔어-ㄹ〕, 〔어〕를 약간 길게 하면서 〔ㄹ〕을 가볍게 붙입니다.

「새」 bird [bəːrd]
「지구」 earth [əːrθ]
「교회」 church [tʃəːrtʃ]

[æ] = 입을 반 이상 ([a] 보다 적게, [ʌ] 보다 크게) 벌리고 입술의 양 끝을 뒤로 당기면서 〔애〕 하고 소리내면 됩니다. 우리 음의 〔애〕보다 강하게 발음하면 됩니다.

「사과」 apple [ǽpl]
「~이다」 am [æm]

이상 배운 [a] [ʌ] [ə]들은 서로 비슷한 친척들로서 혼동하기 쉽습니다. 다음 그림을 보고 비교하면서 다시 연습하세요.
(위 설명을 다시 읽으면서)

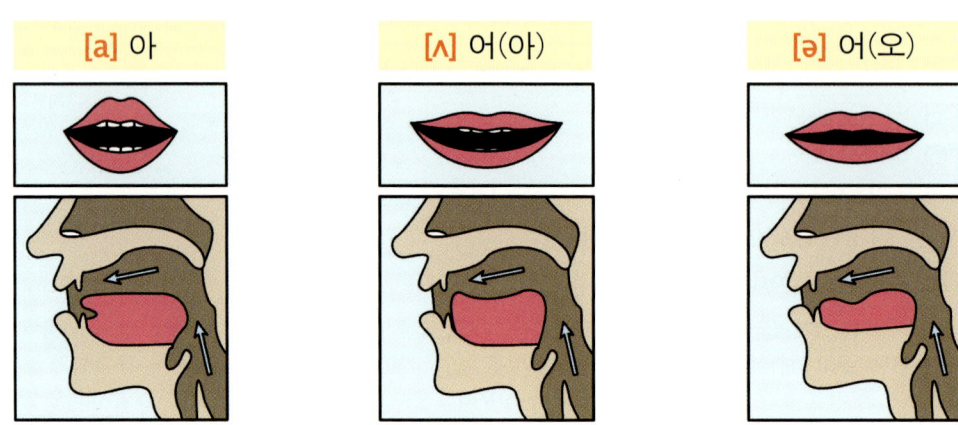

45 [i] = 우리말의 〔이〕와 거의 같은 소리입니다. 우리말의 〔이〕에 약간 〔에〕 소리를 넣을락 말락 하세요. 혀에 힘을 주지 말고 입을 자연스럽게 약간 벌리면서 하세요.

「핀」 pin [pin]
「잉크」 ink [iŋk]
「곤충」 insect [ínsekt]

[iː] = [i]를 길게. 대체로 우리 말의 〔이〕를 길게 하면 됩니다. 입을 약간 좌우로 벌리고 혀를 올려가면서 약간 〔에〕 소리를 풍겨 가면서 〔이-〕라고 소리 내세요.

「꿀벌」 bee [biː]
「먹다」 eat [iːt]

[u] = 우리말의 〔우〕와 거의 비슷합니다. 우리말의 〔우〕보다 입술을 더 오므리고 입술을 둥글게 내밀고 혀의 뒤를 올리면서 입 뒤쪽으로부터 〔우〕라고 짧게 소리를 냅니다. 휘파람을 불듯이 해서 목에서부터 〔우〕 하면 됩니다.

「책」 book [buk]
「발」 foot [fut]

[uː] = [u]를 길게 발음하면 됩니다. [u] 때보다 입술을 더 둥글게 오므리고 혀의 뒤를 더 올리면서 목으로부터 〔우-〕라고 길게 발음하면 됩니다.

「달」 moon [muːn]
「숟가락」 spoon [spuːn]

46 [ɔ] = 우리말의 〔오〕보다 입을 더 크게 둥글게 벌려서 입을 앞으로 내밀고 혀 뒤를 좀 올리면서 목 안으로부터 강하고 짧게 〔오〕 소리를 내면 됩니다. 약간 〔아〕 소리가 섞인 감이 있습니다. 미국 사람들은 아예 [ɔ]를 [a]로 발음해 버립니다.

「상자」 box [baks / bɔks]
「~아니다」 not [nat / nɔt]
「뜨거운」 hot [hat / hɔt]
「인형」 doll [dal / dɔl]

[ɔː] = [ɔ]를 길게, [ɔ] 때보다 입술을 더 둥글게 앞으로 혀 뒤를 더 올리면서 목 안으로부터 약간 〔아〕 소리를 풍기면서 〔오-〕라고 발음하세요.

「모든, 전부의」 all [ɔːl]
「공」 ball [bɔːl]
「벽」 wall [wɔːl]

[oː] = 우리 말의 〔오〕와 같습니다. 따라서 [ɔ] [ɔː] 보다 입을 작게 둥글게 벌리고 혀 뒤를 올릴 것 없이 자연스럽게 〔오-〕라고 소리를 냅니다. 그리고 [ɔ] [ɔː]에는 〔아〕 소리가 어느 정도 섞이게 되나 [oː]는 그렇지 않습니다. [oː]는 미국식 발음으로서 영국에서는 [ou]라고 발음되며 미국의 일부에서 [oː]라고 발음합니다. 이 책에서는 [ou]를 쓰지만 상식적으로 알아두세요.

「난로」 stove [stouv / stoːv]
「외투」 coat [kout / koːt]
「집」 home [houm / hoːm]

house도 「집」이란 뜻. home도 「집」이란 뜻 — 차이는?
house는 건물을 뜻하는 외형(外形)적인 말이고, home은 가정을 뜻하는 추상적인 말입니다.

47 [e] = 우리 말의 〔에〕와 거의 같습니다. 우리말의 〔에〕보다 약간 입을 더 벌리고 〔에〕 하면 됩니다.

「펜」 pen [pen]
「달걀」 egg [eg]

[ɛ] = [e]와 [æ]의 중간 소리입니다. 따라서 [æ]는 입을 좌우로 가장 많이 벌려서 〔애〕 소리를 내는데 [ɛ]는 그보다 작게 좌우로 벌리고 〔에〕. 영어의 〔어〕나 우리말의 〔에〕는 입을 좌우로 가장 작게 벌립니다. 그리고 [e]는 입을 위아래로 자연스럽게 벌리고 [ɛ]는 약간 더 벌리고 [æ]는 위아래로 벌리려는 생각은 말고 (실제는 [ɛ]보다 더 벌리나) 좌우로만 힘차게 벌립니다. 영국에서는 [ɛ] 다음에 반드시 [ə]를 넣어서 쓰지만 미국에서는 [ɛ]를 단독으로 쓰는 수가 많습니다.

「여자 이름」 Mary [méri / méəri]
「지역, 지면」 area [έriə / έəriə]

[ɛː] = [ɛ]를 길게 발음합니다.

「부모」 parent [pέːrənt / pέərənt]

이상 배운 [e] [ɛ] [æ]는 아주 친한 친척들로서 분간하기가 힘들 것이니 다음 그림을 보고
위 설명을 읽으면서 비교 연구하세요.

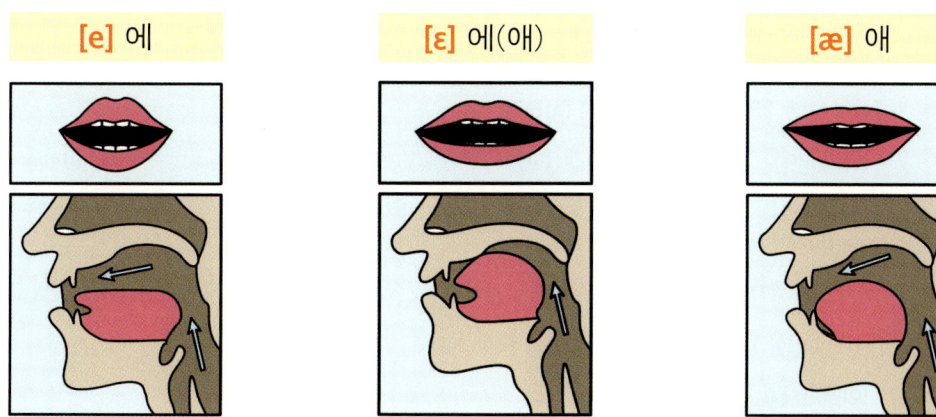

[e] 에   [ɛ] 에(애)   [æ] 애

방법 [e]는 입을 자연스럽게 하여 우리말의 〔에〕와 거의 같이 발음하고, [ɛ]는 좀 힘을 주어서 〔애〕에 가까운 〔에〕 소리를 내고, [æ]는 힘차게 〔애〕 하면 됩니다. 즉 [ɛ]는 힘주지 않고 소리 내는 〔애〕인데 [e]에 가깝습니다.

48 [ai] = 알파벳의 'I'의 발음과 같고, '아이들이 떠든다.'의 〔아이〕입니다. [a] 발음은 [a] 단독으로는 안 쓰이고 반드시 그 다음에 [i] 또는 [u]를 두어서 [ai] [au]와 같이 2중 모음일 때만 쓰입니다.

「얼음」 ice [ais]
「하늘」 sky [skai]

[au] = 〔아〕를 강하게, 〔우〕는 가볍게 살짝 붙입니다. '아우, 동생'의 '아우'와 거의 같습니다. 입을 좀 더 벌려서 〔아〕 하고, 〔우〕는 단독으로 쓸 때보다 혀의 위치를 좀 낮게 해서 가볍게 살짝 〔우〕라고 합니다.

「입」 mouth [mauθ]
「밖으로」 out [aut]

[ei] = [e]와 [i]를 합친 음입니다. 첫 〔에〕를 강하게, 뒷 〔이〕를 가볍게, 알파벳 'A'의 발음과 같습니다. 그리고 미국 일부 지역에서는 [ei] 대신 [e:]를 씁니다. (이 책에서는 [ei]를 쓰므로 참고로만 알아두세요.)

「이름」 name [neim]

[ɔi] = [ɔ]와 [i]를 합친 음. [ɔ]를 강하게, [i]는 약하게. [ɔ]는 [ɔ] 단독으로 쓸 때보다 좀 길게, 그러나 [ɔ:]보다 짧게 발음합니다.

「소년」 boy [bɔi]
「장난감」 toy [tɔi]

[ou] = 〔오〕를 세게 발음하고 〔우〕를 가볍게. [ou]의 [o] 발음은 우리말의 〔오〕와 거의 같습니다. 그리고 [ou]는 알파벳의 'O' 발음과 같습니다. 그리고 미국 일부 지역에서는 [ou] 발음을 [o:]로 합니다.

「아니오」 no [nou]
「코」 nose [nouz]

49 [iə] = [i]와 [ə]를 합친 음. [i]를 강하게, [ə]는 약하게.

「생각」 idea [aidí:ə]

[iər] = [i]와 [ər]을 합친 음. [i]를 강하게, [ər]을 약하게. 단어 철자에 'r'이 있을 때 미국에서는 [iər], 영국에서는 [iə]를 씁니다.

「가까이」 near [niər]
「맥주」 beer [biər]

[ɛə] = [ɛ]와 [ə]를 합친 음. [ɛ]를 강하게, [ə]는 약하게.

[ɛər] = [ɛ]와 [ər]을 합친 음. [ɛ]를 강하게 [ər]은 약하게. 미국에서는 [ɛər]을 쓰고 영국에서는 [ɛə]를 씁니다.

「공기」 air [ɛər]
「의자」 chair [tʃɛər]
「곰」 bear [bɛər]

50 [uə] = [u]와 [ə]를 합친 음. [u]를 강하게, [ə]는 약하게.

[uər] = [u]와 [ər]을 합친 음. [u]를 강하게, [ər]은 약하게. 미국에서는 [uər]을 쓰고 영국에서는 [uə]를 씁니다.

「가난한」 poor [puər]
「당신의」 your [juər / jə:r / jər]

[ɔə] = [ɔ]와 [ə]를 합친 음으로서, [ɔ]를 강하게 발음하고 [ɔ:]에 가깝도록 약간 길게 하면서, [ə]를 살짝 붙일 것.

[ɔər] = [ɔ]와 [ər]을 합친 음. [ɔ]를 강하고 약간 길게, [ər]을 약하게 발음합니다.

[oər] = [o]와 [ər]을 합친 음. [o]를 강하고 약간 길게, [ər]을 약하게 발음합니다.

> 참고
> ▲ [ɔə]는 영국 북부지방의 발음으로서, 영어 표준음인 남부지방에서는 [ɔ:]로 발음합니다.
> ▲ [ɔər]나 [oər]는 현대 영어에서는 대부분 [ɔ:r]로 발음합니다.

「말」 horse (미) [hɔːrs] / (영) [hɔːs]
「문」 door (미) [dɔːr] / (영) [dɔː]
「북쪽의」 north (미) [nɔːrθ] / (영) [nɔːθ]
「상점」 store (미) [stɔːr] / (영) [stɔː]
「종류」 sort (미) [sɔːrt] / (영) [sɔːt]
「칠판」 blackboard (미) [blǽkbɔːrd] / (영) [blǽkbɔːd]

잔소리 지금쯤은 공부들 하시느라고 무척 피곤하고 듣기 싫은 잔소리라도 좀 해주면 하고 생각하실 것입니다. 다행히 여기에 빈 자리가 생겼으니 어디 한 번 해볼까요? 내가 잔소리 한다면 여러분은 으레 웃어보려고 덤비시고 재미있다고 해서 공부는 안 하고 이것만 추려 읽는 친구가 있습니다. 팬 많아요. 그러나 그때 그때에 필요한 잔소리를 했으니 그때에 가서 또 꼭 읽어야 합니다. 영어 공부하는 제일 좋은 방법은 무엇이라 했지요? 「반복 연습」이라 했습니다. 어린아이는 하나의 말이 완전히 입에서 나올 때까지 몇 번이나 연습을 했을까요? 여러분은 예사로 생각하시겠지만 요놈들이 하나의 말을 완전히 입으로 표현할 때까지는 수십 번의 연습을 거듭하는 것입니다. 요 눈치 보고 저 눈치 보고 입 안에서 오물오물 해보는 등 갖은 방법을 한 다음에 비로소 하나의 말을 표현하게 되는 것입니다. 어린아이들은 말 배우는 것이 전문 직업이고 기억력이 왕성한데도 그렇게 반복 연습을 하는 것입니다. 그런데 여러분은 배우는 것이 한두 가지 뿐입니까? 자 — 영어를 필두로 해서 '국어' '수학' '사회' '과학' 또 무엇이 있더라? 그래 그래 '예능' '체육' … 그런데 또 방과 후에 욕심 사납게도 '피아노' '무용'까지 배우는 친구가 있어, '영어'가 이 통에 끼어서 죽을 지경입니다. 자, 그래서 그렇게 머리가 복잡하기 때문에 아까 방금 배운 단어도 이내 잊어버리고 "요놈의 돌대가리야"하면서 애꿎은 머리 탓만 하니 안타깝기 그지 없습니다. 잊어버리는 것은 영어의 특성이고 머리 탓이 아니니 제발 그 불쌍한 머리를 그만 놔두세요.

그래서 나는 여러분을 동정한 나머지 OX표식 복습 방법을 발명해 냈습니다. 기본 참고서는 적어도 10회 이상을 공부하는 것이 원칙입니다. 그러나 내 방식대로 하면 1회로서 거의 다 끝나고 2회에 가서는 얼마 할 것이 없어질 것이니 거짓말인가 두고 보세요. 영어 공부법에 있어서 「반복 연습」이 생명이다. 이것을 안 하면 영어 공부를 포기하는 거나 마찬가지입니다. 그런데도 여러분은 내 말대로 복습은 안 하고 그저 앞으로 막 달음박질만 하려고 하니 참 기가 막힙니다. 앞의 것은 다 잊어버리고 지금 하는 것이 어려워서 모르게 되어 "에이, 무슨 책이 쓸데없이 잔소리만 잔뜩 늘어놓고… 알지도 못하게. — 딴 책을 해보자. — 이것도 안 되겠어! — 또 딴 책을 해보자."

그렇지만 이런 식으로는 절대 영어 실력을 올릴 수 없습니다. 영어는 무조건 반복 연습을 통한 실력 향상이 있을 뿐입니다.

51 [p] = 우리말의 '파… 퍄… 프…' 중에서 [파]는 [ㅍ]와 [ㅏ]가 합쳐져 [파]가 되었지요? 또 [프]는 [ㅍ]와 [ㅡ]가 합쳐져 [프] — 이 [ㅍ] 음이 [p]의 음과 같습니다. [ㅍ] 음만을 발음해 보세요. 소리가 안 나는 파열하는 입김에 불과하지요? — 이것을 발음하려면 양 입술을 다물었다가 급히 입을 벌리면 [프]에 가까운 소리가 나옵니다. 즉, [프]에서 [ㅡ]를 뺀 음으로 알면 됩니다. 그리고 또 알기 쉽게 하기 위해서 [p] = [프]로만 기억해 두어도 됩니다.

「펜」 pen [pen]
「돼지」 pig [pig]

[b] = 위와 마찬가지인 설명이 되겠습니다. 즉 [브]에서 [ㅡ] 음을 뺀 음. 알기 쉽게 하는 방편상 [b] = [브]로 해두니 이것만 기억해 두어도 됩니다.

「침대」 bed [bed]
「책」 book [buk]

[t] = [트]에서 [ㅡ] 음을 뺀 음입니다. 알기 쉽게 [t] = [트]로 기억해 두어도 됩니다.

「천막」 tent [tent]

[d] = 이것도 마찬가지로 [드]에서 [ㅡ] 음을 뺀 음입니다. 그냥 [d] = [드]라고만 기억해 두어도 됩니다.

「책상」 desk [desk]
「침대」 bed [bed]

[k] = 역시 마찬가지로 [크]에서 [ㅡ] 음을 뺀 음입니다. 편의상 [k] = [크]로만 기억해 두어도 됩니다.

「왕」 king [kiŋ]
「잔」 cup [kʌp]

[g] = 역시 마찬가지로 [그]에서 [ㅡ] 음을 뺀 음입니다. 편의상 [g] = [그]로 기억해 두어도 됩니다.

「소녀」 girl [gəːrl]
「돼지」 pig [pig]

52 **[f]** = 이것은 우리말에는 없는 음이므로 특별히 주의하세요. 알파벳 'F'에서 말한 바와 같이 윗니를 아랫입술에 가볍게 대고 〔ㅍ〕하면 〔ㅎ〕와 비슷한 입김 소리가 나옵니다.

「손가락」 finger [fíŋgər]
「인생, 생명」 life [laif]

> **요령** [fíŋgər]에서 〔핑〕을 아랫입술을 가볍게 물면서 발음하세요.
> 「발」 foot [fut] → 이것도 아랫입술을 가볍게 물면서 발음합니다.

[v] = 이것도 우리말에는 없는 음. 발음 요령은 [f]와 같이 윗니를 아랫입술에 가볍게 대고 〔브〕 하면 됩니다.

「바이올린」 violin [vàiəlín] → 아래 입술을 살짝 물면서 〔바〕라고 발음하세요.
「다섯」 five [faiv] → 역시 〔파이브〕의 〔파〕나 〔브〕는 아랫입술을 가볍게 물면서.

> **특별주의** [b]의 〔브〕는 양 입술을 합쳤다가 갑자기 〔브〕라고 했지요. [v]의 〔브〕와 같이 아랫입술을 가볍게 물고 발음하면 틀린 발음이 됩니다. 아래 그림을 보고 위 설명을 다시 읽으면서 연구하세요.

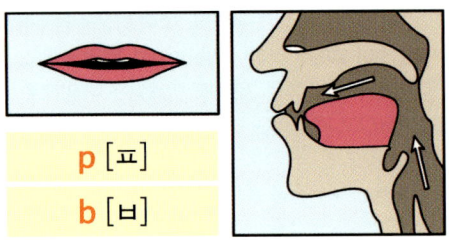

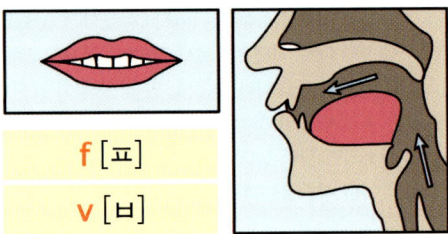

양 입술을 다물었다가 갑자기 ㅍ[p], ㅂ[b]   아랫입술을 가볍게 물고 ㅍ[f], ㅂ[v]

[s] = 우리말의 〔스〕로부터 〔ㅡ〕 음을 뺀 〔ㅅ〕 음입니다. 혀 끝을 윗니 뿌리에 닿을락 말락 접근시키고 그 사이로부터 무엇이 긁히는 것처럼 입김을 내면 됩니다. 알기 힘들면 〔스〕라고 기억해 두어도 됩니다.

「태양」 sun [sʌn]
「책상」 desk [desk]

[z] = 이것은 우리 말에는 없는 음이니 특히 주의하세요.

▲ [z]는 [s]의 흐린 소리이며, 우리말 〔ㅈ〕의 긁히는 소리로 생각하고 다음의 방법을 알아봅시다.

> **요령** ① [s] 음인 〔ㅅ〕를 발음해 보세요. 혀를 움직이지 말고 가만히 그대로 두고서 〔ㅈ〕 또는 〔즈〕를 발음해 보세요. 우리말의 〔ㅈ〕나 〔즈〕보다 긁히는 소리가 나오지요? 그것입니다.
> ② [s] 음은 〔스〕에서 〔ㅡ〕를 뺀 〔ㅅ〕 음이라고 했지요? 그 〔ㅅ〕 음은 목에서 소리가 안 나는 입김에 불과합니다. 자 ― 그러면 그 〔ㅅ〕를 목에서 소리가 나도록 해보세요. 자 ― 해봅시다. 〔ㅅ〕 하고 바로 목에서 소리가 나도록 하면 〔ㅈ〕의 긁히는 소리가 나오지요? 그것입니다.

「동물원」 zoo [zuː]
「장미」 rose [rouz]
「영」 zero [zí(ː)rou]

[θ] = 이것도 우리말에는 없는 발음입니다. 혀 끝을 살짝 물면서 〔ㅅ(스)〕라고 하면 [θ]음이 나옵니다.

「생각하다」 think [θiŋk]

「감사하다」 thank [θæŋk]
「입」 mouth [mauθ]

[ð] = 이것은 [θ]의 흐린 음입니다. 혀 끝을 살짝 물면서 〔ㅈ〕하면 〔ㄷ〕에 가까운 소리가 나옵니다. [θ] 음인 〔ㅅ〕는 목에서 소리가 안 나오는 입김입니다. — 이것을 목에서 소리가 나오도록 하면 [ð] 음이 됩니다. 까다로우면 [ð]는 〔ㄷ(드)〕라는 정도로만 기억해 두면 됩니다.

「이것은」 this [ðis]
「저것은」 that [ðæt]
「어머니」 mother [mʌðər]

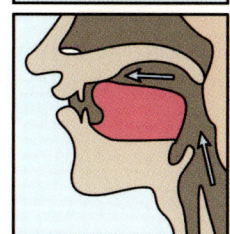

혀 끝을 윗니 뿌리에 아주 접근시켜서(대지 말고) 그 사이로부터 〔ㅅ(스)〕, 〔ㅈ(즈)〕라고 스쳐서 발음합니다.

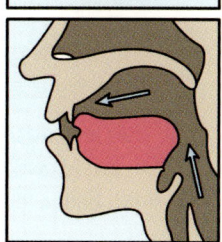

혀 끝을 살짝 물면서 〔ㅅ(스)〕, 〔ㄷ(드)〕라고 발음하세요.

잔소리 (그래도 잘 몰라요?)

다른 책에 없는 교수법을 창안하면서 초보자가 알기 쉽게끔 최선을 다하고 있습니다만 그래도 역시 처음 공부하는 사람들에게는 잘 모르는 점이 많을 것입니다. 비단 발음 문제뿐만 아닙니다. 그럴 때는 실망하지 말고 '?'표를 붙여놓고 앞으로 나아가세요. 이 책을 두 번 세 번 공부해 가면 그 '?'표가 자연히 없어질 것입니다. 에이 이 책 모르겠다, 다른 책 보자, 또 다른 책, 또 다른 책, 마치 궤짝 안에 가둬 놓은 쥐와 같이 여기 가서 한 번 깨물고 저기 가서 한 번 깨물고 하다가 결국 지쳐서 죽고 말 것입니다. 이 쥐가 만일 현명한 쥐라면 처음부터 한 구멍을 뚫고 살아 나올 것입니다. 기본 참고서는 한 번 읽기 시작하면 몇 페이지에 무엇이 쓰여 있다고 기억이 날만큼 해두어야 합니다.
후일 시험 문제에 나왔을 때 '이거 이거 어디서 본 것 같다. 그런데 나오질 않아.' 그러면 바로 포기해 버립니다. 해봤자 무슨 소용이 있나요? 시험 문제뿐만 아니에요. 영어 원서를 읽거나 외국 사람과 대화할 때도 무의식적으로 '기본 참고서 몇 페이지 것'이 나와야 하는 법입니다. 지식에도 고향이 있어야 하며 어머니가 있어야 되는 법입니다. 이 책, 저 책으로 방랑의 여행을 하는 사람이라면 고향도 어머니도 없는 고아입니다. 불쌍하지요? 아이구 먼저 했던 잔소리를 또 했군요. 글쎄 잔소리쟁이란 늘 그렇다니까~ 한 말을 또 하고, 또 하고, 자 그만 머리 쉬고 또 공부, 공부합시다.

53 [ʃ] = 우리 음의 〔쉬〕 〔시〕로는 정확하지 못하니 주의하세요.

> 요령 ① 밤에 도둑을 잡으려고 형사 3명이 잠복하고 있었다. 그 중 두 형사가 무슨 이야기를 하고 있었는데 한 형사가 도둑을 발견하고 두 형사를 향해 입에 손가락을 대며 조용히 하라는 뜻으로 숨을 죽이고 '쉬'란 입김만 내보냈다고 합시다. 이 〔쉬〕가 [ʃ]의 발음입니다.
> ② 따라서 우리의 〔쉬〕 〔시〕를 발음할 때보다 혀의 위치가 높고, 혀 끝에 힘을 주게 됩니다.
> ③ 우리 음의 〔쉬〕 〔시〕는 소리가 나는데 [ʃ]는 소리는 안 나고, 혀와 입 천정 사이를 스쳐 나오는 입김입니다. [s]는 혀 끝과 윗니 뿌리 사이를 스쳐 나오는 입김인 〔스〕라는 것과 잘 구분하세요. 그러면
> 「그녀」 she [ʃi:] — 「바다」 sea [si:]
> 를 구분해서 발음해 보세요. 우리 한글로는 [ʃi:]는 〔쉬~〕로 적어야 하고, [si:]는 〔씨~〕로 되겠다고 생각했습니다. 또
> 「종이의 한 장」 sheet [ʃi:t] — 「자리」 seat [si:t]
> 도 발음을 잘못하다가는 듣는 상대방이 오해하기가 쉽겠지요?
> 우리 한글로는 [ʃi:t]는 〔쉬~트〕, [si:t]는 〔씨~트〕로 적어 볼까요?

[ʒ] = [ʃ]의 흐린 음입니다. 따라서 발음 요령도 [ʃ]와 꼭 같고 소리를 내어서 〔쥐(지)〕에 가까운 음을 내면 됩니다.

그러나 [z]와 혼동하지 마세요. [z]는 혀 끝과 윗니 뿌리 사이로부터 스쳐 나오는 〔즈〕인데, [ʒ]는 혀와 입천장 사이로부터 스쳐 나오기 때문에 〔쥐(지)〕에 가까운 음으로 되는 것입니다.

> **주의** ① [ʃ] [ʒ]는 혀를 올려서 혀 끝에 힘을 주는 일을 생각하고, [s] [z]는 혀 끝만 윗니 뿌리에 접근시키려고 생각하세요.
> ② 이렇게 설명해도 알기 힘들면 [ʒ] = 〔쥐〕— 이것만 기억해 두어도 그럭저럭 통하니 걱정 마세요.
> 「연지」 rouge [ruːʒ]
> 「즐거운」 pleasure [pléʒər]

[tʃ] = [t] [ʃ]가 합친 음입니다. [tʃ]는 〔취〕 또는 〔치〕로 적기도 하는데, 즉 우리 음 〔차〕에서 〔ㅏ〕를 빼면 〔ㅊ(츠)〕가 남지요? 이 〔ㅊ〕가 [tʃ]에 가장 가까운 음입니다.

「교회」 church [tʃəːrtʃ]
「의자」 chair [tʃɛər]

[dʒ] = [d]와 [ʒ]의 합친 소리. [tʃ]의 흐린 소리. [tʃ]는 목에서 소리가 나지 않는 입김인데 이것을 목에서 소리가 나도록 하면 [dʒ] 음으로 됩니다. 우리말 〔즈〕에서 〔ㅡ〕 음을 뺀 〔ㅈ〕 음에 상당합니다. [dʒ]는 〔ㅈ(즈)〕라고 기억 해두세요.

「뛰다」 jump [dʒʌmp]
「꼭」 just [dʒʌst]
「다리」 bridge [bridʒ]

[h] = 우리말 〔하〕에서 〔ㅏ〕를 뺀 음, 또는 〔흐〕에서 〔ㅡ〕를 뺀 음입니다. 그냥 〔h〕 = 〔흐〕로 기억해 두어도 좋습니다.

「손」 hand [hænd]
「집」 house [haus]

54 [l] = 〔을〕에서 〔으〕를 빼고 남은 〔ㄹ〕 소리라고 기억해 두세요. 편의상 〔l〕 = 〔을〕이라고 기억해 두면 됩니다.

「좋아하다」 like [laik]
「사랑하다」 love [lʌv]
「종」 bell [bel]

[r] = 우리말 〔라〕 〔르〕 등에서 〔ㅏ〕 〔ㅡ〕 음을 뺀 〔ㄹ〕 음에 가까운 음입니다. 약간 혀 끝을 마는 것처럼 구부려서 윗니 뿌리에 닿을락 말락 하면서 위에서 배운 [l] = ㄹ(을) 소리를 내어 보세요. 이것이 [r] 소리입니다. 위에서 배운 [l]을 소리를 낼 때는 혀 끝을 윗니 뿌리에 대고서 떼지 않고 그대로 두면서 숨을 양 옆으로 〔ㄹ(을)〕이라고 내보내는데 [r]의 발음을 할 때는 혀 끝을 윗니 뿌리에 완전히 대지 말고 닿을락 말락 하면 혀 끝과 윗니 뿌리 사이로부터 스쳐 내보내는 〔ㄹ(을)〕 소리입니다. 알기 힘들면 [l] = 〔을〕, [r] = 〔르〕 정도로 기억해 두세요.

「쥐」 rat [ræt]
「나무」 tree [triː]
「빵」 bread [bred]

[l] ㄹ(을)

혀 끝을 윗니 뿌리에 완전히 붙인 채로 〔ㄹ(을)〕하면 숨이 혀 끝 양옆으로 나옵니다.

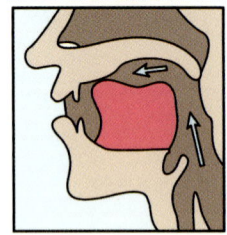

[r] ㄹ(르)

혀 끝을 약간 말아서 윗니 뿌리에 닿을락 말락 하면서 〔ㄹ(을)〕 소리를 내면 숨이 혀 끝과 윗니 뿌리 사이로부터 스쳐 나옵니다.

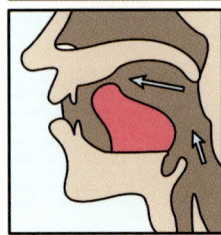

[j] = 우리말에는 없는 소리이니 주의하세요. 우리말 〔야〕를 (이)+(ㅏ)로 보고 여기의 〔이〕가 [j] 음에 가까운 음입니다. [i], [i:] 보다 혀 바닥을 위로 더 높여 입천장 가까이까지 올리고 그 사이로부터 나오는 짧은 〔이〕 소리입니다. 〔유〕라고 발음하고서는 입 모양을 그대로 두고 〔이〕라고 해보세요.

「네」 yes [jes]
「당신」 you [ju / jə]

[i] 이

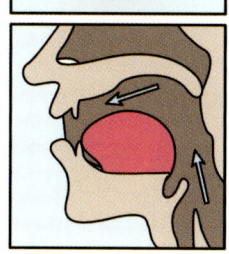

혀에 힘을 주지 말고 입을 자연스럽게 벌리세요. 약간 〔에〕 음이 섞이도록 발음합니다.

[j] 이으

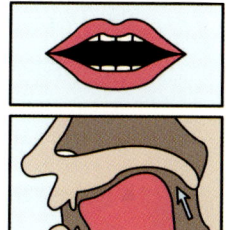
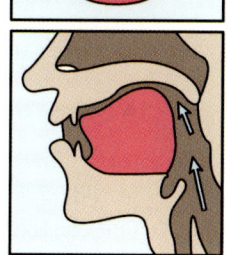

혓바닥을 입천장 가까이까지 올리고 그 좁은 사이로부터 〔이〕 하세요. 〔이〕와 〔으〕가 합친 것과 같은 묘한 소리가 나옵니다. 〔유〕 할 때의 입모양을 그대로 두고 〔이〕라고 하면 됩니다.

[w] = [u] 〔우〕와 [u:] 〔우-〕 때보다도 훨씬 입술을 둥글게 하여 내밀고 혀 뒤를 입천장으로부터 올려서 그 사이로부터 세게 〔우〕 하면 됩니다.

「나무, 숲」 wood [wud]
「시계」 watch [watʃ]

[u] 우   [u:] 우-   [w] 우

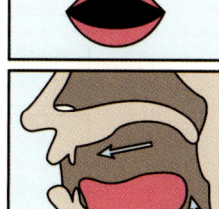

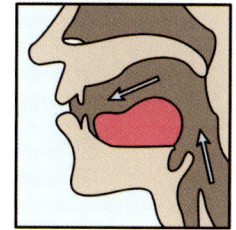

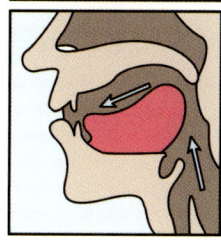

[u:] 때는 [u] 때보다도 입술을 좀 더 오므려 둥글게 하고 혀의 뒤도 좀 더 올립니다.

[u:] 때보다도 훨씬 입을 더 작게 오므려서 둥글게 하여 내밀고 혀 뒤도 훨씬 더 올리고 입 뒤 천장도 따라서 올립니다.

[m] = ① 우리 음 〔마〕에서 〔ㅏ〕 음을 뺀 음입니다. 〔므〕와 비슷한 음입니다.

「달」 moon [muːn]
「우유」 milk [milk]

② 임 선생님의 〔임〕에서 〔이〕를 빼면 〔ㅁ〕이 남지요? 바로 그것입니다.

「고무, 검」 gum [gʌm]
「헤엄치다」 swim [swim]

결국 ①, ②는 같은 음이지만 알기 쉽게 [m] = 〔음〕 〔므〕로 기억해 두세요.

[n] = ① 우리 음 〔나〕에서 〔ㅏ〕를 빼면 〔ㄴ〕가 남지요? 그 〔느〕에 비슷한 음입니다.

「그물」 net [net]

「캐나다」 Canada [kǽnədə]

② 안 선생의 〔안〕에서 〔아〕를 빼면 남은 〔ㄴ〕이 바로 [n]의 발음.

「펜」 pen [pen]

「태양」 sun [sʌn]

결국 ①, ②는 같은 음이나 방편상 나눈 것입니다. [n] = 〔은, 느〕로 기억해 두세요.

[ŋ] = 〔응〕이라 하면 됩니다.

「왕」 king [kiŋ]

「잉크」 ink [iŋk]

▲ [m] = 〔음〕, [n] = 〔은〕, [ŋ] = 〔응〕 — 이것을 혼동하지 마세요.

55 [ts] = 이것은 [t]와 [s]가 합친 음입니다. 〔ㅆ(쓰)〕라고 하면 [t] 소리가 안 들리게 되니 〔ㅅ(ㅆ)〕에 [t] 〔ㅌ(트)〕 소리가 섞여 들어가도록 애쓰세요. 〔ㅊ(츠)〕에 가까운 〔ㅆ(쓰)〕 소리입니다. 그리고 [s] 〔스〕, 〔쓰〕를 발음할 때는 혀 끝을 윗니 뿌리에 아주 접근시켜서(대지는 말고) 그 사이로부터 〔스, 쓰〕 하는데 [tʃ] 〔츠〕나 [ts] 〔쓰〕를 발음할 때는 윗니 뿌리에 혀 끝을 대고 〔츠, 쓰〕라고 합니다. 알기 힘들면 [ts] = 〔ㅆ(쓰)〕라고 기억해 두는 정도로 좋습니다. 〔ㅆ〕는 〔쓰〕에서 〔ㅡ〕를 뺀 음입니다.

「고양이들」 cats [kæts]

「모자들」 hats [hæts]

[dz] = [ts]의 흐린 음. [d]와 [z]가 합친 음. 혀 끝을 윗니 뿌리에 대고 〔ㅈ(즈)〕 — 이 〔ㅈ(즈)〕를 발음할 때는 [d] 〔드〕 음이 섞이도록 합니다.

「침대들」 beds [bedz]

「손들」 hands [hændz]

▲ 비슷비슷해서 참 혼동하기가 쉽고 알기가 힘듭니다. 다음 그림을 보고 비교하면서 잘 연구하세요. (위 설명을 읽어 가면서)

혀 끝을 살짝 물면서 〔ㅈ〕 하면 〔ㄷ〕에 가까운 소리가 나옵니다.

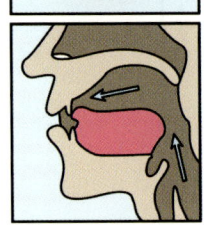

혀 끝을 윗니 뿌리에 아주 접근시키고(대지는 말고) 그 사이로 스치듯이 〔지〕 하세요. (혀 끝이 위로 약간 굽어 올라갑니다.)

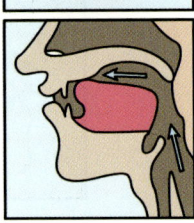

혀를 둥글게 하여 입천장으로 올리고, 혀의 앞부분은 아래로 약간 구부려 입 앞 천장에 닿을락 말락 하면서 (대지는 말고) 그 사이로부터 스치듯이 〔쥐(지)〕 하세요.

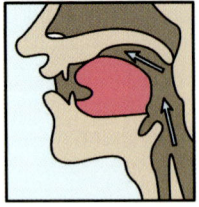

혀의 앞부분을 윗니 뿌리 뒤에 넓죽이 붙여서 〔ㅈ(즈, 지)〕 하세요.

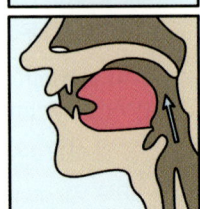

[dz] ㅈ(즈)

혀 끝을 윗니 뿌리에 대고
〔ㅈ, (즈)〕하세요.

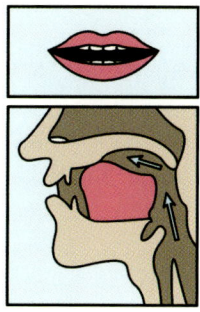

[hw] = [h] 〔흐〕와 [w] 〔우〕를 합친 음입니다. 그러나 현대 영어에서는 보통 [w]로 발음합니다.
「무엇」 what [(h)wat]
「어디로」 where [(h)wɛər]

잔소리   몇 번이나 여기를 반복 연습하면 될 것 같습니까? 나는 머리가 나빠서 처음에는 한 50번 이상 했나 봅니다. 여러분은 머리가 워낙 좋으니까 한 20번쯤 하면 될 것입니다. 그러나 43부터 68까지는 보자마자 당장 발음할 줄 알아야 합니다. 앞으로는 have 〔해브〕식으로는 하지 않고 have [hæv] 식으로 발음을 적어가니 내 말 안 들을 도리가 있나요?

발음기호 요점

Lesson 4의 발음기호를 공부하느라고 혼이 났지요? '뭐 그 따위 것쯤은' 하시는 분은 정말 의지가 강한 사람입니다. 이런 분은 그대로 공부하면 꼭 성공합니다. 대부분의 사람은 영어가 이렇게 어려운 것인가 하고 도중에서 그만 두고 싶은 마음이 간절했으나 내 잔소리와 성의에 못이겨 이때까지 따라 오신 것이라고 생각합니다. 그런데 사람은 다 살게끔 되어 있습니다. 다음 것만 머리에 꼭 넣어두면 영어 공부에 하등 지장이 없습니다. 소소하게 발음이 틀린 것은 실제 미국 사람들하고 대화해 가는 도중에 교정이 됩니다. 다음 표를 (좌우를 흰 종이로 가려가면서) 몇 번이고 연습하세요.

(* 표를 한 것은 특수한 발음이니 본문의 설명을 읽으세요.)

모음

a	아	ɛ	에
aː	아-	ɛː	에-
aːr	아-ㄹ	ai	아이
ʌ	어(아)	au	아우
ə	어	ei	에이
ər	어ㄹ	ɔi	오이
əː	어-	ou	오우
əːr	어-ㄹ	eə	이어
æ	애	iər	이어ㄹ
i	이	ɛə	에어
iː	이-	ɛər	에어ㄹ
u	우	uə	우어
uː	우-	uər	우어ㄹ
ɔ	오	oə	오어
ɔː	오-	oər	오어ㄹ 오오ㄹ
oː	오-	oər	오어ㄹ 오오ㄹ
e	애		

자음

p	프	*ʃ	쉬
b	브	tʃ	츠(치)
t	트	*f	프
d	드	*v	브
k	크	*θ	스
g	그	*ð	드
s	스	*r	ㄹ(르)
h	흐	j	이(이으)
l	ㄹ(을)	*ts	츠(쓰)
m	음(므)	*z	즈
n	은(느)	dz	즈
ŋ	응	dʒ	즈(지)
w	우	ʒ	쥐
hw	후		

★ 복습을 잊지 마세요.
복습을 하지 않고 다음 과로 넘어가서는 안 됩니다.

휴게실 승리의 비결

⟨미국 대통령 James Garfield의 일화⟩

미국의 제 20대 대통령 James Garfield가 아직 William 대학에서 공부를 하고 있을 때였다. 동급생 중에서 수학을 그보다 잘 하는 학생이 하나 있었다.
'이번엔 내가 이기리라!'
하고 아무리 힘을 다했지만 언제나 수학은 그 학생에게 뒤떨어지고 말았다.
'웬일일까?'
하고 그는 늘 걱정과 생각에 잠겨 있었다.
그는 생각했다. 그와 나는 똑같은 기숙사에서 잠을 자고 똑같은 시간에 학교에 가서 똑같은 시간에 공부를 하는데 왜 나는 그에게 수학이 뒤떨어지고 마는가? 내가 그보다 머리가 나쁜 탓일까? 그렇지도 않다. 왜냐하면 다른 과목은 그보다 나으면 나았지 뒤떨어지진 않으니까. 수학에의 소질이 그보다 못하단 말인가? 그렇지도 않다. 왜냐하면 수업시간 중에 선생님이 제시한 교과서 외의 응용문제를 푸는데 있어서는 그에게 지지 않으니까. 도대체 무엇 때문일까?
어느 날 Garfield는 아침에 일어나서부터 밤에 잘 때까지 그가 하는 일을 면밀히 지켜보기로 했다. 잠자기 직전까지는 자기와 하등 다른 점이 없었다. 불을 끄고 잠을 자라는 기숙사 종이 울렸다. 자기 방의 불을 껐다. 그런데 맞은 편인 그 학생의 방에는 아직도 불이 켜져 있었다. 등불을 종이로 가리고 그 학생은 자와 콤파스를 사용하면서 열심히 수학을 공부하고 있지 않은가?
'옳지 이제 알았다. 그는 나보다 더 공부하고 있구나!'
Garfield도 등불을 종이로 가려 가면서 그 학생과 경쟁적으로 수학 공부를 했다. 그 학생은 몇 분 후에 불을 껐다. Garfield는 약 10분 더 공부한 다음에 불을 끄고 잠을 잤다. 이렇게 하기를 약 1주일간 계속 했는데 수학 시험이 있었다. 그는 드디어 수학 성적에서 통쾌하게 그 학생을 압도했다. 나중에 그가 대통령이 되고 나서 이 사연에 대하여 회고담을 한 일이 있었다.
"그 일을 지금 생각하면 일소에 붙일 사소한 일인 양 생각이 되나 한 걸음 나아가 생각해 보면 결코 그렇지도 않다. 촌음(寸陰 = 아주 짧은 시간)을 이용한 것이 얼마나 큰 효과를 가져 왔던가? 그 증거를 그 시절에 알았었다. 나는 실로 이 사소한 일로써 어떤 종류의 경쟁에도 승리를 얻는 비결을 알게 된 것이다."라고 지나간 날의 추억을 말하는 그의 얼굴에서는 감격의 빛을 엿볼 수 있었다.

PART 02

영어기초확립

Lesson 01 am, is, are

※ 다음 영어 단어의 발음과 뜻은 무엇일까요?
- ☐☐ 01. I   You   He
- ☐☐ 02. a   boy   girl   student
- ☐☐ 03. am   are   is

※ 다음 우리말을 영어로 옮겨 보세요.
- ☐☐ 04. 나는 소방관입니다.
- ☐☐ 05. 당신은 선생님입니다.
- ☐☐ 06. 그는 학생입니다.

연습문제

※ 다음 단어의 발음과 뜻은?
- ☐☐ 07. Tom   Jack   Mary

※ 다음을 영어로 말해 보세요. (I'm과 같이 줄임말로)
- ☐☐ 08. (a) 나는 Tom이다.   (b) 너는 Mary다.   (c) 그는 Jack이다.

※ 다음 단어의 발음과 뜻은?
- ☐☐ 09. She   Ann   It   This   That
- ☐☐ 10. John   dog   book   desk   carpenter

※ 다음을 영어로 말해 보세요.
- ☐☐ 11. (a) 그 여자는 Ann이다.   (b) 그것은 개이다.
- ☐☐ 12. (a) 이것은 책이다.   (b) 저것은 책상이다.
- ☐☐ 13. John은 목수이다.

정답과 설명   답을 흰 종이로 가리고 있나요?

01 I [ai] 「나는, 내가」   You [juː] 「너는, 네가」   He [hiː] 「그는, 그가」 (남자일 때만 씁니다.)

02 a [ə-] 「하나의」   boy [bɔi] 「소년」   girl [gəːrl] 「소녀」   student [stjúːdnt] 「학생」

03 am [æm]「~이다」　　are [ər / ɑːr]「~이다」　　is [iz]「~이다」

▲「~이다」에 am, are, is 세 가지를 쓰는 것이 이상하지요? 일단 I am / You are / He is로 암기하세요.

04 I am a fire fighter.

fire fighter「소방관」

▲ I am을 I'm으로 줄여 쓰기도 합니다.

▲ 우리말 순서대로 하면 I fire fighter am.「나는 소방관이다.」로 될 것인데 영어의 순서는 I am a fire fighter.입니다. 참 이상하지요? 일단 그렇다고만 기억해 두세요.

▲「나는 소방관이다.」란 우리말에서는 '한, 하나의'란 말이 없는데, 왜 영어에는 'a'를 붙였는지도 이상하지요? '소방관, 선생님, 책, 개, 펜…' 등은 하나, 둘이라고 셀 수가 있고, '친절, 물, 기름, 정치…' 등은 하나, 둘이라고 셀 수가 없지요? 영어에서는 하나, 둘이라고 셀 수 있는 말에 보통은 'a'를 앞에 둡니다. 그러니까 I am a fire fighter.라는 문장을 우리말로 번역할 때는 「나는 소방관이다.」라고 하지요. 「나는 한 소방관이다.」라고 해석하면 부자연스럽습니다.

▲ 또한 **한 문장의 첫 글자는 대문자로 쓰고 문장을 마칠 때는 반드시 "."를 찍고 이를 마침표라고 부릅니다.**

05 You are a teacher.

teacher「선생님」

▲ You are를 You're로 줄여 쓰기도 합니다.

06 He is a student.

▲ He is를 **He's**로 줄여서 사용하기도 합니다.

07 Tom「톰, 탐」남자 이름　　Jack「잭」남자 이름　　Mary「메리」여자 이름

08 (a) I'm Tom.　　(b) You're Mary.　　(c) He's Jack.

09 She [ʃiː]「그녀는(가)」　　Ann [æn]「앤」여자 이름　　It [it]「그것은(이), 을」
This [ðis]「이것은(이, 을)」　　That [ðæt]「저것은(이, 을)」

10 John [dʒɑn/dʒɔːn] 남자 이름　　dog [dɔ(ː)g / dɑg]「개」　　book [buk]「책」　　desk [desk]「책상」
carpenter [káːrpəntər]「목수」

위 단어를 열 번 이상 외우세요.

11 (a) She's Ann.　　(b) It's a dog.

▲「~이다」를 영어로 표시할 때 **am, are, is** 세 가지를 쓴다고 했고 I am…, You are…, He is…로 하라고 했습니다. 그러면 She, It, This, That에는 어느 것을 쓸까요? 어떤 규칙이 생길까요? 전부 **is**를 씁니다.
I에는 am, You에는 are, 그 외는 전부 is.

12 (a) This is a book.　　(b) That's a desk.

▲ This is는 줄이지 않고 그대로 쓰고, That is →That's만 줄여서 씁니다.

13 John is a carpenter.

특별잔소리

① 여기에서 잔소리를 안 해 놓으면 여러분은 틀림없이 복습도 안하고 그냥 앞으로 막 나아갈 것입니다. 지금까지 잔소리한 것도 다 잊어버리고…

② 공부란 소 걸음과 같이 한 걸음 한 걸음 착실히 걸어가야 합니다. 목적지에 도달할 때까지 계속해서 걸어가야 합니다. 누구나 다 굳은 결심은 잘해요. 그리고 한 사흘 동안은 결심한 대로 실행도 하고요. 그러나 끝까지 실행하는 사람은 극히 소수에 지나지 않습니다. 이 소수의 사람만이 성공하는 것입니다.

③ 잘 씹지 않고 급히 먹은 것은 소화되지 않고 체하여 피와 살이 되기는커녕 오히려 그 사람을 말려 죽입니다.

④ 산으로 올라갈 때 뛰어 올라가 보세요. 얼마 안 되어 지쳐서 도중에 그만두고 말 것입니다. 소 걸음과 같이 한 걸음 한 걸음 천천히 올라가세요. 뛰는 사람보다 훨씬 더 빨리 꼭대기까지 올라갈 것입니다.

⑤ 영어를 공부할 때 무엇보다도 중요한 것은?
영어를 공부할 때에 인체기관 중에서 어떤 것들이 활동하나요? 입, 눈, 귀, 손입니다. 그 중에서 가장 많이 사용되는 것은? 눈입니다. (눈으로 읽으니까) 그런데 그보다 중요한 것은 무엇일까요? '입'입니다. 왜냐하면 눈으로 보기만 하면 '눈' 하나 밖에 활동을 하지 않는데 '입'으로 발음하면? 그 발음한 것이 자기 귀로 들어가지요? 동시에 눈도 활동하지요? 그러니까 '입'으로 발음을 하면 '눈' '귀' '입' 세 가지 기관이 한꺼번에 활동하게 됩니다.
어떤 책에서 761, 753, 597이란 숫자를 눈으로만 보고 책을 덮어보세요. — 기억이 나나요? 그런데 입으로 소리를 낸 후에 책을 덮어 보세요. 이제는 기억이 나지요? 그러니까 영어를 공부할 때 소리를 내면서 한다는 것이 얼마나 중요한지 알겠지요? 그렇습니다. 눈으로만 공부하는 어학 공부는 4분의 1 효과가 아니라 40분의 1 효과도 거둘까 말까 하는 무서운 결과를 초래합니다.

⑥ 자~ 잔소리 그만 하고 복습합시다. 우선 아래의 [단어공부]를 해봅시다. 바로 밑에 답이 있어서 보통 사람은 편리하다고 생각할 것입니다. 그러나 사실은 그렇지 않아요. 아예 흰 종이로 완전히 가려버리세요. 지금은 □□ 난에 OX표를 하지 마세요. 지금은 한 지가 얼마 안 되어서 기억이 잘 날 때이니까 재미가 없어요. 앞으로 두 과쯤 해서 잊어버릴만 할 때 가서 OX표를 하여야 합니다. 그 다음에 READING을 봅시다. 잔소리는 벌써 읽었을 것이고 본문을 읽고 뜻을 생각해 보세요. 막히거든 앞에 있는 답과 설명을 보세요. 막히지 않을 때까지 몇 번이고 반복 연습하세요. 공부할 때는 이렇게 세밀한 작전이 절대 필요한 것입니다. 그런데 앞으로 두 과를 하고 난 다음에는 지금 하는 것을 잊어버리게 되니 참 딱해요. 공부하는 데는 선생님에게 아무리 열성이 있어도 공부하는 학생 자신에게 열성이 없으면 마치 물을 먹지 않으려는 말에게 억지로 물을 먹이려는 것과 다름 없습니다. 학원에 나오는 학생들은 자발적으로 공부하려는 의욕을 가진 학생들이므로 대개는 열심히 공부합니다. 그러나 그들 중에는 구경꾼이 더러 섞여 있어요. 공부는 안 하고 선생 얼굴이 어떻게 생겼나 보고, 또 선생이 우스운 이야기를 해주면 제일 잘 웃어주기도 하고… 그러나 그 학생에게는 연필도 노트도 없고 손 하나 까딱 움직이지도 않습니다. 소매를 걷어 붙이고 덤벼들어도 될까 말까 하는 판에 이 구경꾼들은 과연 어떤 소득을 얻을 수 있을까요? 아이쿠 딴 길로 샜구나! 무엇을 하라고 했지? 그래요, [단어공부]를 하라 했어요. 또 한 번 위를 읽어 보시기 바랍니다.

단어공부

(밑에 있는 답을 흰 종이로 완전히 가리고 이것만 보고 어떻게 할까요???)

□□ ① 나는, 내가	② 너는, 네가	③ 그는, 그가
□□ ④ 하나의	⑤ 소방관	⑥ 선생님
□□ ⑦ am	⑧ are	⑨ is
□□ ⑩ 탐	⑪ 학생	⑫ 잭
□□ ⑬ 메리	⑭ 그녀는(가)	⑮ 앤
□□ ⑯ 그것은(이)	⑰ 이것은(이)	⑱ 저것은(이)
□□ ⑲ 존	⑳ 개	㉑ 책
□□ ㉒ 책상	㉓ 목수	

단어공부—답

① I [ai]　② You [juː]　③ He [hiː]　④ a [ə-]　⑤ fire fighter [fáiə(r) fáitə(r)]　⑥ teacher [tíːtʃər]　⑦ ~이다
⑧ ~이다　⑨ ~이다　⑩ Tom [tɑm/tɔm]　⑪ student [stjúːdənt]　⑫ Jack [dʒæk]　⑬ Mary [mέəri]　⑭ She [ʃiː]

⑮ Ann [æn]　⑯ It [it]　⑰ This [ðis]　⑱ That [ðæt]　⑲ John [dʒan/dʒɔn]　⑳ dog [dɔ(:)g/dɑg]　㉑ book [buk]
㉒ desk [desk]　㉓ carpenter [káːrpəntər]

잔소리　보통 책과는 달라서 처음에는 어리둥절 하실 것입니다. 그러면 좀 타협을 해서 보통 책과 같이 Lesson 1에서 공부한 것 전부를 영어로 적어 놓으니 읽고 해석하다가 막힐 때는 앞에 있는 답과 설명을 보면서 몇 번이고 연습하세요. 소리를 크게 내서 해야 됩니다. 마치 초등학교 학생이 국어를 읽고 외우듯이. (READING 「읽기연습」 하세요.)

READING

04　I am a fire fighter.
05　You are a teacher.
06　He is a student.
08　(a) I'm Tom.
　　(b) You're Mary.
　　(c) He's Jack.
11　(a) She's Ann.
　　(b) It's a dog.
12　(a) This is a book.
　　(b) That's a desk.
13　John is a carpenter.

★ 꼭 내 말대로 해야 됩니다. Lesson 1의 □ 안에 ○표 한 것만 추려 가면서 복습하세요. 되는 것에는 ○표를 X로 그어버리세요. 안 되는 것에는 □ 안에 ◎표를 하세요. 오늘 복습은 이것만 하면 됩니다.

Lesson 02 are (복수)

☐☐ 14. 단수, 복수란 무엇입니까?
☐☐ 15. I, You, He, She, It, This, That의 복수형은? 뜻은?
(10번 이상 읽고 쓰는 연습을 하세요.)
☐☐ 16. boy, girl, book, dog, desk, carpenter의 복수형은?

※ 다음 우리말을 영어로 옮기세요.
☐☐ 17. 우리는 소방관들이다.
☐☐ 18. 당신들은 선생님들이다.
☐☐ 19. 그들은 학생들이다.
☐☐ 20. 개들은 충실하다.

※ 다음 우리말을 영어로 옮기세요.
☐☐ 21. 그것들은 개들이다.
☐☐ 22. 이것들은 책들이다.
☐☐ 23. 저것들은 책상들이다.
☐☐ 24. 그들은 소녀들이다.
☐☐ 25. 그들은 목수들이다.

정답과 설명

14 '하나'를 말할 때 단수라 하고, '둘' 이상을 말할 때 복수라 합니다.
그러면 '나' '우리들'은? '나'는 단수, '우리들'은 복수. '소방관' '소방관들'은? '소방관'은 단수, '소방관들'은 복수.

15 I 「나는」 → We 「우리들은(이)」
You 「너는(가, 를)」 → You 「너희들은(이, 을)」
(You는 단수, 복수형이 모두 다 같습니다.)
He 「그 남자는, 그는」 → They 「그 남자들은, 그들은」
She 「그 여자는, 그녀는」 → They 「그 여자들은, 그녀들은」
It 「그것은」 → They 「그것들은」
(He, She, It의 복수는 모두 They가 되는 것에 주의하세요.)
This 「이것은」 → These 「이것들은」
That 「저것은」 → Those 「저것들은」

16 boys, girls, books, dogs, desks, carpenters
   명사의 복수형을 만드는 방법은 단어 끝에 's'를 붙이면 됩니다.

17 We're fire fighters.
   복수 때는 어떤 경우에도 be동사는 '**are**'로 합니다.
   복수 앞에 '**a**'를 **두면 안 됩니다**. (a가 '하나의'라는 뜻이어서 복수의 개념과 상충됩니다.)

18 You're teachers.

19 They're students.

20 Dogs are faithful.
   faithful 「충실한」

21 They are dogs.

22 These are books.

23 Those are desks.

24 They are girls.

25 They are carpenters.

연습문제 1

(다른 종이에 쓰면서)

※ 다음을 영어로 옮기세요. (꼭 100점이 되도록 — 하나에 5점씩)

□□ 26. (a) 나는 소방관이다. (b) 당신은 선생님이다.
□□ 27. (a) 그(남자)는 학생이다. (b) 나는 Bob이다.
□□ 28. (a) 너는 Mary이다. (b) 그는 Jack이다.
□□ 29. (a) 그(여자)는 Mary이다. (b) 그것은 개이다.
□□ 30. (a) 이것은 책이다. (b) 저것은 책상이다.
□□ 31. (a) John은 목수이다. (b) 우리는 소년들이다.
□□ 32. (a) 너희들은 소녀들이다. (b) 그들은 학생들이다.
□□ 33. (a) 그것들은 개들이다. (b) 이것들은 책들이다.
□□ 34. (a) 저것들은 책상들이다. (b) 그들은 소녀들이다.
□□ 35. (a) 그들은 목수들이다. (b) 개들은 충실하다.

★ 잊지 마세요 — 틀린 것에 표시해 두었다가 복습하는 것.

정답과 설명   이것을 보면서 10회 이상 읽기 연습하세요.

26 (a) I am a fire fighter.   (b) You are a teacher.

27 (a) He is a student.   (b) I am Bob.

28 (a) You are Mary.   (b) He is Jack.
29 (a) She is Mary.   (b) It is a dog.
30 (a) This is a book.   (b) That is a desk.
31 (a) John is a carpenter.   (b) We are boys.
32 (a) You are girls.   (b) They are students.
33 (a) They are dogs.   (b) These are books.
34 (a) Those are desks.   (b) They are girls.
35 (a) They are carpenters.   (b) Dogs are faithful.

연습문제 2

(실제 시험 보는 기분으로 다른 종이에 정성껏 해보세요.)

1. 다음 빈 자리에 is, am, are 중에서 적당한 것을 넣으세요.
   (a) I (   ) a fire fighter.   (b) You (   ) a teacher.
   (c) He (   ) a student.   (d) She (   ) Mary.

2. 주어에 맞게 틀린 것을 고치세요.
   (a) it are dog.   (b) We is a boy.
   (c) He is a john.   (d) They is a carpenter.

3. 다음을 우리말로 옮기세요.
   (a) Dogs are faithful.   (b) Those are desks.
   (c) These are books.   (d) They are dogs.

4. 다음 ①, ②, ③, ④ 중에서 (   )에 들어갈 적당한 것을 고르세요.
   (a) Those (   ) dogs.   ① am   ② is   ③ are   ④ a
   (b) Mary (   ) faithful.   ① am   ② is   ③ are   ④ girl
   (c) faithful (   )   ① 정직한   ② 사나운   ③ 보기 좋은   ④ 충실한
   (d) student (   )   ① 선생님   ② 학생   ③ 빵   ④ 학교

5. 다음 문장을 영어로 옮기세요.
   (a) Jack은 충실하다.   (b) John은 학생이다.
   (c) Tom은 목수이다.   (d) Mary는 소녀이다.

6. 다음 문장을 (   )에 있는 말로 시작하는 문장으로 고치세요.
   (a) It is a pen. (They)   (b) I am a carpenter. (We)
   (c) Those are desks. (That)   (d) This is a book. (These)

정답과 설명 답을 흰 종이로 가리고 있나요?

1. (a) am (b) are (c) is (d) is
2. (a) it → It, are → is, dog → a dog
   (b) is → are, a boy → boys
   (c) a를 없앨 것.
      (사람 이름 앞에는 'a'를 못 씀.)
      john → John
      (사람 이름은 언제나 대문자로 시작함.)
   (d) is → are, a carpenter → carpenters
3. (a) 개들은 충실하다. (b) 저것들은 책상들이다.
   (c) 이것들은 책들이다. (d) 그것들은 개들이다.
4. (a) ③ (b) ② (c) ④ (d) ②
5. (a) Jack is faithful. (b) John is a student.
   (c) Tom is a carpenter. (d) Mary is a girl.
6. (a) They are pens. (b) We are carpenters.
   (c) That is a desk. (d) These are books.

잔소리
연습문제 2와 같은 방법 이외에도 여러 가지 방식이 있습니다. 그런데 위 여섯 가지 중에서 어느 방식이 가장 어렵고 실속 있는 시험 방식일까요? — 5. 영역(영작) 방식입니다. 구식이라는 사람이 있는데 이것이 되면 해석, 작문, 문법, 회화 실력이 동시에 다 늘게 됩니다.

단어공부
(영어의 밑천은 단어 실력입니다. 열심히 공부하세요.)

☐☐ ① 충실한 ② I의 복수 ③ You의 복수 ④ He의 복수
☐☐ ⑤ She의 복수 ⑥ It의 복수 ⑦ This의 복수 ⑧ That의 복수
☐☐ ⑨ boy의 복수 ⑩ desk의 복수

단어공부―답

① faithful ② We 「우리들은」 ③ You 「당신들은」 ④ They 「그들은」 ⑤ They 「그들은」 ⑥ They 「그것들은」
⑦ These 「이것들은」 ⑧ Those 「저것들은」 ⑨ boys 「소년들」 ⑩ desks 「책상들」

READING

공연히 이렇게 칸막이를 해놓은 것이 아닙니다. (1) 오른쪽(복수)을 흰 종이로 가려놓고 왼쪽(단수)만 보면서 '복수가 무엇인가?' 하고 생각하게 하는 장치입니다. (2) 다음은 왼쪽(단수)을 흰 종이로 가려놓고 오른쪽만 보면서 '단수가 무엇인가?' 하고 생각하게 하는 장치입니다. 아무리 시설을 잘 해놓아도 이용을 안 하면 무슨 소용이 있을까요? 이 책은 이와 같은 모든 시설을 충실히 이용하는 사람에게 결과로 보답해 줄 것입니다.

단수	복수
① I am a fire fighter.	① We are fire fighters.
② You are a teacher.	② You are teachers.
③ He is a student.	③ They are students. (남자)
④ She is a student.	④ They are students. (여자)
⑤ A dog is faithful.	⑤ Dogs are faithful.
⑥ It is a dog.	⑥ They are dogs.
⑦ This is a book.	⑦ These are books.
⑧ That is a desk.	⑧ Those are desks.
⑨ She is a girl.	⑨ They are girls.
⑩ He is a carpenter.	⑩ They are carpenters.

잔소리   복습하기 싫은 것을 꾹 참고 하는 사람만 성공합니다.
Lesson 1의 ◎표 한 것만 추려서 되는 것은 X로 ◎를 그어버리고, 안 되는 것은 3중 동그라미 ◎.
Lesson 2의 ◎표 한 것만 추려서 되는 것은 X로 표시하고, 안 되는 것은 다시 ◎표. 계속 반복 연습.

Lesson 03 be동사의 의문문 (am, is, are의 의문문)

☐☐ 36. 고양이를 영어로 무엇이라고 하지요?

※ 다음을 영어로 옮기세요.

☐☐ 37. (a) 나는 고양이입니다.　(b) 나는 고양이입니까?

※ "나는 고양이입니까?"에 대해 답하는 말을 영어로 옮기세요.

☐☐ 38. (a) 예, 그렇습니다.　　(b) 아니오, 그렇지 않습니다.

정답과 설명

36　cat [kæt]

37　(a) I'm a cat.　　　　(b) Am I a cat?

▲ am, is, are이 있는 의문은 am, is, are을 문장 앞에 둡니다. (Am I a fire fighter? / Are you a fire fighter?)

38　(a) Yes, you are a cat.　　(b) No, you're not a cat.

▲ 「예 (그렇습니다)」 Yes　　「아니오」 No　　「~아닌」 not
▲ you are = you're로 되는 것은 배웠지요? 또 하나 배울 것은 are not를 줄이면 **aren't**가 됩니다.
　따라서 위의 You're not a cat.은 You aren't a cat.으로 해도 좋습니다.
　Am I a cat? — Yes, you're a cat. / No, you're not a cat.
▲ Yes, No 다음에는 comma(,)를 찍고 여기에서 약간 숨을 쉬었다가 그 다음을 발음합니다.
▲ not은 올려 발음하세요. 올려 발음하는 곳은 자연히 다른 곳보다 세게 발음하게 됩니다.
▲ 그리고 Yes, No, cat도 세게 발음하세요. 그리고 위 (a)나 (b)의 a cat은 생략하는 것이 보통입니다.

연습문제 1

☐☐ 39. 「사과」를 영어로 말하면?

※ 영어로 옮기세요.

☐☐ 40. (a) 이것은 사과입니다.　　(b) 이것은 사과입니까?

※ '이것은 사과입니까?'에 대한 다음 답을 영어로 옮기세요.

☐☐ 41. (a) 예, 그렇습니다.　　(b) 아니오, 그렇지 않습니다.

☐☐ 42. 「원숭이」를 영어로 말하면?

※ 영어로 옮기세요.

☐☐ 43. (a) 너는 원숭이이다.　　(b) 너는 원숭이인가?

※ '너는 원숭이인가?'에 대한 다음 답을 영어로 옮기세요.

☐☐ 44. (a) 예, 그렇습니다. (b) 아니오, 그렇지 않습니다.

☐☐ 45. 「선생님」을 영어로는?

※ 영어로 옮기세요.

☐☐ 46. (a) 그는 선생님이시다. (b) 그는 선생님입니까?
(c) 네, 그렇습니다. (d) 아니오, 그렇지 않습니다.

☐☐ 47. 「친절한」을 영어로 하면?

※ 영어로 옮기세요.

☐☐ 48. (a) 그들은 친절합니다. (b) 그들은 친절합니까?
(c) 예, 그렇습니다. (d) 아니오, 그렇지 않습니다.

정답과 설명

39 apple [ǽpl]

40 (a) This is an apple. (b) Is this an apple?

▲ (b)는 묻는 말이므로 Is가 문장 앞으로 나가게 됩니다.
▲ this와 apple은 강세를 주어 발음하세요.
(a)에서 apple을 발음할 때는 올려 발음 하자마자 내려가는데 (b)에서는 올리기만 하되 맨 끝의 꼬리를 약간 더 올리는 기분으로 발음하세요.
▲ a apple이 아니고 an apple이 된 이유는? [a] [e] [i] [o] [u]로 시작하는 단어에는 'a'를 쓰지 않고 'an'을 씁니다.
an inch 「1인치」(길이의 단위)   an uncle 「(한 명의) 삼촌, 아저씨」
an egg 「(한 알의) 달걀」   an ox 「(한 마리의) 숫소」

41 (a) Yes, it is. (b) No, it's not.

▲ (a)는 Yes, it is an apple.을 줄인 것입니다. (b)는 No, it is not an apple.을 줄인 것입니다.
▲ 그리고 is not를 줄여서 isn't으로도 합니다.

42 monkey [mʌ́ŋki]

43 (a) You are a monkey. (b) Are you a monkey?

44 (a) Yes, I am. (b) No, I'm not.

▲ (a)는 Yes, I am a monkey.를 줄인 것.
▲ (b)는 No, I'm not a monkey.를 줄인 것. I'm은 I am을 줄인 것.

45 teacher [tíːtʃər]

46 (a) He is a teacher. (b) Is he a teacher?
(c) Yes, he is. (d) No, he isn't.

47 kind [kaind]

48 (a) They are kind. (b) Are they kind?
(c) Yes, they are. (d) No, they aren't.

단어공부

(답을 흰 종이로 가렸나요?)

☐☐ ① 고양이　② not의 발음과 뜻　③ are not를 줄이면? 발음은?
☐☐ ④ 사과　⑤ 'an'은 어떤 때에?　⑥ 1 인치
☐☐ ⑦ 아저씨　⑧ 달걀　⑨ 숫소　⑩ is not를 줄이면? 발음은?
☐☐ ⑪ 원숭이　⑫ I am을 줄이면? 발음은?　⑬ 선생님　⑭ 친절한

단어공부—답

① cat [kæt]　② 「~이 아니다」[nɑt / nɔt]　③ aren't [ɑːrnt]　④ apple [ǽpl]　⑤ [a], [e], [i], [o], [u]로 시작하는 단어 앞에
⑥ an inch [ən intʃ]　⑦ uncle [ʌ́ŋkl]　⑧ egg [eg]　⑨ ox [ɑks / ɔks]　⑩ isn't [íznt]　⑪ monkey [mʌ́ŋki]
⑫ I'm [aim]　⑬ teacher [tíːtʃər]　⑭ kind [kaind]

연습문제 2

1. 다음 단어의 뜻을 쓰세요.

I	You	He	a	boy
girl	student	am	are	is
Tom	Jack	Mary	She	it
This	That	John	dog	book
desk	carpenter	We	너희들은	They
These	Those	cat	Yes	No
not	aren't	apple	an	inch
uncle	egg	ox	isn't	monkey
I'm	teacher	kind		

2. am, are, is 중 알맞은 것을 고르세요.

   (a) 단수인 경우에 사용할 수 있는 be동사는 어느 것일까요?
   (b) I (　　　)　you (　　　)
   (c) 복수인 경우에 사용되는 be동사는?

3. 다음을 영어로 옮기세요.

   (a) John과 Mary는 친절합니까?
   (b) Tom은 충실합니까?

정답과 설명

1, 2 는 복습하는 면에서 앞에서 배웠던 것을 훑어 답을 스스로 적어봅니다.
(▲ "찾는다"는 귀찮은 일 그 자체가 인상 깊게 하는 공부법입니다.)

3 (a) Are John and Mary kind?
   (b) Is Tom faithful?

READING

37 (a) I am a cat.
    (b) Am I a cat?
38 (a) Yes, you are.
    (b) No, you're not.
40 (a) This is an apple.
    (b) Is this an apple?
41 (a) Yes, it is.
    (b) No, it's not.
43 (a) You are a monkey.
    (b) Are you a monkey?
44 (a) Yes, I am.
    (b) No, I'm not.
45 「선생님」 teacher [tíːtʃər]
46 (a) He is a teacher.
    (b) Is he a teacher?
    (c) Yes, he is.
    (d) No, he's not.
47 「친절한」 kind [kaind]
48 (a) They are kind.
    (b) Are they kind?
    (c) Yes, they are.
    (d) No, they're not.

잔소리 몇 번쯤이나 읽는 연습을 하고 계십니까? 뭐! 한 번도 안 읽는다고요? 기가 막혀서 말이 안 나옵니다. 어학 공부는 소리를 내면서 몇 번이고 몇 번이고 읽는 연습을 안 하면 그 공부는 무효입니다. 소리를 지르면서 적어도 30번 이상을 하여야 합니다. 소리를 안 지르고 눈으로만 공부하는 사람의 영어, 그런 영어는 아무리 해도 소용이 없답니다. 뭐, 옆 사람에게 부끄럽다고요? 공부할 때에 이 체면 저 체면 다 지키다간 그 공부 못합니다. 공부할 때는 동심으로 돌아가서 염치 체면을 무릅쓰고 막 해야 됩니다.

Lesson 04 have, has

□□ 49. 「가지고 있다」를 영어로 말하면 두 가지가 되는데 무엇일까요? 또 쓰임은 어떻게 다를까요?

□□ 50. 칼, 펜, 자전거, 피아노를 영어로 말하면?

※ 다음을 영어로 옮기세요.

□□ 51. 나는 칼을 가지고 있습니다.
□□ 52. 당신은 펜을 가지고 있습니다.
□□ 53. 그는 자전거를 가지고 있습니다.
□□ 54. 그들은 피아노를 가지고 있습니다.

연습문제

□□ 55. 인형, 쥐, 꼬리, 집, 꽃, 시계를 영어로 말해 보세요.
□□ 56. '그녀는 인형을 가지고 있습니다.'를 영어로 옮기세요.
□□ 57. '이것은 쥐입니다. 그것은 꼬리를 가지고 있습니다.'를 영어로 옮기세요.
□□ 58. 'Jane은 시계를 가지고 있습니다.'를 영어로 옮기세요.
□□ 59. '당신들은 꽃들을 가지고 있습니다.'를 영어로 옮기세요.
□□ 60. 'and'의 발음과 뜻은?
□□ 61. 'John과 Jane은 집을 가지고 있습니다.'를 영어로 옮기세요.

※ 다음 빈칸을 채우고 뜻을 말하세요.

□□ 62. I (   ) a piano.
□□ 63. You (   ) a flower.
□□ 64. He (   ) a watch.
□□ 65. She (   ) a cat.
□□ 66. It (   ) a mouth.
□□ 67. Mary (   ) a doll.
□□ 68. They (   ) a house.
□□ 69. Tom and Jane (   ) a bicycle.

정답과 설명   답을 흰 종이로 가리고 있나요?

49 have, has 두 가지로 말할 수 있습니다. 단수인 경우 I에는 have. You에도 have. He, She, It의 경우 has. 복수인 경우 무조건 have.

50 「칼」 knife   「펜」 pen   「자전거」 bicycle   「피아노」 piano

51 I have a knife.
= I've a knife. (I've = I have)
▲ knife를 세게 발음하고, 올려 읽자마자 내립니다.

52 You have a pen.
= You've a pen. (You've = You have)

53 He has a bicycle.
▲ 49.에서 말한 바와 같이 I, You 외에는 has를 씁니다.
▲ He has도 He's로 줄일 수 있으나 He is(이것 역시 He's)와 혼동하기 쉬우므로 처음 영어를 공부하는 사람은 하지 않는 것이 좋습니다.
He has a bicycle.   I've a knife.

54 They have a piano.
= They've a piano. (They've = They have)
▲ They(그들은)는 복수이므로 have를 씁니다.

55 「인형」 doll   「쥐」 rat   「꼬리」 tail
「집」 house   「꽃」 flower   「시계」 watch
위 단어를 열 번 이상 연습한 후에 다음 문제를 풀어보세요.

56 She has a doll.
▲ has와 doll을 세게 발음합니다.

57 This is a rat. It has a tail.
▲ This와 rat를 세게 발음합니다. has, tail을 세게 발음.

58 Jane has a watch.
▲ Jane, watch를 세게 발음. Jane은 여자 이름.

59 You have flowers.
▲ '당신'이란 단수와 '당신들'이란 복수 양쪽에 공통적으로 You를 쓴다 했지요? 여기의 You(당신들)는 복수이므로 have. You는 단수/복수를 막론하고 have를 씁니다.

60 and [ænd] 「~와, 그리고」

61 John and Jane have a house.
▲ 'John'과 'Jane'을 합치면 둘, 복수가 되므로 have.

62 have 「나는 피아노를 가지고 있다.」

63 have 「당신은 꽃을 가지고 있다.」

64 has 「그는 시계를 가지고 있다.」

65 has 「그녀는 고양이를 가지고 있다.」

66 has 「그것은 입을 가지고 있다.」

67　has 「Mary는 인형을 가지고 있다.」
68　have 「그들은 집을 가지고 있다.」
69　have 「Tom과 Jane은 자전거를 가지고 있다.」
　　▲ 'Tom'과 'Jane'은 합해서 복수가 되므로 have.

특별단어공부

▲ 답을 흰 종이로 가리고 연습해 보세요. 그냥 하는 사람은 게으름뱅이입니다.

- ① 일요일　② 월요일　③ 화요일　④ 수요일
- ⑤ 목요일　⑥ 금요일　⑦ 토요일

특별단어공부─답

① Sunday [sʌ́ndei]　② Monday [mʌ́ndei]　③ Tuesday [tjúːzdei]　④ Wednesday [wénzdei]
⑤ Thursday [θə́ːrzdei]　⑥ Friday [fráidei]　⑦ Saturday [sǽtərdèi]
(요일명은 대문자로 시작합니다.)

단어공부

- ① 칼　② 펜　③ 자전거
- ④ 피아노　⑤ 인형　⑥ 쥐
- ⑦ 꼬리　⑧ 집　⑨ 꽃
- ⑩ 시계　⑪ 제인 (여자 이름)
- ⑫ ~와(과), 그리고　⑬ 입

단어공부─답

① knife [naif]　② pen [pen]　③ bicycle [báisikl]　④ piano [piǽnou]　⑤ doll [dɑl / dɔ(ː)l]　⑥ rat [ræt]
⑦ tail [teil]　⑧ house [haus]　⑨ flower [fláuər]　⑩ watch [watʃ / wɔːtʃ]　⑪ Jane [dʒein]
⑫ and [ænd]　⑬ mouth [mauθ]

READING

51 I have a knife.
52 You have a pen.
53 He has a bicycle.
54 They have a piano.
56 She has a doll.
57 This is a rat.
   It has a tail.
58 Jane has a watch.
59 You have flowers.
61 John and Jane have a house.
62 I have a piano.
63 You have a flower.
64 He has a watch.
65 She has a cat.
66 It has a mouth.
67 Mary has a doll.
68 They have a house.
69 Tom and Jane have a bicycle.

★ 복습을 꼭 하세요.
이제는 잔소리 안 해도 혼자서 할 수 있겠지요? 안 할까봐 걱정이 되는군요.

Lesson 05 have, has의 의문문

> ☐☐ 70. 「나는 칼을 가지고 있다.」 I have a knife.
>
> 그러면 다음을 영어로 옮기세요.
> (a) 나는 칼을 가지고 있습니까?
> (b) 예, 그렇습니다. / 아니오, 가지고 있지 않습니다.
>
> ※ 다음을 영어로 옮기세요.
> ☐☐ 71. 당신은 펜을 가지고 있습니까? — Yes, … / No, …
> ☐☐ 72. 그는 자전거를 가지고 있습니까? — Yes, … / No, …
> ☐☐ 73. 그들은 피아노를 가지고 있습니까? — Yes, … / No, …

정답과 설명

70 (a) Do I have a knife?

(b) Yes, you do. / No, you don't.

(a) You are a boy.를 의문문으로 하면? Are you a boy?라고 했지요? 그러면 I have a knife.를 의문문으로 하면? **Have I a knife?** 이렇게도 쓰긴 하지만 대개의 경우에는 'Do'를 맨 앞에 두어서 Do I have a knife?로 합니다. 'Do'는 「하다, 행하다」인데 묻는 말(의문문)을 만들 때는 뜻은 없고 **의문문을 만드는 조동사** 역할만 합니다.

(b) 'Do'로 시작하는 의문문에 대한 답으로는 역시 do 또는 don't를 씁니다. don't는 do not을 줄인 것입니다.
Yes, you have a knife. / No, you don't have a knife.로 하여야 할 것인데 간단하게 Yes, you do. / No, you don't.로 합니다. (don't have에 관해서는 곧 배우게 됩니다.)

71 Do you have a pen? — Yes, I do. / No, I don't.

▲ 잘 모르겠으면 위 설명을 세 번 이상, 그래도 모르면 열 번 이상 읽기.

72 Does he have a bicycle? — Yes, he does. / No, he doesn't.

▲ 이것은 좀 어려운데요, 그러나 알고 보면 아무 것도 아니니 걱정 말고 다음을 잘 읽으세요.

He has a bicycle.을 의문문으로 하면 'Does'를 문장 맨 앞에 두고 has는 have로 변합니다. 그래서 He has a bicycle.의 의문문은 **Does he have a bicycle?**이 됩니다.

그러면 She has a book.을 의문문으로 하면? **Does she have a book?**이 됩니다. 이제는 알겠지요?

그리고 Does he have a bicycle?의 답으로는 **Yes, he has a bicycle. / No, he doesn't have a bicycle.**로 할 것인데, 줄여서 **Yes, he does. / No, he doesn't.**로 합니다. doesn't는 does not을 줄인 것입니다.

따라서 **Do로 시작하는 의문문의 답으로는 do, don't를 쓰고, Does로 시작하는 의문문에는 답으로 does, doesn't**를 쓰면 되는 것입니다.

또 **have 때는 'Do'를 맨 앞에 두어서 의문문으로 하고 has 때는 맨 앞에 Does를 두고 has를 원형인 have로** 바꾸면 의문문이 된다는 것, 이것만 알아두면 됩니다. 어려운 것이 뭐 있나요?

73 Do they have a piano? — Yes, they do. / No, they don't.

▲ 중요하므로 다시 한 번 설명합니다.
They have a piano. → Do they have a piano?가 되지요? have 때는 맨 앞에 Do를 두면 됩니다. (그 외에 아무 변화가 없어요.)
You have a desk. → Do you have a desk?
▲ Do they have a piano?에 대한 답으로는?
Do로 시작한 의문문에 대한 답에는 역시 'do' 'don't'를 쓰므로 Yes, they do. / No, they don't.가 됩니다. 이것은 Yes, they have a piano. / No, they don't have a piano.로 할 것인데, 줄여서 이와 같이 한 것입니다.

연습문제 1

※ 다음을 영작하세요.
- □□ 74. 그녀는 인형을 가지고 있습니까? — Yes, … / No, …
- □□ 75. 그것은 꼬리를 가지고 있습니까? — Yes, … / No, …
- □□ 76. Jane은 시계를 가지고 있습니까? — Yes, … / No, …
- □□ 77. 당신들은 꽃들을 가지고 있습니까? — Yes, … / No,
- □□ 78. John과 Mary는 집을 가지고 있습니까? — Yes,… / No, …

※ 틀린 것을 바르게 고치세요.
- □□ 79. Does I has a piano? — Yes, I does. / No, I doesn't.
- □□ 80. Does you has a flower? — Yes, you does. / No, you don't.
- □□ 81. Do he has a watch? — Yes, he do. / No, he doesn't.
- □□ 82. Does she have a cat? — Yes, she does. / No, she don't.
- □□ 83. Does they have a house? — Yes, they do. / No, they doesn't.
- □□ 84. Does Tom and Jane has a bicycle? — Yes, he does. / No, she doesn't.
- □□ 85. Do it have a mouth? — Yes, it do. / No, it don't.

정답과 설명

74 Does she have a doll? — Yes, she does. / No, she doesn't.

▲ She has a doll. 「그녀는 인형을 가지고 있다.」를 의문문으로 하려면 어떻게 할까요? has가 있으면 맨 앞에 무엇을 둔다고 했지요? Does. 그 외에 무슨 변화가 있다고 했지요? has는 have로 바꾼다. → Does she have a doll?
▲ 이에 대한 답으로는? Does로 시작하는 의문문에 대한 답으로는 역시 does를 써서 Yes, she does. / No, she doesn't가 됩니다. 이것은 Yes, she has a doll. / No, she doesn't have a doll.을 생략해서 간단히 이렇게 합니다.

75 Does it have a tail? — Yes, it does. / No, it doesn't.

76 Does Jane have a watch? — Yes, she does. / No, she doesn't.

Jane은 여자의 이름, 그러므로 she로 받습니다.
▲ Jane (　　) a watch. → (　　) 안에 have? has?
Jane has a watch. 그래서 Does를 쓴 것 아시겠죠?

77 Do you have flowers? — Yes, we do. / No, we don't.

▲ 보나 마나 'we'로 할 것을 'I'로 한 친구들이 있을 것입니다. you는 「너는, 당신은」이라는 단수의 경우와, 「너희들은, 당신들은」이라는 복수 양쪽으로 쓴다고 했지요? 여기에서는 「당신들은」이라는 복수로 쓰여 있으므로 답도 **we(우리들은)라는 복수를 쓴 것**입니다.

78 Do John and Mary have a house? — Yes, they do. / No, they don't.

▲ John and Mary have a house.를 의문문으로 한 것입니다. have를 쓴 이유는 John과 Mary를 합치면 복수가 되기 때문입니다. 그런데 John과 Mary는 왜 they가 되었지요? 이것도 배운 것인데 남녀를 막론하고 「그들은」이라고 할 때는 they를 쓴다는 것. 이 경우에 Yes, John and Mary do.로 해도 좋지만 답에서는 될 수 있는 한 의문문에서 쓴 말을 그대로 되풀이 하지 말고 **대명사**를 써야 됩니다.

79 Does → Do, has → have — I → you, does → do / I → you, doesn't → don't

원래 문장은 Do I have a piano? — Yes, you do. / No, you don't.
▲ 'I'를 'you'로 하는 것은 미처 몰랐지요?

80 Does → Do, has → have — you → I, does → do / you → I

원래 문장은 Do you have a flower ? — Yes, I do. / No, I don't.

81 Do → Does, has → have — do → does

원래 문장은 Does he have a watch? — Yes, he does. / No, he doesn't.

82 don't → doesn't

83 Does → Do — doesn't → don't

84 Does → Do, has → have — he → they, does → do / she → they, doesn't → don't

원래 문장은 Do Tom and Jane have a bicycle? — Yes, they do. / No, they don't.

85 Do → Does — do → does / don't → doesn't

mouth 「입」
원래 문장은 Does it have a mouth? — Yes, it does. / No, it doesn't.

잔소리 공부들 하느라고 무척 고생하시고 있을 겁니다. 동감해요. 무슨 일을 하든 기초를 세울 때에는 고생하는 법입니다. 기초만 고생하면서 확고히 닦아 놓으면 나중에는 공부가 너무나 재미나서 어쩔 줄을 모르게 됩니다. 그런데요 — 다음 시험에 꼭 100점이 되도록 애쓰세요. 적어도 90점 이상이 못 되면 앞으로 나아가서는 안 됩니다. 기초 때에는 마음이 조급한 나머지 빨리 빨리 앞으로 나아가려 하는데 이것이 망하는 근본 원인이 됩니다. 30년 이상 교단 생활을 한 나는 여러 후배들에게 충심으로 충고합니다. 아무 소리 말고 순진한 동심으로 돌아가서 내가 하라는 대로만 하십시오. 그러면 틀림없이 성공합니다. 이 사실을 여러분의 선배가 수없이 증명하고 있습니다. 그래도 내 말을 안 듣고 복습조차 안 하는 친구가 있으니 걱정입니다. 나의 성의를 보아서라도 제발 내 말 좀 들어주세요. 나는 어느 날 전에 내가 봉직했던 서울 고등학교 졸업생 한 분을 만났습니다. 그 분은 지금 상당히 성공한 분입니다. 그 분이 과거를 회고하면서 말하기를 "고등학교 시절에 안선생님 덕택으로 영어를 제일 많이 공부했습니다. 안선생님의 열성에 감동하여서 다른 과목은 못 하더라도 영어만은 빼놓지 않고 예습 복습을 꼭꼭 해갔습니다. 공부를 안 해가면 안선생님의 안타까워시는 그 얼굴을 차마 볼 수가 없어지요. 덕택에 영어를 잘하게 되고 어디서나 눈에 띄게 되어 유리한 입장에 서게 되었습니다……" 자… 그만 자랑하고 다음 문제를 풀면서 잊고 못 하는 것이 있으면 표시를 해 두었다가 두고 두고 복습하세요. (이것도 내 말대로 하고 있는지 걱정이 되어요.) 그리고 다음 문제를 풀기 전에 자신이 없는 사람은 앞 두 과를 몇 번이고 복습하셔야 합니다.

연습문제 2

(틀린 것을 표시해 두는 것 잊지 마세요.)

1. 다음 우리말을 영어로 옮기세요.

   칼 (   )   펜 (   )
   자전거 (   )   피아노 (   )
   인형 (   )   꼬리 (   )
   집 (   )   꽃 (   )
   시계 (   )   입 (   )

2. have, has가 사용되는 원칙을 말해 보세요.
   (a) 단수인 경우 I (   )
   　　　　　　　you (   )
   　　　　　　　그 외는 전부 (   )
   (b) 복수인 경우 (   )

3. 다음 (　) 내에 have, has, Do, Does 중 적당한 것을 넣으세요.
   (a) (   ) he have a bicycle?
   (b) (   ) they have a monkey?
   (c) Does she (   ) a pen?
   (d) Mary (   ) a mouth.
   (e) Tom and Jane (   ) a house.

4. 다음 글에서 틀린 곳이 있으면 밑줄을 긋고 그 밑에 옳은 답을 쓰세요.
   (a) John have a flower.
   (b) John and Jane has a doll.
   (c) Do John have a mouth?
   (d) Does he has a watch?
   (e) Do Mary has a ox ?

정답과 설명
이 답을 아예 가려 버리세요. 눈에 띄면 자연히 보게 됩니다.

1　knife, pen, bicycle, piano, doll, tail, house, flower, watch, mouth

2　(a) have, have, has　　(b) have

3　(a) Does　　(b) Do
　(c) have　　(d) has
　(e) have

4　(a) have → has　　(b) has → have
　(c) Do → Does　　(d) has → have
　(e) Do → Does, has → have, a → an

READING

70	Do I have a knife?	Yes, you do.	No, you don't.
71	Do you have a pen?	Yes, I do.	No, I don't.
72	Does he have a bicycle?	Yes, he does.	No, he doesn't.
73	Do they have a piano?	Yes, they do.	No, they don't.
74	Does she have a doll?	Yes, she does.	No, she doesn't.
75	Does it have a tail?	Yes, it does.	No, it doesn't.
76	Does Jane have a watch?	Yes, she does.	No, she doesn't.
77	Do you have flowers?	Yes, we do.	No, we don't.
78	Do John and Mary have a house?	Yes, they do.	No, they don't.
79	Do I have a piano?	Yes, you do.	No, you don't.
80	Do you have a flower?	Yes, I do.	No, I don't.
81	Does he have a watch?	Yes, he does.	No, he doesn't.
82	Does she have a cat?	Yes, she does.	No, she doesn't.
83	Do they have a house?	Yes, they do.	No, they don't.
84	Do Tom and Jane have a bicycle?	Yes, they do.	No, they don't.
85	Does it have a mouth?	Yes, it does.	No, it doesn't.

휴게실 다이아몬드와 빵 조각

워털루 대 결전의 승전 기념일(6월18일) 만찬회에서 웰링턴(A. W. Wellington, 1769~1852, 영국 정치가, 군인) 장군은 다이아몬드 장식이 있는 담뱃갑을 손님들에게 자랑하였다. 그런데 그것이 분실되어 찾을 길이 없게 되었다.

웰링턴 장군은 몹시 당황했다. 손님은 상당한 지위의 군인들 뿐인데 모두 주머니 검사를 하자는데 동의하였다. 그렇지만 그 중의 한 노사관이 열렬히 반대하였다. 주위에서 강요하자 그 노사관은 성을 내며 일어섰다.

"이제 그 일은 잊어버립시다."

장군은 이렇게 제안했으나 그 노사관은 뒤도 돌아보지 않고, 뚜벅뚜벅 나가 버리고 말았다. 물론 그 노사관에게 혐의가 씌워졌지만 그가 어떤 인물이며 어디에 살고 있는지를 아는 사람은 그리 많지 않았다.

해가 바뀌어, 그 다음 해에도 그런 모임이 있게 되었다. 웰링턴 장군이 작년 그 기념일 이후 입어보지 않았던 옷을 꺼내서 무심코 호주머니에 손을 넣었더니, 없어진 줄만 알았던 담뱃갑이 거기에 있었다. 장군은 표현할 수 없이 당황했다.

장군은 노사관을 팔방으로 찾은 결과, 아주 초라한 지붕 밑 셋방에 살고 있는 것을 발견했다.

장군은 그 노사관에게 사실은 자기도 그를 의심하고 있었노라고 솔직히 사과한 다음, 궁금하던 일을 한 가지 물어보았다.

"그러면 어째서 모든 사람들의 의견에 따르지 않고 터무니 없는 의심을 받으셨소?"

노사관은 얼굴을 붉히며 다음과 같이 고백했다.

"사실 나의 호주머니에는 고기 조각과 빵 조각이 들어 있었습니다. 그 당시 굶고 있던 아내와 아이들에게 먹이고 싶어서 연회석에 나온 음식을 남겨 주머니에 넣었던 것입니다."

장군은 그 말을 듣자마자 어린애처럼 엉엉 울었다.

★ 자, 그만 쉬고 복습을 합시다. (복습 안 하는 영어 공부는 효과가 없습니다.)

Lesson 06 be, have 외의 동사 (일반동사)

지금까지 배운 am, are, is를 be동사라고 하고, have, has를 have동사라 합니다.
지금부터는 그 외의 동사를 공부하게 됩니다.

□□ 86. 「알고 있다」를 영어로 말하면?

※ 다음을 영어로 옮기세요

□□ 87. (a) 나는 Mary를 알고 있다.
(b) 당신은 Mary를 알고 있다.
(c) 그는 Mary를 알고 있다.
(d) 우리는 Mary를 알고 있다.
(e) 당신들은 Mary를 알고 있다.
(f) 그들은 Mary를 알고 있다.

□□ 88. (a) 당신은 Mary를 알고 있습니까?
(b) 예, 그렇습니다. / 아니오, 모릅니다.

정답과 설명

86 know [nou]

87 (a) I know Mary
(b) You know Mary.
(c) He knows Mary.
(d) We know Mary.
(e) You know Mary.
(f) They know Mary.

▲ He에는 왜 knows라고 's'를 붙였을까?
be, have 이외의 동사인 경우에 있어서 현재 시제에 한해서 I, You 외의 단수에는 전부 동사에 's'를 붙입니다. **즉, 주어가 3인칭, 단수, 동사가 현재일 때 동사에 's'를 붙입니다.**

▲ 그러면 주어란? 한 문장의 주제(主題), 알기 쉽게 말하면 한 문장의 제목을 말합니다. 가령,
John is rich. 「John은 부자이다.」　　He is kind. 「그는 친절하다.」
에서는 John이나 He는 한 문장의 제목이지요? 이 제목에 관해서 「부자이다」, 「친절하다」라고 설명하고 있습니다. 그래서 John, He 같은 것을 주어(主語)라 합니다. 평서문에서는 주어를 문장 제일 앞에 둡니다.

▲ 3인칭이란? **말하는 사람을 1인칭**이라 합니다. **I, We는 1인칭**입니다. 말을 **듣는 사람을 2인칭**이라 합니다. You가 그렇지요. 그 외의 것, 즉 **화제(말하여지는 제목)를 3인칭**이라 합니다. I, We는 1인칭, You는 2인칭, 그 외의 것은 전부 3인칭으로서 He, She, It, They, John… 등 많습니다.

▲ 동사란? 주어의 동작이나 상태를 표시하는 말입니다.
① He is rich. 「그는 부자이다.」
② I know John. 「나는 John을 안다.」
③ You speak English. 「너는 영어를 말한다.」
위에서 is, know는 주어인 He, I의 상태 「~이다, 알고 있다」를 나타내고, speak는 You란 주어의 동작 「말하다」를 나타내고 있습니다.

▲ 현재란?
① He is rich. 「그는 (현재) 부자이다.」 → He was rich. 「그는 (과거) 부자였다.」
② He speaks English. 「그는 (현재) 영어를 말한다.」 → He spoke English. 「그는 (과거에) 영어를 말했다.」
was = is, am의 과거   spoke = speak의 과거
이상 보는 바와 같이 영어에서는 현재와 과거에 따라서 동사의 모양이 달라지게 됩니다. 차츰 배우게 되니 안심하세요.

그러면 위에서 말한 규칙을 읽어보세요. 좀 어렵지만 알겠지요? 모르는 사람은 몇 번이고 읽어야 됩니다. 머리가 나쁜 탓이 아니고 처음은 누구나 다 그러니 괴로워 마세요.

3인칭, 단수, 현재인 경우에는 동사에 's'를 붙인다.

이것만 잘 기억해 두면 됩니다. 처음으로 어려운 문법 규칙이 나와서 아무리 읽어도 모르는 분이 계시다는 것을 알고 있습니다. 이분들은 이 책을 두 번 세 번 반복해서 공부하면 자연히 알게 되니 걱정 마세요. 그래도 걱정이 되니 좀 더 알기 쉽게 해봅시다.

— You haves books.
— They ares rich.
어디가 틀렸나요?
's'가 붙는 것은 '**be, have 이외의 동사**' 라고 하지 않았나요? (be동사가 무엇이며, have동사가 무엇인지 조차 모르는 친구가 있습니다. — 이런 사람들은 앞 부분을 다시 공부하시기 바랍니다.) 또 '…외의 동사'란 뜻도 모르는 친구가 있습니다. — be동사도 아니고 have동사도 아닌 동사란 뜻입니다. 즉 be동사도 아니고 have동사도 아닌 동사에 's' 문제가 생긴다는 뜻이에요. 그러니까 haves와 ares는 안 된다는 말입니다. 그러니까 위의 것은 have, are로 해야 합니다.

— I speaks English.
— You speaks English.
어디가 틀렸나요?
'I, You 외의 단수'란 뜻을 모르시는 모양이군요? I도 아니고, You도 아닌 다른 것의 단수라는 뜻입니다. 그러니까 I, You 때는 's'를 사용하지 않습니다. 따라서 위 speaks는 speak로 고쳐야 합니다.

— Mary speaks English.
어디가 틀렸나요?… 틀리지 않았어요. 즉 Mary는 'I'도 아니고 'You'도 아니고, 또 단수(한 사람)이기 때문입니다.

— They speaks English.
어디가 틀렸나요? They는 복수니까 speaks는 안 되지요. 그래서 s를 없애야 합니다.

— He spokes English. 「그는 영어를 말했다.」
어디가 틀렸나요? '**현재인 경우에만**' 이라고 하지 않았나요? spoke는 speak의 과거로서 「말했다」란 뜻이지요? 그러니까 과거라서 s를 붙이면 틀린 표현입니다. 그냥 spoke 또는 speaks로 하여야 합니다.
제일 간단하게 정리할 수 있는 것은 **3인칭, 단수, 현재에 's'를 붙인다.**

88 (a) Do you know Mary?

He is rich. 이것을 의문문으로 하면? → Is he rich?
▲ 그러면
You know Mary.를 의문문으로 하려면?
→ Know you Mary?일까요? 안 됩니다. be동사 외에는 have고 무엇이고 전부 **Do(Does)**를 써야 됩니다. 그래서
You know Mary. → Do you know Mary?가 됩니다.
You have a book. → Do you have a book?
Do he has a book? 이것은 무엇이 틀렸을까요? → Does he **have** a book?으로 해야 맞습니다.

(b) Yes, I do. / No, I don't.

▲ Yes, I do. / No, I don't.는 Yes, I know Mary. / No, I don't know Mary.를 줄인 것입니다.

잔소리 그러니 영어란 놈 아주 고약한 놈이에요. 그래서 복습하라, 복습하라 하고 침이 마르도록 잔소리 안 할 도리가 있나요? 잘 모르는 사람은 Lesson 5를 열심히 복습해야 합니다.

연습문제

※ 다음을 영어로 옮기세요.

□□ 89. (a) 그는 Mary를 알고 있습니까?
(b) 예, 그렇습니다. / 아니오, 모릅니다.

□□ 90. 「살다」「뉴욕」「~안에」「워싱턴」

□□ 91. (a) 당신은 뉴욕에 삽니다.
(b) 당신은 뉴욕에 삽니까?
(c) 네, 그렇습니다. / 아니오, 살지 않습니다.

□□ 92. (a) Tom은 워싱턴에 삽니다.
(b) Tom은 워싱턴에 삽니까?
(c) 예, 그렇습니다. / 아니오, 살지 않습니다.

□□ 93. 「가다, 다니다」「학교」「~로, ~에」

□□ 94. (a) 그는 학교에 다닙니다.
(b) 그는 학교에 다닙니까?
(c) 예, 그렇습니다. / 아니오, 다니지 않아요.

□□ 95. 「공부하다」「영어」「열심히」

□□ 96. (a) Mary는 영어를 열심히 공부한다.
(b) Mary는 영어를 열심히 공부합니까?
(c) 예, 그렇습니다. / 아니오, 안 합니다.

★ 한 문제를 한 과로 삼고 한 걸음 한 걸음 천천히 착실히 꼭대기를 향해서 기어 올라가세요.

정답과 설명

89 (a) Does he know Mary?
(b) Yes, he does. / No, he doesn't.
▲ He knows Mary.를 의문문으로 하라고 하니 Do he knows Mary?로 쓰는 친구가 있어요. → **동사에 's'가 붙어 있으면 Does를 쓰고 본래 동사의 's'는 없애 버립니다.** 그래서 Does he know Mary?가 되지요. He speaks English.는 **Does he speak English?**
▲ Yes, he does. / No, he doesn't.도 Yes, he knows Mary. / No, he doesn't know Mary.를 줄인 것입니다.

90 「살다」 live 　「뉴욕」 New York 　「~안에」 in 　「워싱턴」 Washington
▲ 지명은 대문자로 시작합니다.

91 (a) You live in New York.
▲ 「당신은 뉴욕에 산다.」를 우리말 순으로 영어를 배열하면 You New York in live.가 되는데 영어의 순서는 You live in New York.

으로 되는 점에 주의하세요.

(b) Do you live in New York?
▲ York의 끝을 올려 발음하세요.

(c) Yes, I do. / No, I don't.

92 (a) Tom lives in Washington.
(b) Does Tom live in Washington?
(c) Yes, he does. / No, he doesn't.

93 「가다, 다니다」 go   「학교」 school   「~로, ~에」 to

94 (a) He goes to school.
(b) Does he go to school?
(c) Yes, he does. / No, he doesn't.

95 「공부하다」 study   「영어」 English   「열심히」 hard

96 (a) Mary studies English hard.
(b) Does Mary study English hard?
(c) Yes, she does. / No, she doesn't.

▲ studys가 아니고 studies가 되는 것에 주의하세요. **y로 끝나는 말에서 y 앞에 자음이 있으면 y를 'i'로 바꾸고 'es'를 붙입니다.** try 「해보다」는 trys가 아니고 **tries**, cry 「소리치다」는 **cries**가 되는 것에 주의하세요.

단어공부

- ☐☐ ① 알다
- ☐☐ ② 부자인
- ☐☐ ③ 말하다
- ☐☐ ④ is의 과거
- ☐☐ ⑤ speak의 과거
- ☐☐ ⑥ 살다
- ☐☐ ⑦ 뉴욕
- ☐☐ ⑧ ~안에
- ☐☐ ⑨ 워싱턴
- ☐☐ ⑩ 가다, 다니다
- ☐☐ ⑪ 학교
- ☐☐ ⑫ ~로, ~에
- ☐☐ ⑬ 공부하다
- ☐☐ ⑭ 영어
- ☐☐ ⑮ 열심히

단어공부—답

① know [nou]　② rich [ritʃ]　③ speak [spiːk]　④ was [wəz / waːz]　⑤ spoke [spouk]　⑥ live [liv]
⑦ New York [njuːjɔːrk]　⑧ in [in]　⑨ Washington [wáʃiŋtən, wɔ́ːʃiŋtən]　⑩ go [gou]　⑪ school [skuːl]
⑫ to [tuː]　⑬ study [stʌ́di]　⑭ English [íŋgliʃ]　⑮ hard [hɑːrd]

READING

87   (a) I know Mary.
      (b) You know Mary.
      (c) He knows Mary.
      (d) We know Mary.
      (e) You know Mary. (복수)
      (f) They know Mary.

88   (a) Do you know Mary?
      (b) Yes, I do. / No, I don't.

89   (a) Does he know Mary?
      (b) Yes, he does. / No, he doesn't.

91   (a) You live in New York.
      (b) Do you live in New York?
      (c) Yes, I do. / No, I don't.

92   (a) Tom lives in Washington.
      (b) Does Tom live in Washington?
      (c) Yes, he does. / No, he doesn't.

94   (a) He goes to school.
      (b) Does he go to school?
      (c) Yes, he does. / No, he doesn't.

96   (a) Mary studies English hard.
      (b) Does Mary study English hard?
      (c) Yes, she does. / No, she doesn't.

★ 복습을 잊지 마세요. 영어 공부의 제일 좋은 방법은 '반복 연습' → 꼭 복습하세요.

Lesson 07

What, Where, How ...?

※ 다음을 영어로 말해 보세요.
- ☐☐ 97. 「무엇, 무슨」 「종」
- ☐☐ 98. 이것은 무엇입니까? — 그것은 종입니다.
- ☐☐ 99. 「당신의」 「이름」 「나의」
- ☐☐ 100. 당신의 이름은 무엇입니까? — 나의 이름은 John입니다.
- ☐☐ 101. 「어디에(로)」 「샌프란시스코」
- ☐☐ 102. 당신은 어디에 삽니까? — 샌프란시스코에 삽니다.
- ☐☐ 103. 「몇 살」 「10」 「~살」
- ☐☐ 104. 당신은 몇 살입니까? — 10살입니다.
- ☐☐ 105. 숫자 1부터 10까지

정답과 설명

97 「무엇, 무슨」 what [(h)wat]   「종」 bell [bel]

98 What is this? — It is a bell.
- ▲ what, where, how... 등 의문사로 시작하는 의문문은 끝을 내려 발음합니다.
  What, this, bell은 다른 단어보다 세게 발음합니다.
- ▲ 실제 회화 상에서는 What's this? — It's a bell.
- ▲ This is a bell.을 의문문으로 하면 Is this a bell?이 된다는 것을 배웠지요? 그러면 a bell인지 무엇인지 몰라서 a bell 대신에 **what**을 쓴다면 Is this what?이 되나요? 아닙니다. — what, where, how 등의 의문을 표시하는 말(**의문사**)이 있는 의문문에서는 그 의문을 표시하는 말(**의문사**)을 **문장 앞**에 둡니다. 그 다음은 지금까지 배운 어순으로 하면 됩니다.
  그래서 Is this what?이 아니고 **What is this?**가 됩니다.
- ▲ You have a book.을 의문문으로 하면 Do you have a book?이 되지요? a book인지 무엇인지를 몰라서 What을 쓰면 이것을 문장 앞에 두어서 What do you have?가 됩니다.

99 「당신의」 your [jər / juər]   「이름」 name [neim]   「나의」 my [mai]
- ▲ you는 「당신은(이)」, your는 「당신의」, your pen 「당신의 펜」, I 「나는(내가)」, my bell 「나의 종」

100 What is your name? — My name is John.
- ▲ Your name is John.을 의문문으로 하면 Is your name John?이 되지요? John인지 무엇인지 몰라서 What을 쓰면 What is your name?으로 되는 것 알겠지요?

101 「어디(에)로」 where   「샌프란시스코」 San Francisco

102 Where do you live? — I live in San Francisco.
- ▲ You live in San Francisco.를 의문문으로 하면 Do you live in San Francisco?가 됩니다. in San Francisco인지 어딘지를 몰라

서 이 대신에 Where를 쓰면 이것을 문장 앞에 두어서 Where do you live?

103 「몇 살」 how old　　「10」 ten　　「~살」 ~ years old

▲ 여기의 how의 뜻은 「얼마나, 어느 정도」, old의 뜻은 「늙은」

▲ year의 뜻은 「해, 나이, 살」

104 How old are you? — I am ten years old.

회화 때는 years old를 생략합니다.

105　1 = one [wʌn]　　2 = two [tuː]　　3 = three [θriː]　　4 = four [fɔːr]
　　　5 = five [faiv]　　6 = six [siks]　　7 = seven [sévən]　　8 = eight [eit]
　　　9 = nine [nain]　　10 = ten [ten]

연습문제

※　우리말로 옮기세요.

□□ 106. What does he do? — He is a teacher.

□□ 107. 「책」「영어」를 영어로 말해 보세요.

※　영어로 옮기세요.

□□ 108. 이것은 무슨 책입니까? — 영어책입니다.

□□ 109. 「꽃」「장미」를 영어로 말해 보세요.

※　영어로 옮기세요.

□□ 110. 이것은 무슨 꽃입니까? — 장미꽃입니다.

□□ 111. 「손」「팽이」를 영어로 말해 보세요.

※　영어로 옮기세요.

□□ 112. 당신은 당신의 손 안에 무엇을 가지고 있습니까? — 팽이를 가지고 있습니다.

□□ 113. 「그」「책상」「~위에」를 영어로 말해 보세요.

※　영어로 옮기세요.

□□ 114. 그 책은 어디에 있습니까? — 책상 위에 있습니다.

□□ 115. 「몇 개의」를 영어로 말해 보세요.

※　영어로 옮기세요.

□□ 116. 당신은 몇 권의 책을 가지고 있습니까? — 여덟 권을 가지고 있습니다.

※　우리말로 옮기세요.

□□ 117. (a) How are you?　　(b) How do you do?

정답과 설명

106 What does he do? 글자 그대로 번역하면 「그는 무엇을 합니까?」인데 「그는 무엇을 하는 사람입니까?」라고 직업을 물어 보는 뜻이 됩니다. He is a teacher. 「그는 선생님 입니다.」

107 「책」 book 　　「영어」 English

108 What book is this? — It is an English book.
▲ what에는 「무엇」이라는 뜻 외에 「무슨」이라는 뜻도 있습니다.
이 「무슨」이라는 뜻에서는 반드시 그 다음에 book, doll, dog… 등의 명사가 이어져 **형용사 역할**을 합니다.
「무슨 인형」 what doll　　「무슨 개」 what dog

109 「꽃」 flower 　　「장미」 rose

110 What flower is this? — It is a rose.
▲ 우리 말에서는 「그것은 장미꽃입니다.」를 생략해서 그냥 「장미꽃입니다.」라고 할 수 있지만, 영어에서는 반드시 주어 동사를 갖추어서 It is a rose.로 합니다. 물론 회화 때는 rose 한 단어만으로도 통할 수 있지만 영어를 공부하는 입장에서는 완전한 문장을 연습해야만 실력 향상에 도움이 됩니다.

111 「손」 hand 　　「팽이」 top

112 What do you have in your hand? — I have a top.
▲ You have a top in your hand.를 의문문으로 하면 Do you have a top in your hand?입니다. a top인지 무엇인지 몰라서 이 대신 What을 써서 문장 앞에 두면 What do you have in your hand?가 되는 것입니다.

113 「그」 the 　　「책상」 desk 　　「~위에」 on
▲ 모음 앞에서는 the [ði], the egg [ði eg], the ant [ði ænt] (ant 「개미」)
자음 앞에서는 the [ðə], the book [ðə buk], the pen [ðə pen]
「그」라고 표시할 때에 the를 쓰고 그 다음에 반드시 book, pen, rose… 등의 명사를 둡니다.
「그 책」 the book　　「그 펜」 the pen
▲ it은 「그것은(이)」이라는 뜻이니 혼동하지 마세요.

114 Where is the book? — It is on the desk.
「John은 어디에 있습니까?」 Where is John?
「그녀는 어디에 있습니까?」 Where is she?

115 「몇 개의」 how many
▲ 여기서 how는 「얼마나, 어느 정도의」라는 뜻. many는 「많은」이라는 뜻인데 how와 many를 합쳐서 **「몇 개의, 몇 권의, 몇 대의…」**라는 뜻으로 합니다.
how many 다음에는 수를 말하는 복수가 나옵니다.
「몇 개의 펜」 how many pens
「몇 개의 팽이」 how many tops
「몇 권의 책」 how many books
▲ **양(量)을 말할 때는 how much** 「얼마 만큼의」를 씁니다.
how much water 「얼마 만큼의 물」
how much sugar 「얼마 만큼의 설탕」
much [mʌtʃ] 「다량」, water [wɔ́:tər / wátər] 「물(水)」, sugar [ʃúgər] 「설탕」

116 How many books do you have? — I have eight books.
▲ You have eight books.를 의문문으로 하면 Do you have eight books?가 됩니다. eight인지 얼마인지 몰라서 eight 대신 **How many** (몇 권의)를 쓰고 이것을 문장 앞에 두면 (books란 부하를 거느리고) **How many books do you have?**가 됩니다.

117 (a) How are you? 「안녕하십니까?」

(b) How do you do? 「처음 뵙겠습니다.」

▲ 누군가의 소개를 받고 상대방이 김씨라는 것을 알게 되었어요. 그 다음은 악수를 하면서 「처음 뵙겠습니다.」라는 인사를 서로 나누게 되는데 이 인사하는 말을 보통은 **How do you do, Mr. Kim?**으로 합니다.

때로는 How are you, Mr. Kim?으로도 하는데 이것은 특히 **상대방의 건강 상태**를 알고 싶을 때 씁니다.

▲ 전부터 잘 알고 있는 사람을 만났을 때의 「안녕하십니까?」는 How do you do, Mr. Kim?은 쓰지 않고 How are you, Mr. Kim?을 씁니다.

▲ 대답하는 방법으로는 How are you, Mr. Kim?에 대해서는 **Thank you, I'm (very) well.** (또는 I'm (very) fine.) 또는 **Very well (또는 Fine), thank you.**라고 합니다.

그러나 How do you do, Mr. Kim?에 대한 답으로는 (인사한 사람이 안씨인 경우) 역시 How do you do, Mr. Ahn?으로 합니다.

▲ Mr. = Mister의 줄임말. 「~씨, ~님, ~군」으로 남자 이름 앞에 둡니다.

「감사하다」 thank [θæŋk]

「매우」 very [veri]

「건강한, 잘」 well [wel] (fine [fain] = well)

▲ do you do?는 좀 이상하지요?

You do의 do의 뜻은 「살아가다, 지내다」 (보통은 '~하다'라는 뜻이지만) 이것을 의문문으로 하면 Do you do? 또 How까지 두어서 How do you do?가 되면 「당신은 어떻게 살아 가십니까?」 여기의 How는 「**어떻게**」라는 뜻입니다.

단어공부

(답을 흰 종이로 가렸나요?)

☐☐ ① 무엇, 무슨   ② 종   ③ 당신의
☐☐ ④ 이름   ⑤ 나의   ⑥ 어디에(로)
☐☐ ⑦ 샌프란시스코 ⑧ 몇 살   ⑨ ~살
☐☐ ⑩ 선생   ⑪ 책   ⑫ 영어
☐☐ ⑬ 꽃   ⑭ 장미   ⑮ 손
☐☐ ⑯ 팽이   ⑰ 그   ⑱ 책상
☐☐ ⑲ ~위에   ⑳ 몇 개의   ㉑ 얼마 만큼의
☐☐ ㉒ 물   ㉓ 설탕   ㉔ 어떻게
☐☐ ㉕ 감사하다   ㉖ 대단히   ㉗ 건강한, 잘

단어공부―답

① what [(h)wat]   ② bell [bel]   ③ your [jər / juər]   ④ name [neim]   ⑤ my [mai]   ⑥ where [(h)wɛər]
⑦ San Francisco [sænfrænsískou]   ⑧ how old   ⑨ years old   ⑩ teacher [tíːtʃər]   ⑪ book [buk]
⑫ English [íŋgliʃ]   ⑬ flower [fláuər]   ⑭ rose [rouz]   ⑮ hand [hænd]   ⑯ top [tap / tɔp]   ⑰ the [ðə / ði]
⑱ desk [desk]   ⑲ on [ɔn]   ⑳ how many   ㉑ how much   ㉒ water [wɔ́ːtər / wátər]   ㉓ sugar [ʃúgər]
㉔ how [hau]   ㉕ thank [θæŋk]   ㉖ very [veri]   ㉗ well [wel]

READING

98 What is this?
It is a bell.
100 What is your name?
My name is John.
102 Where do you live?
I live in San Francisco.
104 How old are you?
I am ten years old.
106 What does he do?
He is a teacher.
108 What book is this?
It is an English book.
110 What flower is this?
It is a rose.
112 What do you have in your hand?
I have a top.
114 Where is the book?
It is on the desk.
116 How many books do you have?
I have eight books.
117 How are you?
How do you do?

★ 복습을 꼭 하세요. → 황소와 같이 한 걸음 한 걸음 착실히, 또 꾸준히…

Lesson 08 Who, Whom, Whose …?

※ 다음을 영어로 옮기세요.

□□ 118. 「누구, 누가」「정직한」
□□ 119. 당신은 누구입니까? — 나는 Jack입니다.
□□ 120. 누가 정직한가요? — Mary가 정직합니다.
□□ 121. 「누구를(에게)」「좋아하다」「어머니」「공부하다, 일하다」
□□ 122. 당신은 누구를 좋아합니까? — 나의 어머니를 좋아합니다.
□□ 123. 누가 열심히 공부하나요? — Mary가 열심히 합니다.
□□ 124. 「누구의, 누구 것」「방」「내 것」
□□ 125. 이것은 누구의 방입니까? — 그것은 나의 방입니다.
□□ 126. 이것은 누구 것입니까? — 내 것입니다.

정답과 설명

118 「누구, 누가」 who [huː]   「정직한」 honest [áːnist]

119 Who are you? — I am Jack.

▲ You are Jack.을 의문문으로 하면 Are you Jack?입니다. 여기에서 Jack인지 누구인지 몰라서 이 대신에 Who를 쓰고 이것을 문장 앞에 두면 Who are you?가 됩니다. …are you… 역시 배운 어순으로 되어 있지요?

120 Who is honest? — Mary is (honest).

▲ Mary is honest.에서 Mary인지 누구인지를 몰라서 이 대신에 Who를 두면 → Who 다음은?
honest is? 틀린 표현입니다. 의문사(who, what, … 등) 자체가 주어로 되어 있을 때는 그 다음 어순은 평서문 문장 그대로 입니다. 그래서 Who is honest?가 되는 것이지요.

▲ John goes to school.
John인지 누구인지 몰라서 「누가 학교에 다니느냐?」라고 하려면? Who goes to school?이 됩니다. 또 Mary is kind.에서 Mary인지를 몰라서 「누가 친절합니까?」라고 하려면 Who is kind?
그러나 He is John.에서 John인지를 몰라서 「그는 누구냐?」라고 하려면 Who is he?가 됩니다. 여기의 John은 주어가 아니므로 is he?로 되는 것에 주의하세요.

121 「누구를(에게)」 whom [huːm]   「좋아하다」 like [laik]
「어머니」 mother [mʌ́ðər]   「공부하다, 일하다」 work [wəːrk]

▲ work는 본래 「일하다」란 뜻이지만, 「공부하다」라고 할 때도 work를 많이 씁니다. study는 다음에 공부하는 English 같은 말이 올 때에 쓰고, 또 어려운 표현으로써 「연구하다」는 뜻에도 씁니다.

122 Whom do you like? — I like my mother.

▲ You like John. 이것을 의문문으로 하면 Do you like John?으로 된다는 것을 배웠지요?

여기에서 John인지 누구인지를 몰라서 의문사를 쓴다면 Who? Whom?「John을」이라고 '을'이 붙어있으니 Whom (= Who)「누구를」을 써야 하지요.

그래서 Whom을 맨 앞에 내세우고 그 다음에 do you like?를 붙이면 Whom do you like?로 되는 것입니다. (현대 영어에서는 이 경우에 Whom 대신 Who를 쓰기도 합니다.)

123 Who works hard? — Mary does.
- ▲ Mary works hard.에서 Mary인지 누구인지를 몰라서 의문문으로 만들 경우 Mary가 주어이므로 그럴 때는 Who를 쓰고 Who 다음은 의문사가 주어가 되어야 하므로 Who works hard?가 됩니다.
- ▲ Mary works hard.를 줄여서 Mary does.로 한 것입니다.

124 「누구의, 누구의 것」 whose [huːz]   「방」 room [ruː(ː)m]   「내 것」 mine [main]
- ▲ I「나는(내가)」, my「나의」, me「나를, 나에게」, mine「내 것」

125 Whose room is this? — It is my room.
- ▲ This is my room.을 의문문으로 하면 Is this my room?이 되지요? 이 중에서 my인지를 몰라서 이 대신 Whose「누구의」를 두면 Whose는 room이란 부하까지 거느리고 맨 앞으로 나아가게 됩니다. 그 다음에 남은 is this를 두면 Whose room is this?가 되는 것입니다.

126 Whose is this? — It is mine.
- ▲ This is mine.「이것은 내 것이다.」이것을 의문문으로 하면 Is this mine?입니다. mine(내 것)인지를 몰라서 이 대신에 Whose「누구의 것」를 쓰면 이것이 맨 앞으로 나아가고 그 다음에 남은 is this를 두면 **Whose is this?**가 되는 것입니다.

잔소리 몰라도 좀 생각하다가 답을 보아야 효과적입니다. 나중에는 입에서 무의식적으로 줄줄 나오도록 연습을 해야 회화할 때 써 먹을 수가 있어요. 어려우면 Lesson 1 처음부터 다시 하세요.

연습문제

※ 다음을 영어로 말해 보세요.

- ☐☐ 127. 「남자」「아버지」「그녀의」
- ☐☐ 128. 저 남자는 누구입니까? — 그녀의 아버지입니다.
- ☐☐ 129. 「가난한」「고아」「사랑하다」「갓난아이」
- ☐☐ 130. 누가 가난합니까? — 이 고아가 가난합니다.
- ☐☐ 131. 당신은 누구를 사랑합니까? — 나의 아기를 사랑합니다.
- ☐☐ 132. 누가 그 아기를 사랑합니까? — 그녀의 어머니가 사랑합니다.
- ☐☐ 133. 「그들의」「그들의 것」「그녀의 것」「시카고」
- ☐☐ 134. 이것은 누구의 집입니까? — 그녀의 집입니다.
- ☐☐ 135. 저것은 누구 것입니까? — 그들의 것입니다.
- ☐☐ 136. 그들의 집은 어디에 있습니까? — 시카고에 있습니다.
- ☐☐ 137. 「그들을(에게)」「가르치다」「아들」
- ☐☐ 138. 당신은 누구를 가르칩니까? — 나는 그들을 가르칩니다.
- ☐☐ 139. 당신은 누구의 아들을 가르칩니까? — 그의 아들을 가르칩니다.

정답과 설명

127 「남자」 man [mæn]   「아버지」 father [fáːðər]   「그녀의」 her [həːr]

▲ man에는 「남자」 외에 「사람」이란 뜻도 있습니다.

▲ she는 「그녀는(가)」라는 뜻.

128 Who is that man? — He is her father.

▲ That man is her father. 「저 남자는 그녀의 아버지이다.」 이것을 의문문으로 하면 Is that man her father?입니다. her father인지를 몰라서 이 대신에 Who 「누구」를 쓰면 이것이 문장 앞으로 나가고 그 다음에 is that man이 따라서 Who is that man?으로 되는 것입니다.

129 「가난한」 poor [puər]   「고아」 orphan [ɔ́ːrfən]

「사랑하다」 love [lʌv]   「아기」 baby [béibi]

130 Who is poor? — This orphan is (poor).

▲ This orphan is poor. 「이 고아는 가난하다.」에서 무엇을 몰라서 「누가 가난합니까?」란 의문문이 될까요? This orphan을 몰라서 지요? 그러니까 이 대신에 Who를 쓰면? 그 다음은 어떻게 해야 할까요? 혹시 poor is? 라고 생각했나요? 그러나 This orphan이 주어, 이 대신에 Who를 썼기 때문에 그냥 is poor를 Who 다음에 두어서 **Who is poor?**로 하는 것입니다.

131 Whom (= Who) do you love? — I love my baby.

▲ You love my baby. 「당신은 나의 아기를 사랑합니다.」 이것을 의문문으로 하면 Do you love my baby?입니다. my baby를 여기에서는 「나의 아기를 (사랑하다)」라 해서 '~를'이, 즉 love의 목적어가 되지요? 그러면 my baby인지를 몰라서 물을 경우에 who나 whom 중 어느 것을 써야 되나요? who는 「누구, 누가」, whom은 「누구를, 누구에게」의 뜻이므로 whom 「누구를」을 써야 되지요? ('를'이 붙으니까) 그러면 Do you love my baby? 중에서 my baby 대신 Whom을 써서 맨 앞에 두고 그 다음에 do you love?를 두면 Whom (= Who) do you love?로 되는 것을 알겠지요. (현대 영어에서는 (특히 회화체에서) whom과 who를 혼용합니다.)

132 Who loves the baby? — Her mother does.

▲ Her mother loves the baby.에서 Her mother란 주어 대신 Who를 쓰므로 그냥 원래 문장 그대로인 loves the baby가 따라가서 **Who loves the baby?**가 되는 것입니다.

▲ 지금까지 여러 번 설명했으니 이제는 알겠지요? 그래도 모른다고요? 그런 사람은 이 과 처음부터 열 번 이상 읽으세요.

▲ Her mother loves the baby.를 줄여서 Her mother does.로 한 것입니다. 답할 때는 의문문에서 쓴 말을 될 수 있는 한 되풀이하지 않습니다. 따라서 이 경우의 do(does)는 「~하다」라는 뜻으로서 Her mother does. 「그녀의 어머니가 한다.」 즉, 「사랑한다」라는 말 대신 받아서 사용한 것입니다.

133 「그들의」 their [ðər / ðɛər]   「그들의 것」 theirs [ðɛərz]

「그녀의 것」 hers [həːrz]   「시카고」 Chicago [ʃikáːgou] (미국 도시 이름)

▲ they 「그들은(이)」, she 「그녀는(가)」, her 「그녀를, 그녀에게」, her 「그녀의」, hers 「그녀의 것」

134 Whose house is this? — It is hers.

▲ This is her house.를 의문문으로 하면 Is this her house?입니다. 여기에서 her인지를 몰라서 의문사를 둔다면? Whose이지요? house는 그 부하이니까 데리고 가서 Whose house 다음에 is this를 그대로 두면 됩니다.

135 Whose is that? — It is theirs.

▲ That is theirs. 「저것은 그들의 것입니다.」 이것을 의문문으로 하면 Is that theirs?입니다. 여기에서 theirs인지를 몰라서 Whose를 쓰면 Whose가 앞으로 나아가고 is that을 뒤에 두면 Whose is that?이 되는 것입니다.

136 Where is their house? — It is in Chicago.

▲ Their house is in Chicago. 「그들의 집은 시카고에 있다.」 이것을 의문문으로 하면 Is their house in Chicago?입니다. 여기에

서 in Chicago인지 어딘지를 몰라서 대신 Where를 써서 이것을 문장 앞에 두고 나머지 is their house?를 뒤에 두면 Where is their house?가 되는 것입니다.

▲ Where's (= Where is) their house? — It's in Chicago.

137 「그들을(에게)」 them [ðem] 　　「가르치다」 teach [tiːtʃ] 　　「아들」 son [sʌn]

▲ 「그들은」 they, 「그들의」 their, 「그들을, 그들에게」 them, 「그들의 것」 theirs

138 Whom (= Who) do you teach? — I teach them.

▲ You teach them. 「당신은 그들을 가르친다.」 이것을 의문문으로 하면 Do you teach them?입니다. 여기에서 them인지 누구인지를 몰라서 이 대신 Whom을 써서 이것을 문장 앞에 두고 나머지 do you teach를 이으면 Whom (= Who) do you teach?가 됩니다.

139 Whose son do you teach? — I teach his son.

▲ You teach his son. 「당신은 그의 아들을 가르친다.」 이것을 의문문으로 하면 Do you teach his son? his인지 누구인지를 몰라서 이 대신 Whose를 쓰고 부하인 son까지 따라가면 **Whose son do you teach?**가 됩니다.

잔소리　단어 정리는 사실 여러분 자신이 노트에 정리하는 것이 더 효과적입니다. 하라 하라 해도 안 하므로 부득이 내가 해드리는 것입니다. 여러분 자신이 노트에 정리하는 수고 그 자체가 여러분으로 하여금 단어를 인상 깊게 암기시켜 주는 큰 힘이 되는 것입니다. 편하게 공부한 것보다 사서 고생해가며 공부하는 것이야말로 자기의 진짜 피와 살이 되는 것입니다. 다른 책을 공부할 때는 자기 혼자서 정리하세요.

단어공부

① 누구, 누가	② 정직한
③ 누구를(에게)	④ 좋아하다
⑤ 어머니	⑥ 일하다, 공부하다
⑦ 누구의, 누구 것	⑧ 방
⑨ 내 것	⑩ 남자, 사람
⑪ 아버지	⑫ 그녀의
⑬ 가난한	⑭ 고아
⑮ 사랑하다	⑯ 아기
⑰ 그들의	⑱ 그녀의 것
⑲ 시카고	⑳ 그들을(에게)
㉑ 가르치다	㉒ 아들

잔소리　정답을 가리는 희고 두꺼운 종이를 준비하라 했는데? 아직 준비 안 했다고요? 공부하는데 이와 같이 소소하게 귀찮은 일을 싫어하는 사람은 공부할 자격이 없어요. 그 버릇을 단연코 고쳐야 합니다. 이와 같은 소소한 일이 큰 일을 이루는 원동력이 됩니다.

단어공부—답

- ① who [huː]
- ③ whom [huːm]
- ⑤ mother [mʌ́ðər]
- ⑦ whose [huːz]
- ⑨ mine [main]
- ⑪ father [fáːðər]
- ⑬ poor [puər]
- ⑮ love [lʌv]
- ⑰ their [ðɛər]
- ⑲ Chicago [ʃikáːgou]
- ㉑ teach [tiːtʃ]
- ② honest [ánist]
- ④ like [laik]
- ⑥ work [wəːrk]
- ⑧ room [ru(ː)m]
- ⑩ man [mæn]
- ⑫ her [həːr]
- ⑭ orphan [ɔ́ːrfən]
- ⑯ baby [béibi]
- ⑱ hers [həːrz]
- ⑳ them [ðem]
- ㉒ son [sʌn]

READING

119	Who are you?	I am Jack.
120	Who is honest?	Mary is (honest).
122	Whom do you like?	I like my mother.
123	Who works hard?	Mary does.
125	Whose room is this?	It is my room.
126	Whose is this?	It is mine.
128	Who is that man?	He is her father.
130	Who is poor?	This orphan is (poor).
131	Whom do you love?	I love my baby.
132	Who loves the baby?	Her mother does.
134	Whose house is this?	It is hers.
135	Whose is that?	It is theirs.
136	Where is their house?	It is in Chicago.
138	Whom do you teach?	I teach them.
139	Whose son do you teach?	I teach his son.

Lesson 09 — Which, Why, ... or ...?

※ 다음을 영어로 옮기세요.

- □□ 140. 「어느 쪽을(이)」「원하다」「봄」
- □□ 141. 「또는, 혹은」「가을」「더 잘, 더 낫게」
- □□ 142. 당신은 어느 쪽을 원합니까? — 이것을 원합니다.
- □□ 143. 당신은 봄, 가을 중에서 어느 쪽이 더 좋습니까? — 봄이 더 좋습니다.
- □□ 144. 「왜, 어째서」「결석한」「나쁜, 심한, 독한」
- □□ 145. 「감기」「~때문에」「여우」
- □□ 146. 왜 그는 결석했습니까? — 독감에 걸렸기 때문입니다.
- □□ 147. 이것은 개입니까 또는 여우입니까? — 여우입니다.

정답과 설명

140 「어느 쪽을(이)」 which [(h)witʃ]   「원하다」 want [wɔnt]   「봄」 spring [spriŋ]

141 「또는, 혹은」 or [ɔːr]   「가을」 fall [fɔːl] (영국에서는 autumn [ɔ́ːtəm])
「더 낫게, 더 잘」 better [bétər]

▲ well은 보통 「잘, 좋게」 할 때에 쓰고, 「더 낫게, 더 잘」이라 할 때는 better를 씁니다.
(well에는 「건강한」이란 뜻이 있다는 것도 배웠습니다.)

142 Which do you want? — I want this.

▲ You want this. 「당신은 이것을 원한다.」 이것을 의문문으로 하면 Do you want this?입니다. 이 중에서 this인지 몰라서 이 대신에 Which(어느 쪽을)를 쓰면 이것이 문장 앞으로 나가고 그 다음에 do you want?를 이으면 Which do you want?가 되는 것입니다.

143 Which do you like better, spring or fall? — I like spring better.

▲ 「,」이 점은 comma [kámə]라고 해서 한 문장 안에서 부분을 구분시키는 곳으로 이곳에서 약간 숨을 쉬게 됩니다.

▲ I like spring better. 「나는 봄을 더 좋아합니다.」
You like spring better. 「당신은 봄을 더 좋아합니다.」 이것을 의문문으로 하면 Do you like spring better? 여기에서 spring인지 어느 계절인지를 몰라서 물어보려면 spring 대신 Which를 써서 이것을 문장 앞에 두고, 남은 do you like?를 이으면 Which do you like better?가 됩니다.

144 「왜, 어째서」 why [(h)wai]   「결석한」 absent [ǽbsnt]   「나쁜, 심한, 독한」 bad [bæd]

145 「감기」 cold [kould]   「~때문에」 because [bikɔ́ːz / bikʌ́z]   「여우」 fox [faks / fɔks]

146 Why is he absent? — Because he has a bad cold.

▲ He is absent (because he has a cold). 「그는 (독감에 걸렸기 때문에) 결석했다.」 이것을 의문문으로 하면 Is he absent (because he has a bad cold)? 여기에서 because he has a bad cold (독감에 걸렸기 때문에) 인지를 몰라서 이 대신 **Why**(왜)를 써서 문장 앞에 두고 나머지인 is he absent?를 그 다음에 이으면 **Why is he absent?**가 되는 것입니다.

▲ He has a bad cold. 「그는 나쁜 감기를 가지고 있다.」 「그는 독감에 걸렸다.」
[He is absent] because [he has a bad cold].
두 문장이 because(~때문에)란 접속하는 말로 합쳐져 있습니다. 만일 두 문장 사이에 because가 없다면 두 문장은 각각 독립적인 뜻을 가진 두 개의 문장이 됩니다. because가 있을 때는 뒤의 문장을 먼저 번역하고 because(~때문에)는 그 다음에 번역합니다. 즉 위 예문에서는 he has a bad cold. 「그는 나쁜 감기를 가지고 있다.」를 먼저 번역하고 그 다음에 because(~때문에)를 번역하는 것입니다.
He is happy because he is rich. 「그는 부자이기 때문에 (그는) 행복하다.」
happy [hǽpi] 「행복한」

▲ Why is he absent?에 대한 답을 Because he has a bad cold.로 했는데 이것은 He is absent because he has a bad cold. 중에서 He is absent를 생략한 것입니다.

▲ 그러면 좀 어려우니 한 번 더 연습을 해봅시다.
He is happy because he is rich. 이것을 Why로 시작하는 의문문으로 만들면
Why is he happy? 「왜 그는 행복한가?」 이것에 대한 답으로는
(He is happy) Because he is rich. (He is happy는 생략해 버립니다.)

147 Is this a dog or a fox? — It is a fox.

▲ 내려 발음하는 것에 주의하세요. 그리고 or 앞에서는 잠깐 쉽니다.

연습문제

※ 다음을 영어로 옮기세요.

☐☐ 148. 「배」 「복숭아」 「화를 내는, 성난」 「가난한」
☐☐ 149. 당신은 배, 복숭아 중에서 어느 쪽을 더 좋아하십니까? — 배를 더 좋아합니다.
☐☐ 150. 그녀는 왜 화를 내고 있습니까? — 가난하기 때문입니다.
☐☐ 151. 「생선」 「고기」 「더 많이」 「먹다」
☐☐ 152. 「암소」 「황소」 「아들」 「딸」
☐☐ 153. 당신은 생선과 고기 중에서 어느 것을 더 많이 먹습니까? — 나는 고기를 더 많이 먹습니다.
☐☐ 154. 이것은 암소입니까, 또는 황소입니까? — 암소입니다.
☐☐ 155. 당신은 당신의 아들 딸 중에서 어느 쪽을 더 많이 사랑합니까? — 딸을 더 사랑합니다.
☐☐ 156. 「한국」 「미국」 「더 큰, 더 넓은」
☐☐ 157. 「게으른」 「발」 「손」
☐☐ 158. 한국과 미국은 어느 쪽이 더 큽니까? — 미국이 더 큽니다.
☐☐ 159. 당신은 왜 가난합니까? — 게으르기 때문입니다.
☐☐ 160. 이것은 발입니까, 또는 손입니까? — 발입니다.

정답과 설명

148 「배」 pear [pɛər]　　「복숭아」 peach [piːtʃ]　　「화를 내는, 성난」 angry [ǽŋgri]
「가난한」 poor [puər]

149 Which do you like better, a pear or a peach? — I like a pear better.

▲ You like a pear better. 「당신은 배를 더 좋아합니다.」 이것을 의문문으로 하면 Do you like a pear better? 여기에서 a pear인지 어느 것인지를 몰라서 이 대신에 Which를 쓰고 이것을 문장 앞에 두면 남은 do you like better?가 따라가서 **Which do you like better?**가 됩니다.

150 Why is she angry? — Because she is poor.

▲ She is angry because she is poor. 「그녀는 가난하기 때문에 화를 내고 있습니다.」 이것을 의문문으로 하면 Is she angry (because she is poor)? 그런데 그녀가 화를 내는 이유를 because she is poor 「그녀는 가난하기 때문에」인지 왜인지 몰라서 그 이유를 묻는다면 because she is poor 대신 Why를 써서 이것을 문장 앞에 두고 그 다음에 남은 is she angry?를 써 주면 **Why is she angry?**가 되는 것입니다.

▲ Because she is poor.는 앞에 She is angry가 생략된 것입니다.

151 「생선」 fish [fiʃ]　　「고기」 meat [miːt]　　「더 많이」 more [mɔːr] (그냥 '**많이**'라고 할 때는 much [mʌtʃ])
「먹다」 eat [iːt]

152 「암소」 cow [kau]　　「황소」 ox [aks]　　「아들」 son [sʌn]　　「딸」 daughter [dɔ́ːtər]

153 Which do you eat more, fish or meat? — I eat meat more.

이해하기 어려운 사람들은 143, 149를 여러번 되풀이하여 공부하시기 바랍니다.

154 Is this a cow or an ox? — It is a cow.

155 Which do you love more, your son or your daughter? — I love my daughter more.

156 「한국」 Korea [kəríːə / kouríːə]　　「미국」 America [əmérikə]
「더 큰, 더 넓은」 larger [láːrdʒər] (보통 「큰」에는 large [lɑːrdʒ]를 씁니다.)

157 「게으른」 idle [áidl]　　「발」 foot [fut]　　「손」 hand [hænd]

158 Which is larger, Korea or America? — America is larger.

▲ America is larger. 「미국이 더 크다.」 여기에서 America인지 어디인지를 몰라서 이 대신 Which를 쓰면 Which? Which 다음은 larger is? 이렇게 생각하고 있다면 틀린 표현이고 Which가 주어이므로 어순을 바꿀 것 없이 그냥 is larger?를 그대로 이으면 됩니다. 따라서 **Which is larger?**가 됩니다.

159 Why are you poor? — Because I am idle.

146, 150의 해설을 다시 공부하세요.

160 Is this a foot or a hand? — It is a foot.

단어공부

(먼저 공부한 것과 중복되는 것이 많습니다. 반복 연습은 하면 할수록 좋습니다.)

- ① 어느 쪽을(이)
- ② 원하다
- ③ 봄
- ④ 또는, 혹은
- ⑤ 가을
- ⑥ 더 낫게, 더 잘
- ⑦ 왜, 어째서
- ⑧ 결석한
- ⑨ 나쁜, 독한
- ⑩ 감기
- ⑪ 때문에
- ⑫ 여우
- ⑬ 배
- ⑭ 복숭아
- ⑮ 화를 내는, 성난
- ⑯ 가난한
- ⑰ 암소
- ⑱ 황소
- ⑲ 아들
- ⑳ 딸
- ㉑ 한국
- ㉒ 미국
- ㉓ 더 큰, 더 넓은
- ㉔ 게으른
- ㉕ 발
- ㉖ 손

단어공부 — 답

① which [(h)witʃ] ② want [wɔnt] ③ spring [spriŋ] ④ or [ɔːr] ⑤ fall [fɔːl] ⑥ better [bétər]
⑦ why [(h)wai] ⑧ absent [ǽbsənt] ⑨ bad [bæd] ⑩ cold [kould] ⑪ because [bikɔ́ːz / bikʌ́z]
⑫ fox [faks] ⑬ pear [pɛər] ⑭ peach [piːtʃ] ⑮ angry [ǽŋgri] ⑯ poor [puər] ⑰ cow [kau]
⑱ ox [aks] ⑲ son [sʌn] ⑳ daughter [dɔ́ːtər] ㉑ Korea [kəríːə] ㉒ America [əmérikə]
㉓ larger [láːrdʒər] ㉔ idle [áidl] ㉕ foot [fut] ㉖ hand [hænd]

★ 복습을 꼭 하세요. 한 번 밖에 안 한 영어 공부는 하루가 지나면 다 잊어 버리기 쉽습니다. 머리가 나쁜 탓이 아닙니다.

READING

142 Which do you want?
I want this.

143 Which do you like better, spring or fall?
I like spring better.

146 Why is he absent?
Because he has a bad cold.

147 Is this a dog or a fox?
It is a fox.

149 Which do you like better, a pear or a peach?
I like a pear better.

150 Why is she angry?
Because she is poor.

153 Which do you eat more, fish or meat?
I eat meat more.

154 Is this a cow or an ox?
It is a cow.

155 Which do you love more, your son or your daughter?
I love my daughter more.

158 Which is larger, Korea or America?
America is larger.

159 Why are you poor?
Because I am idle.

160 Is this a foot or a hand?
It is a foot.

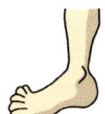

★ 복습을 꼭 하세요. → 황소와 같이 한 걸음 한 걸음 착실히, 또 꾸준히…

휴게실 이 책을 나는 이렇게 쓰고 있습니다.

〔1〕 독자가 읽고도 모르는 소리는 아예 하지를 말자. 독자를 철저히 이해시키기 위해서는 나의 모든 독창력을 다 발휘하자. 남이 쓴 책을 베끼지 말자. 알기 쉽게 쓰자. 그 예는 There is (are) … 구문에서 볼 수가 있을 것입니다. There … 구문을 초보자에게 속 시원히 알기 쉽게 쓴 책을 발견한 학생은 나에게 가져와 주십시오. 책 값의 몇 배 이상 장학금을 드리겠습니다. 단 ① 이 책을 발간하기 전에 쓴 것. (한국판, 외국판) ② 설명을 1페이지 이상으로 하여 초보자는 누구든지 알기 쉽게 쓴 것. 선착순 20명에 한합니다. 좀 웃읍지요? 그래도 공약이므로 나는 실행합니다. 이것은 '자기 책이 제일 좋다'라고 자랑하기 위해서 한 것이라고 오해하실 수도 있습니다. 그래도 좋아요. 나는 내가 가르치는 것이 혹 틀리지나 않았나? — 이 확증을 얻는 것이 첫 목적이고 또 앞으로의 나의 연구상 참고 자료로 삼고 싶기 때문입니다. 「틀린 것을 가르치는 것은 말할 수 없는 큰 죄를 범하는 것이다.」 나는 이런 마음으로 책을 쓰려고 최대의 노력을 하고 있습니다.

〔2〕 비슷비슷한 것이 있으면 나란히 놓고 비교 설명하자. 예를 들어 말하면 발음기호 [dʒ, dz, z, ts…] 등은 보통 책에서는 각각 독립해서 설명을 하기 때문에 모두 비슷비슷해서 알기가 힘들다. 그러니 이 책에서는 독립 설명을 한 후에 다시 나란히 놓고 그림을 제시하면서 그 차이점을 철저히 설명하자. 등등.

〔3〕 영어는 한 번 배운 것을 하루 지나면, 심지어는 5분 후에 다 까먹고 만다. 그러니 몇 번이고 몇 번이고 조직적으로 복습시키자.

〔4〕 활자와 종이는 차디찬 물질이다. 여기에 겨울날의 따뜻한 화롯불처럼 껴안고 서로 주고 받는 듯한 따뜻한 인간미를 가하자.

〔5〕 공부하는 방법을 알려주자. 효과적인 방법을 잘 선택해서 공부하면 10년 고생을 1년으로도 단축시킬 수가 있다.

〔6〕 공부하는 정신을 기르자. 여러분은 이 책에 있는 나의 잔소리, 위인 전기에서 이것을 볼 수가 있을 것입니다. 영어의 지식 자체, 그것도 중요하지만 공부하는 정신을 기르는 것이 그보다 몇 배나 더 중요합니다. 이 책을 읽으면 영어 외에 다른 과목의 성적도 올라간다는 것을 나는 「영어실력기초」의 독자로부터 무수히 듣고 또한 감사를 받고 있습니다.

〔7〕 보통 책에서는 예를 들어 말하면 → 'I'm a boy.는 우리말로 무슨 뜻인가요?' 식으로 하는데 나는 「나는 소년이다.」를 영어로는 어떻게 말하는가?'와 같이 다른 책과는 반대로 하고 있습니다. 30여 년의 경험상 더 효과적인 이 방법을 나는 이 책의 기초공부 (Lesson 1 ~ Lesson 13)에서 활용하고 있습니다. 응용 연습 (p. 112 이후)에서는 기초 편에서 배운 것을 양적으로 많이 연습해야 되기 때문에 다른 책과 비슷한 방법을 취하고 있습니다.

Lesson 10 not ... (부정문)

※ 다음을 영어로 옮기세요.

- [ ] [ ] 161. 「늙은」 「젊은」 「행복한」
- [ ] [ ] 162. 그녀는 늙지 않았습니다. 그녀는 젊습니다.
- [ ] [ ] 163. 나에게는 아들이 없습니다. 나에게는 딸이 있습니다. 나는 행복합니다.
- [ ] [ ] 164. 「형(아우)」 「누이(누이동생)」 「쓸쓸한, 고독한」
- [ ] [ ] 165. 그에게는 형이 없습니다. 누이가 있습니다. 그는 쓸쓸하지 않습니다.
- [ ] [ ] 166. 「읽다」 「야채」 「뚱뚱보」
- [ ] [ ] 167. 당신은 책을 읽지 않습니다. 당신은 행복하지 않습니다.
- [ ] [ ] 168. 그는 야채를 좋아하지 않습니다. 그는 뚱뚱보입니다.
- [ ] [ ] 169. 「말하다」 「~할 수 있다」 「말을 못하는」
- [ ] [ ] 170. 그는 말할 수 있습니까? — 그는 말을 못합니다. 그는 말할 수 없습니다.

정답과 설명

161 「늙은」 old [ould]   「젊은」 young [jʌŋ]   「행복한」 happy [hǽpi]

162 She is not old. She is young.

▲ be동사(am, are, is)가 문장에 있는 경우 부정문을 만드는 방법은 다음에 not을 두어서 「~이 아니다」라는 부정문을 만듭니다.
  I am not old.   You are not happy.   He is not rich.
▲ 실제 영어를 말할 때는 are not은 단축해서 aren't [ɑːrnt], is not은 isn't [iznt] → 단 am not은 대개 단축하지 않고 그대로 쓰나 She's not. You're not. I'm not... 을 쓰기도 합니다.

163 I do not have a son. I have a daughter. I am happy.

▲ have동사(have, has) 앞에 do not(does not)을 두어서 「~을 가지고 있지 않다」라는 부정문을 만듭니다.
  ① You have a box. → You do not have a box.
  ② He has a box. → He does not have a box.
▲ has인 경우에는 does not을 쓰고, has는 원형 have로 바뀌는 것에 특별히 주의하세요.
▲ have(has) not 형식을 쓰는 경우도 있습니다. (영국)
  He has not a book.   You have not a box.
▲ 실제 영어로 대화할 때는 I don't have a son. I've a daughter. I'm happy.
  즉, do not은 don't [dount]로 단축하고, does not은 doesn't [dʌznt]로 단축.
▲ I have = I've [aiv], I am = I'm [aim], You are = You're [jər / júər], He is = He's [hiːz] 등도 회화할 때 쓰는 단축형입니다.

164 「형(아우)」 brother [brʌ́ðər]   「누이(누이동생)」 sister [sístər]   「쓸쓸한, 고독한」 lonely [lóunli]

▲ 형, 아우, 오빠 등 남자 형제를 말할 때는 모두 brother를 씁니다. 특별히 분간할 필요가 있을 때에 한해서 「형(오빠)」 elder brother, 「아우(남동생)」 younger brother를 씁니다.

elder [éldər] 「나이가 위인」, younger [jʌ́ŋgər] 「나이가 아래인」

▲ 누이, 누이동생, 언니, 여동생 등 여자 형제를 말할 때는 모두 sister를 씁니다. 특별히 구별하고 싶을 때는 역시 elder sister, younger sister 등으로 씁니다.

165 He does not have a brother. He has a sister. He is not lonely.

▲ He has a brother. 「그는 형을 가지고 있다. (형이 한 분 있다.)」
「가지고 있지 않다.」고 부정문으로 하려면 has가 있을 때는 그 앞에 does not을 두고 has는 원형인 have로 바꾸어 He **does not have** a brother.가 됩니다.

166 「읽다」 read [riːd]　　　「야채」 vegetable [védʒitəbəl]　　　「뚱뚱보」 fatty [fǽti]

167 You do not read books. You are not happy.

▲ You read books. 「당신은 책들을 읽는다.」→ 이것을 「읽지 않는다.」라고 부정문으로 하면? You read not books.로 해볼까요? 안 됩니다. 미국에서는 be동사(am, are, is)가 아닌 경우에는 have동사는 물론 기타 어떤 동사도 전부 그 동사 앞에 do not(does not)을 두어서 부정문을 만듭니다. 따라서 You read books.는 You do not read books. 그리고 He reads books.와 같이 동사에 's'가 붙어 있으면 does not을 써서 He does not read books.가 됩니다. (그리고 read의 's'는 없어지고 **원형만**을 쓰는 것에 주의합니다.)

168 He does not like vegetables. He is a fatty.

▲ He likes vegetables. → likes에 's'가 있으므로 does not을 써서 He does not like vegetables.가 됩니다. (likes는 원형만 써야 합니다.)

169 「말하다」 speak [spiːk]　　　「~할 수 있다」 can [kæn]　　　「말을 못하는」 dumb [dʌm]

170 Can he speak? — He is dumb. He cannot speak.

▲ He can speak. 「그는 말할 수 있다.」 여기의 can은 「할 수 있다」라는 의미로서 speak이란 동사를 도와주고 있습니다. 이와 같이 **동사를 도와주는 말을 조동사**라 하고 여기에는 can, must, may, will, shall 등이 있는데 차차 배우게 됩니다.

▲ 조동사가 있을 때는 그 조동사를 문장 앞에 두어 의문문으로 합니다. 그래서 He can speak.는 Can he speak? 「그는 말할 수가 있습니까?」가 됩니다. 그리고 부정문으로 할 때는 조동사 다음에 not을 두면 됩니다. 따라서 He can speak.는 He cannot speak.가 되는데 can not은 보통 cannot [kǽnɑt]과 같이 연속해서 쓰고, 또 can't [kænt]라고 단축하여 회화할 때 씁니다.

연습문제

※ 다음을 영어로 옮기세요.

☐☐ 171. 「슬픈」 「기쁜」 「고기」 「먹다」 「홀쭉이」
☐☐ 172. 나는 슬프지가 않습니다. 나는 기쁩니다.
☐☐ 173. 그녀는 고기를 먹지 않습니다. 그녀는 홀쭉이입니다.
☐☐ 174. 「아내」 「홀아비(남자 미망인)」 「부모」 「고아」
☐☐ 175. 당신에게는 아내가 없습니다. 당신은 홀아비입니다.
☐☐ 176. John에게는 부모님이 없습니다. 그는 고아입니다.
☐☐ 177. 「병 난」 「담배를 피우다, 연기」 「기침」
☐☐ 178. 나는 아픕니다. 나는 먹지 않습니다.
☐☐ 179. 그는 담배를 피우지 않습니다. 그는 기침이 심합니다.

- ☐☐ 180. 「보다」 「눈 먼」 「남편」
- ☐☐ 181. 「과부(여자 미망인)」 「노래하다」 「예술가」
- ☐☐ 182. 그녀는 볼 수 있습니까? — 그녀는 볼 수 없습니다. 그녀는 눈이 멀었습니다.
- ☐☐ 183. Mary에게는 남편이 없습니다. 그녀는 과부입니다.
- ☐☐ 184. 그는 노래를 부릅니다. 그는 예술가입니다.

잔소리
① 한 문제를 한 과로 삼고 천천히, 착실히.
② 답은 천천히 생각하고 난 다음에 보세요.

정답과 설명

171 「슬픈」 sad [sæd]　「기쁜」 glad [glæd]　「고기」 meat [miːt]　「먹다」 eat [iːt]
「홀쭉이」 skinny [skíni]

172 I am not sad. I am glad.

173 She does not eat meat. She is a skinny.
▲ She eats meat. 「그녀는 고기를 먹는다.」
eat에 's'가 있으므로 does not을 써서 She does not eat meat. (eats의 's'가 없어지는 것에 주의하세요.)

174 「아내」 wife [waif]　「홀아비」 widower [wídouər]　「부모」 parent [pɛ́ərənt]
「고아」 orphan [ɔ́ːrfən]

175 You do not have a wife. You are a widower.
▲ You have a wife. 「당신은 아내가 있다.」
have가 있으므로 do not을 써서 You do not have a wife. 만일 He has a wife.라면? has가 있으므로 does not을 써서 He does not have a wife. (has가 have로 되는 것에 주의.)

176 John does not have parents. He is an orphan.
▲ John has parents. 「John은 부모님이 계시다.」
has가 있으므로 does not을 써서 John does not have parents. (has가 have로 되는 것에 주의.)

177 「병 난」 sick [sik] = ill [il]　「담배를 피우다, 연기」 smoke [smouk]　「기침」 cough [kɔ(ː)f]

178 I am sick. I do not eat.
▲ I eat. 「나는 먹는다.」
부정문으로 만들려면 eat은 be동사가 아니고 eat에 's'가 없으니, do not을 쓰면 I do not eat.이 됩니다.

179 He does not smoke. He has a bad cough.
▲ He smokes. 「그는 담배를 피운다.」
이것을 부정문으로 만들려면 smoke에 's'가 있으므로 does not을 씁니다. He does not smoke. (smokes의 's'는 없어집니다.)

180 「보다」 see [siː]　「눈 먼」 blind [blaind]　「남편」 husband [hʌ́zbənd]

181 「과부」 widow [wídou]　「노래하다」 sing [siŋ]　「예술가」 artist [áːrtist]

182 Can she see? — She cannot see. She is blind.

183 Mary does not have a husband. She is a widow.

184 He sings a song. He is an artist.

단어공부

(단어는 영어의 밑천입니다. 이것만 알면 벙어리는 면합니다.)

① 늙은	② 젊은	③ 행복한
④ 형, 아우	⑤ 누이, 누이동생	⑥ 쓸쓸한
⑦ 읽다	⑧ 야채	⑨ 뚱뚱보
⑩ 말하다	⑪ ~할 수 있다	⑫ 말을 못하는
⑬ 슬픈	⑭ 기쁜	⑮ 고기
⑯ 먹다	⑰ 마른, 여윈	⑱ 아내
⑲ 홀아비	⑳ 부모	㉑ 고아
㉒ 병 난	㉓ 담배 피우다	㉔ 기침
㉕ 보다	㉖ 눈 먼	㉗ 남편
㉘ 과부	㉙ 노래하다	㉚ 예술가

★ 답을 빨리 보면 안 됩니다. 30번까지 혼자서 쭉 하고 난 다음에 보세요. OX표를 하고 있을까요? 정성껏 공부하세요.

단어공부—답

① old [ould]　② young [jʌŋ]　③ happy [hǽpi]　④ brother [brʌ́ðər]　⑤ sister [sístər]　⑥ lonely [lóunli]
⑦ read [riːd]　⑧ vegetable [védʒitəbəl]　⑨ fatty [fǽti]　⑩ speak [spiːk]　⑪ can [kæn]　⑫ dumb [dʌm]
⑬ sad [sæd]　⑭ glad [glæd]　⑮ meat [miːt]　⑯ eat [iːt]　⑰ skinny [skíni]　⑱ wife [waif]
⑲ widower [wídouər]　⑳ parent [pέərənt]　㉑ orphan [ɔ́ːrfən]　㉒ sick [sik]　㉓ smoke [smouk]
㉔ cough [kɔ(ː)f]　㉕ see [siː]　㉖ blind [blaind]　㉗ husband [hʌ́zbənd]　㉘ widow [wídou]
㉙ sing [siŋ]　㉚ artist [άːrtist]

READING

162 She is not old. She is young.

163 I do not have a son. I have a daughter. I am happy.

165 He does not have a brother. He has a sister. He is not lonely.

167 You do not read books. You are not happy.

168 He does not like vegetables. He is a fatty.

170 Can he speak?
— He is dumb. He cannot speak.
172 I am not sad. I am glad.
173 She does not eat meat. She is skinny.
175 You do not have a wife. You are a widower.
176 John does not have parents. He is an orphan.
178 I am sick. I do not eat.
179 He does not smoke. He has a bad cough.
182 Can she see?
— She cannot see. She is blind.
183 Mary does not have a husband. She is a widow.
184 He sings a song. He is an artist.

휴게실 초인간의 힘

기분을 전환하기 위하여 오늘은 비스마르크(1815~1898. 근세 독일의 통일을 완성한 정치가)의 이야기를 하겠습니다.
어느 날 비스마르크(Bismark)와 그의 한 친구가 사냥하러 갔는데 그때 그의 친구가 부주의하게도 발을 잘못 디뎌 늪 속으로 빠져버렸다. 그리고 차츰 자기 몸이 가라앉아 가는 것을 깨닫자 비스마르크에게 소리를 질렀다.
"제발 부탁이니 살려주게, 그렇지 않으면 나는 이 유사(流砂) 속에 빠져 죽고 마네!"
비스마르크는 친구가 아주 위험하다는 것을 깨달았으나 마음을 침착하게 하고서는, "안 돼, 나는 함부로 늪 속으로 뛰어들 수는 없어. 그러면 나 마저 죽어. 자네가 죽는 것은 뻔한 일이야. 그러니 나는 자네가 질질 끌다가 죽는 지독한 고통을 덜어주기 위해서 자네를 쏘아 죽이겠네." 그리고서는 무정하게도 그 허우적거리는 친구에게 총을 겨누었다.
"가만히 있어! 똑바로 겨눌 수가 없어. 자네가 고통으로부터 즉시 벗어날 수 있도록 나는 자네의 머리를 관통시키지 않으면 안 된다는 것을 알아두란 말이야!" 이와 같이 매몰찬 친구의 말을 듣고 그 친구는 늪에 대한 공포심은 없어졌고, 단지 비스마르크의 탄환을 이리저리 몸을 움직여서 피하는 것만 생각했다. 이 일에만 정신이 쏠려 그는 어쩌나 심하게 몸부림을 쳤는지 드디어 초인간적인 힘으로 한 고목의 뿌리를 붙잡을 수 있게 되었다. 그로 말미암아 그 친구는 살아나게 되었다.
"내가 구조된 것은 바로 자네의 침착성 덕택이네."라고 그는 비스마르크에게 진심으로 말했다.
이 초인적인 인간의 정신력은 누구나 다 가지고 있습니다.
나 자신의 체험담은 후일 말할 '달나라에서 온 친구'에서 할 예정입니다. 옛날부터 「정신일도 하사불성(精神一到 何事不成)」이라는 말이 있습니다. 여러분도 보통 때는 한 시간만 공부해도 싫증이 나는데 시험 때는 밤을 새우는 일이 예사지요? 이것도 그 힘의 일부분을 발휘하는 것입니다.

★ 무엇을 기억해야 하지요? 복습 안 하고 넘어가면 큰일납니다.

Lesson 11

Aren't you …? Yes, … / No, …
How(What) …! There(Here) is …

※ 다음을 영어로 옮기세요.

□□ 185. 「정직한」 「아름다운, 예쁜」

□□ 186. 그는 정직하지 않습니까? — 예, 그렇습니다. / 아니오, 정직합니다.

※ 감탄문을 만들고 우리말로 옮기세요.

□□ 187. She is very beautiful. = How _____!

□□ 188. She is a very beautiful girl. = What _____!

※ 다음을 영어로 옮기세요.

□□ 189. ▲ be (am, are, is)의 뜻은 「~이다」라 했지요? 또 다른 뜻이 하나 더 있는데요?

▲「거기에, 저기에」「여기에」「꽃병」「코끼리」

□□ 190. 책상 위에 꽃병이 하나 있습니다. 저기에 꽃병이 하나 있습니다.

□□ 191. 여기에 코끼리가 한 마리 있습니다.

정답과 설명

185 「정직한」 honest [ánist]   「아름다운, 예쁜」 beautiful [bjúːtifəl]

186 Isn't he honest? — No, he's not. / Yes, he is.

Is he honest?「그는 정직합니까?」
Yes, he is.「예, 그렇습니다.」
No, he's not.「아니오, 정직하지 않습니다.」

▲ Isn't he honest?「그는 정직하지 않습니까?」라는 부정 의문문에 대해서「예, 정직하지 않습니다.」를 우리말대로 영어로 표현한다면 Yes, he is not.이 되지요? 그런데 그렇게 하면 틀린 표현이 되고 No, he isn't (honest).가 옳은 표현이 됩니다.

▲「그는 정직하지 않습니까?」에 대한 답으로「예, 그렇습니다.」는 도대체 정직한 것입니까? 또는 정직하지 않은 것입니까? — **정직하지 않은 것이지요?** — 여기에서 영어는 정직하게도 No, he isn't.으로 해야 합니다. 우리말의 '예'가 부정직한 것입니다. 그리고「아니오, 정직합니다.」는 정직한 것이오? 그렇지 않은 것이오? — **정직한 것이지요?** — 여기에서 영어는 정직하게도 Yes, he is (honest).로 하는 것입니다. 이것은 피차의 언어상 차이로 인한 것이지 어느 나라 말이 좋다 나쁘다고는 할 수 없는 일입니다. 만일 Isn't he honest?에 대해서「예, 그렇지 않습니다.」를 Yes, he is.로 했다간 정직하지 않은 사람이 정직한 사람으로 되어 정반대의 대답이 되어 버리니 그 결과는 완전히 다릅니다.

▲ 어쨌든「~하지 않습니까?」라는 부정 의문문의 답으로는 Yes, No의 용법이 **우리나라 말과는 정반대로 된다는 것을 기억하세요.** 자신이 없을 때는 아예 Yes, No를 빼버리고, 그가 정직하면 He is honest. 그가 정직하지 않으면 He isn't honest.로 해버리고 긍정문이냐, 부정문이냐에 따라 Yes나 No를 붙이면 큰 실수는 면하게 됩니다. 즉, **묻는 말이 어떻든 답의 내용이 부정이면 No, 긍정이면 Yes**로 된다고 기억해 두세요.

> **재미있는 이야기** 어떤 미군 부대에서 일어난 이야기
>
> 예전에 우리 나라에 있는 미군 부대에서 도난 사건이 일어났는데 미군이 어떤 용의자를 붙들고 통역에게 「이 녀석이 그 돈을 훔치지 않았는가?」(Didn't this guy steal the money? did는 do의 과거)라고 했습니다. 통역은 무심코 「예, 그렇습니다」를 Yes, he did.로 대답했습니다. 결과는? 죄 없는 사람이 옥살이를 하게 되었지요. 훔치지 않았으니까? 이 경우의 「예, 그렇습니다.」는 No, he didn't.로 해야 됩니다. 그러면 이 경우에 「아니오, 훔쳤습니다.」라고 하려면? → Yes, he did.라고 해야지요.

187 How beautiful she is! 「그녀는 정말 예쁘구나!」

▲ She is very beautiful. 「그녀는 대단히 예쁘다.」
이 문장을 감탄하는 말로 표시하고 싶어요. 즉 「그녀는 정말 예쁘구나!」라고. very는 「대단히」란 뜻인데 이 말을 감탄으로 표현하려면 How 「얼마나」를 대신에 씁니다. How를 앞으로 내보내고 그 다음은 그 부하(실은 very의 부하였지요)인 beautiful이 따라가서 그 다음에 남은 she is를 두고 끝에 감탄부호(!)를 두면 됩니다. 즉 How beautiful she is!

▲ 그러면 「그는 얼마나 부자인지」= 「그는 굉장한 부자로구나!」를 영어로 옮겨 보세요.
He is very rich. 「그는 대단히 부자이다.」 very 대신 How를 두면? → How가 앞으로 나아갑니다. 그 다음은 무엇이 따라오지요? → 부하인 rich가, 그 다음은 남은 he is가 끝에 ' ! '표. 그래서 How rich he is!가 됩니다.

▲ How beautiful is she? / How rich is he?
이것들은 비슷하게 보이지만 아주 다른 뜻입니다. 즉, 감탄문이 아니고 의문문을 표시합니다.
How beautiful is she? 「그녀는 어느 정도 예쁜가?」
How rich is he? 「그는 어느 정도 부자인가?」라는 뜻이 됩니다.

188 What a beautiful girl she is! 「그녀는 정말 예쁜 소녀구나!」

▲ She is a very beautiful girl. 「그녀는 대단히 예쁜 소녀이다.」 여기의 beautiful에는 girl이란 명사가 있습니다. 이런 경우에는 very 대신에 What을 씁니다. 이 What을 맨 앞에 두면 무엇이 따라 갈까요? → a very beautiful girl이란 네 단어들은 서로 붙어 살았던 한 가족들이었지요? 그 중에서 very란 놈이 출세해서 장관(What)이 되어 큰 집으로 이사가게 되니 남은 a beautiful girl도 따라갈 도리밖에 없지요? 그래서 What a beautiful girl she is!가 되는 것입니다.

▲ 그러면 He is a very rich man. 「그는 대단한 부자이다.」를 감탄문으로 해 보세요. He is very rich.와는 달라서 rich 다음에 man이란 부하가 있지요? 그러면 very는 How, What 중 어느 것으로? → What. 이 What 다음에 무엇을 둔다? a rich man → 그래서 What a rich man he is! 「그는 굉장한 부자로구나!」가 됩니다.

189 be동사에는 「있다(존재하다)」라는 뜻도 있습니다.

「거기에, 저기에」 there [ðɛər / ðər]   「여기에」 here [hiər]   「꽃병」 vase [veis]

「코끼리」 elephant [éləfənt]

190 There is a vase on the desk. There is a vase there.

▲ ① I am a boy.   ② I am in the room.
①②의 'am'은 같은 뜻입니까? 각각 다른 뜻입니까?
① 「나는 소년이다.」   ② 「나는 방 안에 있다.」
①은 「~이다」 ②는 「있다(존재하다)」란 뜻으로서 각각 다릅니다. 이와 같이 be동사(am, are, is)에는 두 가지 뜻이 있습니다.

▲ ③ The vase is on the desk. 「그 꽃병은 책상 위에 있습니다.」
④ A vase is on the desk. 「한 꽃병이 책상 위에 있습니다.」
③④의 두 'is'는 모두 「있다」란 뜻입니다. be동사가 「있다」라는 뜻을 가질 때는 좀 어려운 용법이 생기니 주의하세요.
③의 The vase는 「그 꽃병」이라고 해서 서로 알고 있는 일정한 꽃병입니다. 그런데 ④의 A vase는 「한 꽃병」이라 해서 듣는 사람 쪽에서는 모르는 꽃병입니다. 이와 같이 듣는 사람 편에서 모르는 「어떤 것이 ~에 있다」고 처음으로 소개할 때에 There is(are) 구문을 쓰게 됩니다. 즉 위의 문장은 There is a vase on the desk.
이 경우의 There는 아무 뜻이 없고 단순히 문장을 인도하는 역할만 합니다. 'is a vase'라고 의문문이 아닌데도 주어 동사가 도치되어(순서가 바뀌어) 있는 것에 주의하세요.
There is a vase on the desk.는 A vase is on the desk. 「한 꽃병이 책상 위에 있습니다.」와 같은 뜻으로 보세요. A vase is on

the desk.도 틀림은 없지만 보통 쓰지 않는데 의문문에 대한 답으로는 쓰는 수가 있습니다.

What is on the desk? — A book is on the desk.

▲ The vase is on the desk.
John is in the house.
I am in the room.

위에서 The vase, John, I 등은 듣는 사람이 아는 일정한 것이므로 There is the vase on the desk. There is John in the house. 등으로는 하지 않는 것이 보통입니다. 즉 The vase is on the desk.와 같이 하는 것이 더 자연스럽고 좋은 표현이 되겠습니다.

▲ ⑤ The books are on the desk. 「그 책들은 책상 위에 있다.」
⑥ Many books are on the desk. 「많은 책들이 책상 위에 있다.」

⑤의 The books는 「그 책들」이라고 해서 상대방이 아는 책들이므로 There 구문은 보통 안 쓰고, ⑥의 Many books는 「많은 책들」이라고 해서 the(그)가 없고 상대방이 모르는 많은 책들이 책상 위에 있다고 처음으로 소개하므로 There are many books on the desk.로 하는 것이 보통입니다. 또한 There are 다음에는 복수(books)가 오는 것에 주의하세요. 응용연습을 해봅시다.

응용연습

※ 다른 종이에 써보세요.

① 그 집 안에 개가 한 마리 있습니다.
② 그 개는 그 집 안에 있습니다.
③ 한국에는 쌀이 많습니다.

쌀 rice [rais]
많은 much [mʌtʃ] (양을 말할 때에는 much, 수를 말할 때는 many)

④ Mary는 한국에 있습니다.

【응용연습 답】
(다른 종이에 혼자서 다 해보고 난 다음에 보세요.)
① There is a dog in the house.
② The dog is in the house. (There is the dog in the house.는 잘 안 씁니다.)
③ There is much rice in Korea.
④ Mary is in Korea.
(틀린 분은 앞 쪽을 몇 번 더 읽으세요.)

▲ There's(There're)의 표현은 존재를 나타내는 것이지, 장소를 표시하는 것이 아닙니다.
▲ There is a vase there.에 대한 설명
There is a vase.를 우리 말로 번역하면 「거기에 꽃병이 하나 있다.」인가요?
아닙니다. 이 **There는 뜻이 없고 문장을 인도하는 역할**만 한다 했지요? 그러니 이 문장의 뜻은 「한 개의 꽃병이 있습니다.」란 뜻입니다. 그러면 「거기에 한 개의 꽃병이 있습니다.」는? There is a vase there.로 해야 합니다. 뒤에 있는 there가 바로 「거기에, 저기에」라는 뜻을 나타냅니다. 앞의 There의 발음은 [ðər], 뒤의 there의 발음은 [ðɛər].

191 Here is an elephant.

▲ ① An elephant is here. 「한 코끼리가 여기에 있다.」
② The elephant is here. 「그 코끼리가 여기에 있다.」

처음으로 상대방에게 상대방이 모르는 「어떤 것이 여기에 있다.」라고 소개할 때는 An elephant is here.보다 보통 Here is an elephant.를 씁니다. 그러나 상대방이 아는 일정한 것이 「여기에 있다」고 할 때에는 The elephant is here.로 하는 것이 보통

이지만 Here is the elephant.로 해도 좋습니다. 이와 같이 Here가 문장 앞에 나서면 Here의 뜻이 더 강해집니다. 즉 다른 곳이 아니고 '**바로 여기에**'란 뜻으로 생각하세요. There 구문과는 달라서 Here에는 「여기에」란 뜻이 있습니다. 복수인 다음 예를 보세요.

▲ ③ Here are many books. 「많은 책들이 여기에 있습니다.」
④ The books are here. 「그 책들은 여기에 있습니다.」

③의 many books에는 the(그)가 없고 상대방이 모르는 것을 처음 소개하므로 Many books are here.보다 Here are many books.를 보통 많이 쓰고 ④는 The가 있어서 상대방이 아는 일정한 것이므로 The books are here.를 많이 쓰지만 Here are the books.로 해도 좋습니다. (There are the books.는 잘 안 쓴다는 것과는 좀 다르지요?)

좀 어려우니 몇 번 되풀이해서 읽으면 잘 알게 될 것입니다.

연습문제

※ 다음을 영어로 옮기세요.

- □□ 192. 그는 그 돈을 가지고 있지 않습니까? ― 예, 그렇습니다. / 아니오, 가지고 있습니다.
- □□ 193. 그녀는 참 친절하구나! / 그녀는 참 친절한 소녀이구나!
- □□ 194. 「미국의」「군인」「~아래에, 밑에」「귀여운」
- □□ 195. 한국에 미군이 많습니까? ― 예, 그렇습니다.
  그들은 친절하지 않습니까? ― 아니오, 친절합니다.
- □□ 196. 책상 밑에 고양이가 한 마리 있습니다. 참 귀엽지요!
- □□ 197. 「버스」「자동차」「기차」
- □□ 198. 여기에 버스, 자동차, 기차가 있습니다.
- □□ 199. 그녀에게는 남편이 없습니까? ― 예, 없습니다. / 아니오, 있습니다.

정답과 설명

192 Doesn't he have the money? ―

「예, 가지고 있지 않습니다.」 No, he doesn't.

「아니오, 가지고 있습니다.」 Yes, he does.

▲ Doesn't he have the money? 「그는 그 돈을 가지고 있지 않습니까?」
이것에 대한 답으로 「예, 가지고 있지 않습니다.」는 돈을 가진 것입니까, 갖고 있지 않은 것입니까? 가지고 있지 않은 것이지요? 그러므로 No, he doesn't.가 됩니다. (우리나라 말대로 한다면 Yes, he doesn't.가 될 것인데) 「아니오, 가지고 있습니다.」는 물론 돈을 가진 것이므로 Yes, he does.가 됩니다. (우리나라 말대로 하면 No, he does.가 될 것인데)
잘 모르면 186의 설명을 한 번 더 읽은 후에 여기를 읽으면 이해하는데 도움이 될 것입니다.

193 How kind she is! / What a kind girl she is!

▲ She is very kind. 「그녀는 대단히 친절하다.」
very를 감탄문으로 표시하려면 이 대신에 무엇을 쓴다 했지요? → How. 이 How를 문장 앞에 두면 무엇이 따라간다? → kind가. 그 다음은? she is. → 그래서 How kind she is!가 됩니다.

▲ She is a very kind girl. 「그녀는 대단히 친절한 소녀이다.」
very를 감탄문으로 표시하려면 무엇을 둔다? → very 다음에 girl이 있으므로 What을 써야지요? 그 다음은 무엇이 따라가나요?

a very kind girl이란 네 단어들은 한 가족이니까 very가 What으로 출세해서 맨 앞자리를 차지하게 됨에 따라 남은 a kind girl도 따라가서 What a kind girl she is!가 되지요? 설명이 어려우면 187, 188번의 설명을 한 번 더 읽은 후에 여기를 또 읽으세요.

194 「미국의」 American [əmérikən]　　「군인」 soldier [sóuldʒər]　　「~아래에」 under [ʌ́ndər]
「귀여운」 lovely [lʌ́vli]

195 Are there many American soldiers in Korea? — Yes, there are.

▲ 알기 쉬운 구문은 Many American soldiers are in Korea. 「많은 미군들이 한국 내에 있다.」 여기의 are는 「있다」. many American soldiers는 듣는 사람으로 보아서는 새로이 아는 사실. 그래서 There를 써서 There are many American soldiers in Korea.가 됩니다. 잘 모르는 분은 190번 설명을 한 번 더 읽고 여기를 공부하면 이해하기 쉬울 것입니다.
그런데 이 There + be... 문장을 의문문으로 하려면 Be + there...? 형식을 취하면 됩니다. 그래서
Are there many American soldiers in Korea?가 됩니다.

▲ 「방 안에 한 신사가 있습니다.」 영어로 말해 보세요.
A gentleman is in the room.이라면 잘 아시겠지요? 이것을 There로 시작하면?
→ There is a gentleman in the room. 이것을 의문문으로 하면?
→ Is there a gentleman in the room?

Aren't they kind? — Yes, they are.

▲ 「그들은 친절하지 않습니까?」— 「아니오, 친절합니다.」
「아니오」라고 했으니까 No로 하고 싶은 생각이 간절하지요? **결국 친절한 것이니까 Yes**를 써야 합니다. 이 경우에 「예, 친절하지 않습니다.」라고 하면? 친절한 것일까요? 아니면 친절하지 않은 것일까요? → 친절하지 않은 것이지요? 그래서 이 경우의 「예」는 No로 표현하게 되는 것입니다. 잘 모르겠거든 186번의 설명을 다시 읽으세요.

196 There is a cat under the desk. How lovely she is!

There's...를 아직도 모르는 분은 190번 이하를 더 읽으세요.
▲ She is very lovely. 「그녀는 대단히 귀엽다.」
very 대신에 What? How? lovely 다음에 명사가 없으므로 How. 그러면 How가 lovely란 부하를 거느리고 앞으로 나가면 she is도 너희들만 가느냐고 쫓아가서 How lovely she is!
▲ 고양이에게 she라고 하는 것도 우습지요? 하지만 숫놈인지 암놈인지 몰라도 고양이는 여성스러움 때문에 대명사 she로 받습니다. it으로 받아도 무방하나 she보다 좀 딱딱한 표현입니다.

197 「버스」 bus [bʌs]　　「자동차」 automobile [ɔ́ːtəməbìːl]　　「기차」 train [trein] = railroad car

▲ 「자동차」는 생략해서 auto [ɔ́ːtou]라고도 합니다. 영국에서는 motorcar [móutərkàːr]라고 합니다. 그리고 미국, 영국에서 회화 때는 자동차를 단순히 car [kaːr]라고 말하는 수가 많습니다.

198 Here are a bus, an automobile, and a train.

▲ (A bus, an automobile, and a train) are here.로 되어 있으면 알기 쉽지요?
Here가 앞으로 나아감에 따라 are + ( ) 순서로 바뀌어집니다. 비슷비슷한 것이 셋 이상 있으면 ~, ~, and ~로 하는 것이 보통입니다.

▲ 그런데 회화 때에
There is a bus, an automobile, and a train.
Here is a bus, an automobile, and a train.
이와 같이 are로 할 것을 is로 하는 수가 많습니다. There are보다 There is가 더 익숙하고 더군다나 다음에 a bus란 단수까지 와서 문법을 모르는 무식한 사람들이 말한 것이지만 재미있다고 해서 유행이 되어 회화 때에는 There are, Here are로 할 것을 There is, Here is로 하는 경우가 많습니다.

199 Doesn't she have a husband? —

「예, 가지고 있지 않습니다.」 No, she doesn't.
「아니오, 가지고 있습니다.」 Yes, she does(has).

단어공부

- ① 정직한
- ② 아름다운, 예쁜
- ③ be의 두 가지 뜻
- ④ 거기에, 저기에
- ⑤ 여기에
- ⑥ 꽃병
- ⑦ 코끼리
- ⑧ 미국의
- ⑨ 군인
- ⑩ ~아래에, 밑에
- ⑪ 귀여운
- ⑫ 버스
- ⑬ 자동차
- ⑭ 기차
- ⑮ car
- ⑯ 그러나
- ⑰ 쌀
- ⑱ 많은(양)

단어공부-답

① honest [ánist]　② beautiful [bjúːtifəl]　③ 「~이다/있다」　④ there [ðɛər / ðər]　⑤ here [hiər]　⑥ vase [veis]
⑦ elephant [éləfənt]　⑧ American [əmérikən]　⑨ soldier [sóuldʒər]　⑩ under [ʌ́ndər]　⑪ lovely [lʌ́vli]
⑫ bus [bʌs]　⑬ automobile [ɔ́ːtəməbìːl / ɔ́ːtə-móubiːl]　⑭ train [trein]　⑮ 차, 자동차 [kaːr]　⑯ but [bʌt]
⑰ rice [rais]　⑱ much [mʌtʃ]

READING

186　Isn't he honest? — No, he's not. / Yes, he is. (No, Yes를 우리말로 하면?)
187　How beautiful she is!
188　What a beautiful girl she is!
190　There is a vase on the desk. There is a vase there.
191　Here is an elephant.
192　Doesn't he have the money?
　　— No, he doesn't. / Yes, he does. (No, Yes를 우리말로 하면?)
193　How kind she is! / What a kind girl she is!
195　Are there many American soldiers in Korea?
　　— Yes, there are.
　　Aren't they kind?
　　— Yes, they are. (이 Yes는 어떻게 해석?)
196　There is a cat under the desk. How lovely she is!
198　Here are a bus, an automobile, and a train.
199　Doesn't she have a husband?
　　— Yes, she does. / No, she doesn't.

★ 복습을 잊지 마세요. 복습이 영어 공부의 생명입니다.

Lesson 12 명령문, 진행형

※ 다음을 영어로 옮기세요.

- □□ 200. 「아침에」「창문」「열다」「미안합니다만, 제발, 어서」
- □□ 201. (a) 그녀가 아침에 그 창문들을 엽니다.
  (b) 미안하지만 그 창을 열어주세요.
- □□ 202. 「조용한」「게으른」「매일」
- □□ 203. (a) 그는 조용히 하고 있습니다.
  (b) 미안하지만 조용히 해주세요.
- □□ 204. (a) 그는 게으릅니다.
  (b) 게으름 피우지 마세요.
- □□ 205. (a) 그는 매일 거기에 갑니다.
  (b) 거기에 가지 마세요.
- □□ 206. 「박물관」「오다」「머물다」
- □□ 207. (a) 나는 미술관에 가고 있는 중입니다.
  (b) 그는 여기에 오고 있는 중입니다.

정답과 설명

200 「아침에」 in the morning   「창문」 window [wíndou]   「열다」 open [óupən]
「미안합니다만, 제발, 어서」 please [pli:z]

201 (a) She opens the windows in the morning.
(b) Open the window, please.

▲ 명령문은 보통문과 같이 끝을 내려 발음합니다. please가 뒤에 있으면 please의 끝을 올려 발음합니다. (앞에 please가 있으면 고저 없이 보통의 억양으로.)

▲ You open the window. 「당신은 그 창문을 연다.」
「~하세요.」 등 명령, 부탁 등을 말할 때는 보통 주어(위 문장에서는 You)를 생략합니다. 그래서 Open the window.가 되지요. 이렇게 하면 완전한 명령문이 되어서 「그 창문을 열어라.」는 뜻이 됩니다. 정중한 부탁으로 「미안합니다만 그 창문을 열어주세요.」라고 할 때는 please를 붙여서 Open the window, please. 또는 Please open the window.로 합니다.
그 외에 Opens 또는 Opened the window.는 안 됩니다. Open의 's'나 'ed'를 없애버려야 합니다. **명령문의 동사는 원형을 써야** 합니다.

202 「조용한」 silent [sáilənt] = quiet [kwáiət]   「게으른」 idle [áidl]   「매일」 every day [évri dei]

203 (a) He is silent.

(b) Be silent, please.

▲ He is silent.「그는 조용하다.」 이것을「조용히 해라.」라고 명령문으로 한다면 He는 생략하고 ― 남은 것 Is silent.로 할까요? 안 됩니다. opens나 opened의 원형은 open. 그러면 is의 원형은? are의 원형은? 역시 'is' 'are'인가요? → 아닙니다 → 둘 다 **공통적으로 be**입니다. 명령문에서는 동사의 원형을 써야 하므로 위 문장은 Be silent.가 됩니다.
　Be honest.「정직 하여라.」
　Be rich.「부자가 되어라.」

204 (a) He is idle.
　　(b) Don't be idle.

▲ He is not idle.「그는 게으르지 않다.」 이것을 명령문으로 하면 Be not idle.로 할까요? 이치상으로는 그렇지만 명령문에서 부정을 할 때는 **언제나 Don't**를 씁니다.

205 (a) He goes there every day.
　　(b) Don't go there.

▲ 명령문을 부정할 때는 어떤 경우라도 Don't를 쓰는 것이 원칙입니다.
　Don't be idle.　Don't have much money.　Don't go there.

206 「박물관」 museum [mjuːzíːəm]　　「오다」 come [kʌm]　　「머물다」 stay [stei]

207 (a) I am going to the museum.
　　(b) He is coming here.

▲ 「~하고 있는 중이다.」라고 진행 계속을 말할 때에 **(be(am, are, is) + 동사원형 + ing형)**을 씁니다. 이것을 **진행형**이라 합니다.
　① I go to school.　You go to school.　He goes to school.
　② You are going to school.
　윗글의 각각은 어떤 차이가 있나 생각해 보세요.
　①의 go, goes는 **현재형**으로서 **현재를 중심으로 한 습관**을 말합니다. 즉 어제도 가고, 오늘도 가고, 내일도 가고... 그러나 ②의 are going은 지금 현재의 순간에 **가고 있는 중**이란 뜻입니다. 이와 같이 **현재의 순간에서 계속 진행되는 뜻**을 표시할 때 (be + 동사원형 + ing형)을 씁니다.

▲ come에 ing를 붙이려면 comeing으로 하나요?
　'e'로 끝날 때는 'e'를 없애버리고 'ing'를 붙여서 coming으로 합니다.
　「움직이다」 move [muːv] → moving
　「춤추다」 dance [dæns] → dancing

연습문제

※ 다음을 영어로 옮기세요.

□□ 208.「들어오다」「앉다」「아래로」「커피」
□□ 209.「한 잔의」「먹다, 마시다」「취하다, 쥐다」「꾸짖다」
□□ 210. 누구세요? 들어오십시오. 앉으세요. 커피 한 잔 드세요.
□□ 211. Mary에게 친절히 하세요. 꾸짖지는 말아요. 참 귀여워요!
□□ 212. 내 책상 위에 책이 일곱 권 있습니다. 두 권을 가지세요.
□□ 213.「그렇게」「수줍어 하는」「만들다」「당신 자신」
□□ 214.「편히, 집에 있는」「빨리」「이해하다, 알아 듣다」
□□ 215. 그렇게 수줍어 하지 마세요. 편히 하세요.

- ☐☐ 216. 그렇게 빨리 말씀하지 마세요. 알아들을 수가 없어요.
- ☐☐ 217. John, 이리 온. 너는 여기에 있거라.
- ☐☐ 218. 「지금」「하다」「닫다」
- ☐☐ 219. 당신은 지금 무엇을 하는 중입니까? — 책을 읽고 있는 중입니다.
- ☐☐ 220. Mary는 지금 무엇을 하는 중입니까? — 창을 닫고 있는 중입니다.
- ☐☐ 221. 「오늘」「날씨가 좋은」「교외」「~합시다」
- ☐☐ 222. 오늘 날씨가 좋습니다. 교외로 나갑시다.

정답과 설명

208 「들어 오다」 come in   「앉다」 sit [sit] (보통은 down을 붙여서 많이 씁니다.)   「아래로」 down [daun]
「커피」 coffee [kɔ́:fi]

209 「한 잔의」 a cup of
「잔」 cup [kʌp]   「~의」 of [ʌv]
▲ a cup of coffee를 글자 그대로 번역하면 '커피의 한 잔'이지만 '한 잔의 커피'라고 번역하세요.
「먹다, 마시다」 have [hæv]
▲ have는 원래 「가지다」란 뜻이지만 drink 「마시다」, eat 「먹다」의 뜻으로 많이 쓰입니다. 그리고 have 대신에 take도 많이 씁니다. take의 원래 뜻은 「(음식물 등을) 취하다, 손에 쥐다」
「취하다, 쥐다」 take [teik]   「꾸짖다」 scold [skould]

210 Who is it? Come in, please. Sit down, please. Have a cup of coffee, please.
▲ Who is it? 「누구세요?」 → 여기의 it은 무엇을 말하나요?
남녀를 분간하기가 힘들 때는 'it'을 씁니다.
▲ Have a cup of coffee, please.에서 Have 대신 take를 써도 좋습니다. drink 「마시다」가 정식이지만 회화 때는 잘 사용하지 않습니다.
▲ Have a cup of coffee. → have를 쓴 이유를 생각해 봅시다. has와 have의 원형은? 둘 다 공통적으로 have가 원형입니다. 명령문에서는 원형을 써야 하므로 have를 쓴 것입니다.
▲ am, are, is의 원형은 'be'이며 have, has의 원형은 'have' 그 외의 동사는 go, goes이면 'go'가 원형이고, come, comes이면 'come'이 원형입니다. 즉 아무 변화가 없는 것이 원형.

211 Be kind to Mary, please. Don't scold her, please. How lovely she is!
▲ Be…는 203번, Don't…는 204번을 보세요. 양쪽 다 경우에 따라 please를 없애도 좋습니다. her는 여기에서는 「그녀를」이란 뜻입니다.

212 There are seven books on my desk. Have two books.
▲ Have에 관해서는 210번 설명을 보세요.
(Have two of them.이 더 좋은 표현이지만 더 배워야 알게 됩니다.)

213 「그렇게」 so [sou]   「수줍어 하는」 shy [ʃai]   「만들다」 make [meik]
「당신 자신」 yourself [juərsélf]

214 「편히, 집에 있는」 at home [æt houm]   「빨리」 fast [fæst]

Lesson 12 **101**

「이해하다, 알아 듣다」 understand [ʌndərstǽnd]

215 Don't be so shy. Make yourself at home, please.

▲ Don't be…는 204번, Make…는 201번을 보세요.
▲ Make yourself at home.을 글자 그대로 번역하면 「당신 자신을 집에 있는 것으로 만들어라.」인데 결국 집에 있는 것 같이 하라. 즉, 「편히 하라」는 뜻. 이런 것은 문장 그대로를 입에서 줄줄 나오도록 외워두어야 합니다.

216 Don't speak so fast. I can't understand you.

217 John, come here. You be here, please.

▲ You be here.
이 You는 보통 같으면 생략해야 되는 것입니다. 그런데 「Mary는 저리 가고 너는 여기에 있거라.」와 같이 지명할 때는 생략하지 않습니다.
그리고 **정중하게 말할 때에도 생략하지 않습니다.**
Sit down, please.
You sit down, please.
위와 같이 You가 있으면 없는 것보다 훨씬 정중한 표현이지만 보통은 쓰지 않습니다.

218 「지금」 now [nau]   「하다」 do [duː]   「닫다」 shut [ʃʌt]

219 What are you doing now? — I am reading a book.

▲ You are doing it now. 「당신은 지금 그것을 하고 있는 중입니다.」
it인지를 몰라서 이 대신 What을 써서 이것을 문장 앞에 두면 → What (it)? → You are doing now.를 의문문으로 하면 → are you doing now? → 이것을 What 다음에 두면 **What are you doing now?**가 되지요?

220 What is Mary doing now? — She is shutting the windows.

▲ 자음으로 끝나는 단어로서 그 자음 앞에 단모음(짧은 모음)이 있으면 그 자음을 한 번 더 쓰고 ing를 붙입니다. shut은 't'란 자음으로 끝나고 그 앞에 [ʌ]란 단모음이 있으므로 't'를 한 번 더 쓰고 ing를 붙입니다. 그래서 shutting이 되지요. read [riːd]는 [d]란 자음 앞에 장모음(긴 모음) [iː]가 있으므로 그냥 ing를 붙여서 reading이 됩니다.
sit → sitting
swim → swimming

221 「오늘」 today [tədéi]   「날씨가 좋은」 fine [fain]   「교외」 suburb [sʌ́bəːrb]

「~합시다」 let us [let ʌs] (단축해서 let's [lets]로 합니다.)

▲ let의 뜻은 '시키다', us의 뜻은 '우리들에게, 우리들을'
Let's go home. 「집으로 갑시다.」
원래 문장의 뜻은 「우리들로 하여금 집으로 가게 하시오.」인데 이것이 발전해서 「~합시다」라고 제안을 할 때에 씁니다.

222 It's fine today. Let's go to the suburbs.

▲ It is fine today.는 Today is fine.으로 하여도 좋습니다.
▲ It은 날씨, 시간, 거리, 날짜, 명암, 계절 등을 말할 때에 형식적으로 쓰는 주어이며 뜻은 없는 **비인칭 주어**입니다.
It is cloudy. 「날씨가 흐립니다.」   「흐린」 cloudy [kláudi]
What time is it? 「몇 시 입니까?」
It's five. 「다섯 시 입니다.」

단어공부

① 아침에	② 창문	③ 제발, 어서
④ 조용한	⑤ 게으른	⑥ 매일
⑦ 박물관	⑧ 오다	⑨ 머물다
⑩ 들어오다	⑪ 앉다	⑫ 아래로
⑬ 커피	⑭ 한 잔의	⑮ have의 3가지 뜻
⑯ take의 3가지 뜻	⑰ 꾸짖다	⑱ 그렇게
⑲ 수줍어 하는	⑳ 만들다	㉑ 당신 자신
㉒ 편히	㉓ 빨리	㉔ 이해하다
㉕ 지금	㉖ 하다	㉗ 닫다
㉘ 오늘	㉙ 날씨 좋은	㉚ ~합시다

단어공부─답

① in the morning ② window [wíndou] ③ please [pliːz] ④ silent [sáilənt] ⑤ idle [áidl]
⑥ every day [évri dei] ⑦ museum [mjuːzíːəm] ⑧ come [kʌm] ⑨ stay [stei] ⑩ come in ⑪ sit [sit]
⑫ down [daun] ⑬ coffee [kɔ́ːfi] ⑭ a cup of ⑮ 가지다, 마시다, 먹다 ⑯ 잡다, 마시다, 먹다 ⑰ scold [skould]
⑱ so [sou] ⑲ shy [ʃai] ⑳ make [meik] ㉑ yourself [juərsélf] ㉒ at home [æt houm] ㉓ fast [fæst]
㉔ understand [ʌndərstǽnd] ㉕ now [nau] ㉖ do [duː] ㉗ shut [ʃʌt] ㉘ today [tədéi] ㉙ fine [fain]
㉚ let us [let ʌs]

잔소리

① 다음 READING은 소리를 내면서 읽어야 합니다. 소리를 내기는 커녕 한 번 읽지도 않고 그냥 넘어가면 안 됩니다. 입에서 줄줄 나올 때까지 외우지 않으면 그 공부는 효과가 없습니다.

② 회화 때에 '잠깐, 문법적으로 어떻게 하더라? 이론적으로 따지면 어떻게 되더라?' 등등 생각하면서 말하려면 실력이 늘지 않습니다. 그런 까다로운 것 생각할 것 없이 즉각적으로 입에서 튀어나와야 됩니다. 그러기 위해서는 READING을 적어도 50번 이상 반복 암기하셔야 합니다. 이런 일을 하기 싫으면 그 사람들하고 함께 살거나 또는 영어 공부를 포기하거나 둘 중 하나를 택하세요.

READING

201 She opens the windows in the morning.
Open the window, please.

203 He is silent.
Be silent, please.

204 He is idle.
Don't be idle.

205 He goes there every day.
Don't go there.

207 I am going to the museum.
     He is coming here.
210 Who is it?
     Come in, please.
     Sit down, please.
     Have a cup of coffee, please.
211 Be kind to Mary, please.
     Don't scold her, please.
     How lovely she is!
212 There are seven books on my desk.
     Have two books.
215 Don't be so shy.
     Make yourself at home, please.
216 Don't speak so fast.
     I can't understand you.
217 John, come here.
     You be here, please.
219 What are you doing now?
     — I am reading a book.
220 What is Mary doing now?
     — She is shutting the windows.
222 It's fine today. Let's go to the suburbs.

★ 복습하는 것을 잊지마세요.

Lesson 13

과거: was, were, had, told, did, played…

- □□ 223. 과거(過去)란 무엇입니까?
- □□ 224. am, is, are, have, has, do, does, can의 과거형은?

※ 다음 단어들의 뜻, 과거형, 발음은?
- □□ 225. answer, play, study
- □□ 226. love, move
- □□ 227. stoop, stop
- □□ 228. kiss, wash, march, look
- □□ 229. wait, want, need
- □□ 230. go, come, buy, write, read

정답과 설명

223 지나간 때를 과거라고 합니다.

▲ 다음을 영어로 옮기세요.
① 나는 부자이다. (현재) 나는 가난했다. (과거)
② 나는 네 시에 일어난다. (현재) 나는 네 시에 일어났다. (과거)
〔답〕① I am rich. (현재) I was poor. (과거)
② I get up at four. (현재) I got up at four. (과거) (「일어나다」 get up)

▲ 영어에서는 동사의 과거를 be동사와 일반동사로 나누어 알아 볼 수 있습니다.
① be동사
am, is는 둘 다 → was [wəz] / are → were [wəːr]
② have동사
have, has는 둘 다 had [hæd]
③ 그 외의 동사
- 규칙적으로 변화하는 것 → 원형에 -ed를 붙인다.
  play 「놀다」 → played, love 「사랑하다」 → loved
- 불규칙적으로 변하는 것
  get 「얻다」 → got, go 「가다」 → went, come 「오다」 → came

이 중에서 불규칙적으로 변화하는 동사를 **불규칙 동사**라고 하는데 대단히 중요하고 시험에도 자주 나옵니다. 이것을 암기하기 편리하도록 표를 만들어서 이 책 뒤에 수록해 놓았으니 매일 하루에 열 개씩 꼭 암기하세요.

224 am, is의 과거형은 둘 다 was
are의 과거형은 were
have, has의 과거형은 둘 다 had

do, does의 과거형은 둘 다 did

can의 과거형은 could [kud]

225 「답하다」 answer [ǽnsər] → answered [ǽnsərd]

「놀다」 play [plei] → played [pleid]

「공부하다」 study [stʌ́di] → studied [stʌ́did]

▲ 규칙적으로 변화하는 동사를 과거로 할 때는 원칙적으로 'ed'를 붙입니다. (예: answer → answered, play → played) 그러나 〔자음+y〕로 끝나는 경우에는 'y'를 'i'로 고치고 'ed'를 붙입니다. (예: try「해보다」→ tried [traid])

▲ 그러나 play인 경우는 'y' 앞에 모음이 있기 때문에 그냥 **played**.

226 「사랑하다」 love [lʌv] → loved [lʌvd]

「움직이다」 move [muːv] → moved [muːvd]

▲ 'e'로 끝나는 말은 'd'만 붙여서 과거형으로 합니다.

227 「굽히다」 stoop [stuːp] → stooped [stuːpt]

「멈추다」 stop [stap] → stopped [stapt]

▲ 〔단모음+자음〕으로 끝나는 말은 그 자음을 한 번 더 쓰고 'ed'를 붙입니다. (예: stop → stop**ped**, omit「생략하다」→ omit**ted** [oumítid])

▲ 그러나 stoop는 [stuːp] 발음으로서 자음인 [p] 앞에 [uː]란 장모음이 있기 때문에 그냥 'ed'를 붙여 **stooped**로 되는 것입니다.

228 「입 맞추다」 kiss [kis] → kissed [kist]

「세탁하다」 wash [waʃ] → washed [waʃt]

「행진하다」 march [maːrtʃ] → marched [maːrtʃt]

「보다」 look [luk] → looked [lukt]

▲ 'ed'는 보통은 [d]로 발음합니다. answered [ǽnsərd], played [pleid]

▲ 그러나 말 끝이 [s, p, ʃ, tʃ, k] 음으로 끝날 때는 [t] 음으로 발음합니다. stopped [stapt], kissed [kist]

229 「기다리다」 wait [weit] → waited [wéitid]

「원하다」 want [wɔnt] → wanted [wɔ́ntid]

「필요하다」 need [niːd] → needed [níːdid]

▲ [t, d]로 끝나는 말에 붙는 'ed'는 [id]로 발음합니다.

230 「가다」 go [gou] → went [went]

「오다」 come [kʌm] → came [keim]

「사다」 buy [bai] → bought [bɔːt]

「쓰다」 write [rait] → wrote [rout]

「읽다」 read [riːd] → read [red] (read는 현재나 과거나 철자는 같으나 발음이 다릅니다.)

▲ 위의 것들은 불규칙 동사들입니다. 따라서 'ed'를 붙여도 과거형이 되지 않으므로 하나 하나 기억할 도리 밖에 없습니다.

연습문제

※ 다음을 영어로 옮기세요.

☐☐ **231.** 나는 (현재) 부자이다. 나는 (과거에는) 가난했다.

☐☐ **232.** 당신은 (현재) 가난합니다. 당신은 (과거에) 부자였습니다.

☐☐ 233. (a) 그들은 친절했습니까?
(b) 그들은 친절하지 않았습니까?

☐☐ 234. 「농장」「그때」「헤엄치다」

☐☐ 235. (a) 그는 농장을 가지고 있었습니다.
(b) 그는 농장을 가지고 있었습니까?
(c) 그는 농장을 가지고 있지 않았습니까?

☐☐ 236. (a) 그는 열심히 영어 공부를 했습니다.
(b) 그는 열심히 영어 공부를 했습니까?
(c) 그는 열심히 영어 공부를 하지 않았습니까?

☐☐ 237. (a) 그녀는 그때 헤엄칠 수가 있었다.
(b) 그녀는 그때 헤엄칠 수가 있었습니까?
(c) 그녀는 그때 헤엄칠 수가 없었습니까?

☐☐ 238. 「어제」「야구」「편지」「작년」「자주」

☐☐ 239. (a) 그는 어제 야구를 했다.
(b) 그는 어제 야구를 했습니까?

☐☐ 240. (a) 그가 그 편지를 썼습니다.
(b) 그가 그 편지를 썼습니까?

☐☐ 241. (a) 그는 많은 쌀을 샀습니다.
(b) 그는 많은 쌀을 샀습니까?

☐☐ 242. (a) 그는 그 편지를 읽었다.
(b) 그는 그 편지를 읽었습니까?

☐☐ 243. (a) 그는 작년에 여기에 자주 왔다.
(b) 그는 작년에 여기에 자주 왔습니까?

정답과 설명

231 I am rich. I was poor.

▲ am의 과거는 was입니다.

232 You are poor. You were rich.

▲ are의 과거는 were입니다.

233 (a) Were they kind?

(b) Weren't they kind?

▲ 현재 시제일 경우 Are they kind? 그리고 are not를 단축한 것이 aren't. 그러면 were not을 단축한 것은 weren't입니다. 물론 Were they not kind?도 좋지만 회화 때는 Weren't they kind?를 더 많이 씁니다.

234 「농장」 farm [fɑːrm]　　「그때」 then [ðen]　　「헤엄치다」 swim [swim]

235 (a) He had a farm.
   (b) Did he have a farm?
   (c) Didn't he have a farm?

〈Didn't [dídnt]〉
He has a farm. → **Does** he have a farm?
He had a farm. → **Did** he have a farm?
Doesn't he have a farm? → **Didn't** he have a farm?

잔소리 왜 Does he…? Doesn't he…?로 되는지를 모르는 사람이 만일 있다면 이것은 보통 일이 아니고 아주 큰일입니다. 이런 분들은 지금까지 헛공부 했어요! 앞으로 나아가면 골치만 아프니 이 책을 처음부터 새로 공부하든, 아예 공부를 그만 두든 둘 중에 하나를 택하세요.

236 (a) He studied English hard.
   (b) Did he study English hard?
   (c) Didn't he study English hard?

He studies English hard. → He **studied** English hard.
Does he study English hard? → **Did** he study English hard?
Doesn't he study English hard? → **Didn't** he study English hard?

잔소리 똑같은 잔소리의 연속. 알 수 있게 또 설명하려면 몇 페이지를 더 써야 합니다. 책을 몇 천 페이지로 해도 좋다면야. 그러니까 복습해라 복습해라 하고 입이 마르고 귀가 아프도록 하지 않았어요? 학교에서나 학원에서 가르쳐 보면 사실 이런 바보들이 많습니다. 아마 이 책을 공부하는 분들 중에는 그런 분이 안 계실 것입니다. 하도 내가 들들 볶아 놓았으니 사람이면 내 말 듣겠지요!

237 (a) She could swim then.
   (b) Could she swim then?
   (c) Couldn't she swim then?

couldn't [kúdnt]
could를 can으로 고쳐 놓고 생각해 보세요.

238 「어제」 yesterday [jéstərdèi]   「야구」 baseball [béisbɔ̀ːl]
   「편지」 letter [létər]   「작년」 last year [læst jiər]   「자주」 often [ɔ́ftən]

239 (a) He played baseball yesterday.
   (b) Did he play baseball yesterday?

play의 뜻은 「놀다」「경기하다」, play baseball 「야구하다」

240 (a) He wrote the letter.
   (b) Did he write the letter?

현재형으로 고치면 :
〔답〕(a) He writes the letter.
     (b) Does he write the letter?

241 (a) He bought much rice.
   (b) Did he buy much rice?

현재형으로 고치면:

〔답〕 (a) He buys much rice.
(b) Does he buy much rice?

242 (a) He read the letter.
(b) Did he read the letter?

현재형으로 고치면:
〔답〕 (a) He reads the letter.
(b) Does he read the letter?

▲ (a) read의 발음은 [red]. 과거는 [red]로 발음한다 했지요? 그리고 (b)의 read는 [riːd]. 과거의 표시는 앞에 있는 Did가 하고 있으므로 여기의 read는 원형 → 원형은 현재와 마찬가지로 발음합니다.

243 (a) He often came here last year.
(b) Did he often come here last year?

현재형으로 고치면:
〔답〕 (a) He often come here last year. (X) → He often comes here. (O)
(b) Does he often comes here last year? (X) → Does he often come here? (O)

▲ last year는 과거이므로 현재와는 함께 못 씁니다. 그래서 last year를 없애버렸지요. 만일 last year를 살리려면 He often came here last year. Did he often come here last year? 그대로 하여야 합니다.

단어공부

- ① 일어나다
- ② am, is, are의 과거
- ③ have, has의 과거
- ④ do, does, can의 과거
- ⑤ answer, play의 뜻과 과거
- ⑥ study, love의 뜻과 과거
- ⑦ move, stop의 뜻과 과거
- ⑧ stoop, kiss의 뜻과 과거
- ⑨ wash, march의 뜻과 과거
- ⑩ look, wait의 뜻과 과거
- ⑪ want, need의 뜻과 과거
- ⑫ go, come의 뜻과 과거
- ⑬ buy, write의 뜻과 과거
- ⑭ read, omit의 뜻과 과거
- ⑮ 농장
- ⑯ 그때
- ⑰ 헤엄치다
- ⑱ 어제
- ⑲ 야구
- ⑳ 작년
- ㉑ 자주
- ㉒ 편지

단어공부-답

① get up ② am, is → was, are → were ③ had ④ do, does → did, can → could
⑤ 답하다, 놀다 → answered, played ⑥ 공부하다, 사랑하다 → studied, loved ⑦ 움직이다, 멈추다 → moved, stopped
⑧ 굽히다, 입 맞추다 → stooped, kissed ⑨ 세탁하다, 행진하다 → washed, marched ⑩ 보다, 기다리다 → looked, waited
⑪ 원하다, 필요하다 → wanted, needed ⑫ 가다, 오다 → went, came ⑬ 사다, 쓰다 → bought, wrote
⑭ 읽다, 생략하다 → read [red], omitted ⑮ farm [faːrm] ⑯ then [ðen] ⑰ swim [swim] ⑱ yesterday [jéstərdei]
⑲ baseball [béisbɔːl] ⑳ last year ㉑ often [ɔ́ftən] ㉒ letter [létər]

READING

231 I am rich. I was poor.
232 You are poor. You were rich.
233 Were they kind? Weren't they kind?
235 He had a farm. Did he have a farm? Didn't he have a farm?
236 He studied English hard. Did he study English hard? Didn't he study English hard?
237 She could swim then. Could she swim then? Couldn't she swim then?
239 He played baseball yesterday. Did he play baseball yesterday?
240 He wrote the letter. Did he write the letter?
241 He bought much rice. Did he buy much rice?
242 He read the letter. Did he read the letter?
243 He often came here last year. Did he often come here last year?

잔소리 한 번 더 꼭 읽어 주세요. 그대로 실행 안 하면 헛수고 입니다. 내 말대로 하게 되면 10년 고생이 1년으로 단축됩니다.

휴게실

싫증병이 도져서 또 다시 주사 한 방을 놓아 드릴 때가 되었나 봅니다. 우선 내 잔소리를 먼저 읽고 다음 페이지에서 재미를 보세요. 영화 구경 가는 것보다 나을 것입니다. 입장료는 이 책을 읽는 독자에게만 특별 무료 봉사를 해드리니 고맙다고나 해주세요. 그렇다고 해서 일부러 오실 필요까지는 없고요. 그러면 내 잔소리부터 — 내가 여러분만 할 때도 영어 참고서는 지금 것과 거의 다 같았습니다. 나도 그런 참고서들을 읽어 보기도 했습니다만 대학에 입학해서 이 책 머릿말에서 말한 그 고생을 했습니다. 그 고생으로 말미암아 뜻 아닌 영어 선생 노릇을 하며 근 30여 년 동안 이 길만 걸어왔습니다. 그때의 그 고생과 그 후 30여 년 간 경험의 결정이 바로 이 책입니다. 이 책은 다른 책과는 달라서 공부하는 순서도 다르고 방식도 전혀 다릅니다. 전문가가 보시고 여러 가지 평을 하실 것입니다만 어쨌든 이 책을 지금까지 공부한 사람은 「아~ 정말 이렇게 공부하면 진짜 실력이 붙겠구나!」라는 자각을 틀림없이 한다는 것을 나는 경험상 알고 있습니다. 길은 달라도 도달 목표는 같습니다. 슬슬 잔소리를 하면서 해왔지만 다른 이런 종류의 초급 영어 참고서에서 취급하는 사항은 거의 다 건드렸습니다. 앞으로도 슬슬 그 잔소리를 해가면서 더 보충도 하고 응용연습도 하겠습니다. 그리고 PART 3 에 가서는 최근 미국에서 발행하는 초급 영어 참고서의 요점을 강의할 작정입니다. 즉, 이 책만 철저히 공부하면 영어에 훤하게 눈을 떠서 앞으로, 여러분이 영어 공부를 해가는 길에 끊임없이 밝은 빛을 줄 수 있도록 그리고 웬만한 의사 표시는 이 책의 공부만으로 할 수 있도록 꾸며갈 결심입니다. 밤낮 I am a boy. You are a girl. 식의 공부만 하다간 벙어리 아닌 벙어리가 된다는 것을 염두에 두고 있습니다.

PART 03

응용연습

Lesson 01 What do you do?

앞으로의 공부

지금까지는 영어의 기초 중의 기초를 공부해 왔습니다. 아직 닦아야 할 기초는 매우 많습니다만 「영어실력기초」에 올라가서 하기로 하고 이제부터는 지금까지 배운 것을 응용 연습하면서 조금씩 보충해 나아가겠습니다. 중국 사람이 한국어를 말하면 중국 냄새가 나는 한국어를 말하듯이 한국 사람이나 일본 사람이 영어를 말하면 어딘가 한국 냄새가 나고 일본 냄새가 나는 법입니다. 그래서 지금부터는 아예 미국 사람이 쓴 책 중에서 좋은 것을 뽑아 공부하면서 산 영어를 배워가게 됩니다. 그 책들은 다음과 같습니다.

E. G. Mitchell : Beginning American English
I. A. Richards : Basic English
A. L. Wright : Let's Learn English

(1) Teacher   I am a teacher. What do you do, Miss Rivera?
(2) Student A I am a student.
(3) Teacher   Are you a student, Mrs. Linn?
(4) Student B Yes, I am. I am a housewife, too.
(5) Teacher   What does Mr. Linn do?
(6) Student B He is an artist.
(7) Teacher   What do you do, Mr. Martin?
(8) Student C I am a factory worker and a student.
(9) Teacher   Are you married?
(10) Student C Yes, I am.
(11) Teacher   What does Mrs. Martin do?
(12) Student C She is a nurse.

| 이 과를 공부하는 방법 |

(가) 여러 종류의 직업을 가진 사람들이 무엇인가를 배우기 위해서 한 학급을 구성하고 있습니다. 선생님이 첫 시간에 들어오셔서 "당신은 무엇을 하는 사람이오?" "나는 ~을 하는 사람입니다." 하면서 서로 주고 받는 대화를 하고 있습니다. 우선 이 힌트만 가지고 소리를 내어 읽어 가면서 그 뜻을 파악하려고 애써 보세요. 모르는 단어가 나와도 무슨 뜻인가 짐작하면서 다섯 번 이상 반복 연습 하기 바랍니다.

(나) 다섯 번 해봤나요? 그러면 아래에 있는 〈암기문제〉와 〈암기 답〉을 또 다섯 번 보세요.

(다) 〈암기문제〉와 〈암기 답〉을 다섯 번 보았나요? 그러면 또 다시 앞 페이지로 넘어 갑시다. 읽어보세요. 이제는 알겠지요? 소리를 내면서 또 다섯 번 하세요.

암기문제

☐☐ 244. 「미혼 여성의 존칭」「학생」
☐☐ 245. 「기혼 여성의 존칭」「주부」
☐☐ 246. 「또, 역시」「씨, 님, 군」
☐☐ 247. 「예술가, 화가」「공장 근로자」
☐☐ 248. 「그리고, ~와」「결혼한」
☐☐ 249. 「간호사」「과(課)」

암기 답

244 「미혼 여성의 존칭」 Miss [mis] (미혼 여성의 이름 앞에 붙이는 존칭이며 대문자로 시작.)

「학생」 student [stjú:dənt]

245 「기혼 여성의 존칭」 Mrs. [mísiz] (기혼 부인의 이름 앞에 붙이는 존칭이며 대문자로 시작하고 끝에 생략한 것을 표시하는 점 '.'을 두어야 합니다. (mistress [místris]를 줄인 것입니다.))

(현대 영어에서는 Miss보다 Ms.를 많이 씁니다. Ms. [miz]는 미혼, 기혼을 구분하지 않는 여성 존칭.)

「주부」 housewife [háuswàif]

246 「또, 역시」 too [tu:]

「씨, 님, 군」 Mr. [místər] (남자 이름 앞에 붙이는 존칭입니다. 대문자로 시작하고 끝에 생략 부호 '.'을 두어야 합니다. (mister를 줄인 것입니다.))

247 「예술가, 화가」 artist [á:rtist] (보통은 화가를 말합니다.)

「공장 근로자」 factory worker [fǽktəri wə́:rkər]

248 「그리고, ~와」 and   「결혼한」 married [mǽrid]

249 「간호사」 nurse [nə:rs]   「과」 lesson [lésn]

해석 다음은 Lesson 1의 본문 전체를 우리말로 해석한 것입니다. 이것을 보면서 다시 원래의 영문으로 번역하는 연습을 하세요. 그렇게 하면 해석, 작문, 회화 실력이 한꺼번에 붙게 됩니다.

(1) 선생님 : 나는 선생님입니다. Rivera양, 당신은 무엇을 하시는 분인가요?
(2) A 학생 : 저는 학생입니다.
(3) 선생님 : Linn 부인, 당신은 학생입니까?
(4) B 학생 : 예, 그렇습니다. 저는 또 주부이기도 합니다.

(5) 선생님 : Linn씨는 무엇을 하시는 분입니까?
(6) B 학생 : 그는 화가입니다.
(7) 선생님 : Martin씨, 당신은 무엇을 하시는 분입니까?
(8) C 학생 : 저는 공장 근로자이자 학생입니다.
(9) 선생님 : 당신은 결혼했습니까?
(10) C 학생 : 예, 그렇습니다.
(11) 선생님 : Martin 부인은 무엇을 하시는 분입니까?
(12) C 학생 : 그녀는 간호사입니다.

▲ 첫 번째로 종이에 한 번 써 보세요. 그리고 나서 원문과 대조하면서 고쳐 보기도 하고.
▲ 그 다음은 입으로 발음하는 연습을 적어도 열 번 이상 하세요. (영어 쪽은 보지 말고, 여기만 보면서)

암기문제

(아래 답을 흰 종이로 가리세요. OX표는 후일 복습할 때 즉, 잊어버릴만 할 때에 하세요.)

□□ 250. 저는 또 가정주부이기도 합니다.
□□ 251. 당신은 결혼했습니까?
□□ 252. 숫자 – 11, 12, 13
□□ 253. 숫자 – 14, 15, 16
□□ 254. 숫자 – 17, 18
□□ 255. 숫자 – 19, 20

암기 답

250 I am a housewife, too.
251 Are you married?
252 「11」eleven [ilévn]   「12」twelve [twelv]   「13」thirteen [θə̀ːrtíːn]
253 「14」fourteen [fɔ̀ːrtíːn]   「15」fifteen [fiftíːn]   「16」sixteen [sikstíːn]
254 「17」seventeen [sèvəntíːn]   「18」eighteen [èitíːn]
255 「19」nineteen [naintíːn]   「20」twenty [twénti]

★ 먼저 배운 과의 복습을 하고 있습니까? 꼭 하세요.

Lesson 02 A Man and a Horse

(1) A man has a head. A horse has a head.
(2) A man has a face. A horse has a face.
(3) A man has two legs. A horse has four legs.
(4) A man has two arms. A horse doesn't have arms.
(5) A horse has four feet. It doesn't have hands.
(6) A man has two hands and two feet.

※ 위의 문장을 읽고 다음 물음에 영어로 답하세요.
(7) How many heads does a man have?
(8) Does a horse have two heads?
(9) Does a man have a face?
(10) Does a horse have three faces?
(11) Doesn't a man have two legs?
(12) How many legs does a horse have?
(13) Which has two arms, a man or a horse?
(14) Does a horse have arms?
(15) Doesn't a horse have two feet?
(16) Doesn't a horse have arms?
(17) Which has two hands, a man or a horse?
(18) How many hands and feet does a man have?

| 이 과를 공부하는 방법 |

(가) (1)부터 (6)까지를 모르는 단어가 있어도 기억해내면서 소리 내어 읽기를 다섯 번 이상 하세요.

(나) 다섯 번 읽었나요? 그러면 아래에 있는 〈암기문제〉〈암기 답〉을 다섯 번 이상 공부하세요. (〈암기문제〉만 보고 영어로 답을 할 수 있을 때까지.)

(다) 〈암기문제〉만 보고 답할 수 있나요? 그러면 (1)~(6)을 또 보세요.

(라) (7)부터 (18)까지를 문제를 보자마자 당장 입으로 답을 해보세요. 빨리 안 나와도 빨리 하려고 노력하세요. 그 다음은 물음의 뜻과 답을 종이에 써보세요. 그리고는 다음 페이지의 답과 맞추어 보세요.

암기문제

▲ (1)~(6)은 단어만 알면 문제가 없지요?
▲ (7) 이하는 배워서 쉬울 듯 하면서도 어렵지요? 연습이 모자라기 때문입니다. 그래서 기초를 배우는 것을 일단 중지해 놓고 응용연습을 하는 것이지요.

- ☐☐ 256. 「사람」 「말(馬)」
- ☐☐ 257. 「머리」 「얼굴」
- ☐☐ 258. 「다리」 「팔」
- ☐☐ 259. 「발」(단수, 복수) 「손」
- ☐☐ 260. 사람은 몇 개의 머리가 있습니까?
- ☐☐ 261. 사람과 말 중에서 어느 쪽이 두 팔을 가지고 있습니까?
- ☐☐ 262. 사람은 몇 개의 손과 발을 가지고 있습니까?
- ☐☐ 263. 숫자 – 21, 22, 23
- ☐☐ 264. 숫자 – 24, 25, 26
- ☐☐ 265. 숫자 – 27, 28, 29
- ☐☐ 266. 숫자 – 30, 40, 50, 60
- ☐☐ 267. 숫자 – 70, 80, 90, 100

암기 답

256 「사람」 man [mæn]　　「말」 horse [hɔːrs]

257 「머리」 head [hed]　　「얼굴」 face [feis]

258 「다리」 leg [leg]　　「팔」 arm [ɑːrm]

259 「발」 (단수) foot [fut], (복수) feet [fiːt]　　「손」 hand [hænd]

260 How many heads does a man have?

261 Which has two arms, a man or a horse?

262 How many hands and feet does a man have?

263 「21」 twenty-one　　「22」 twenty-two　　「23」 twenty-three

264 「24」 twenty-four　　「25」 twenty-five　　「26」 twenty-six

265 「27」 twenty-seven　　「28」 twenty-eight　　「29」 twenty-nine

266 「30」 thirty [θə́ːrti]　　「40」 forty [fɔ́ːrti]　　「50」 fifty [fífti]　　「60」 sixty [síksti]

267 「70」 seventy [sévnti]　　「80」 eighty [éiti]　　「90」 ninety [náinti]　　「100」 one hundred

> 참고　「101」 one hundred (and) one
> 「125」 one hundred (and) twenty-five
> 「927」 nine hundred (and) twenty-seven
> (hundred에 's'는 안 붙이며 미국에서는 and를 생략하기도 합니다.)

> **해석** 복습 연습하는 것 잊지 마세요

(1) 사람은 하나의 머리를 가지고 있습니다. 말은 하나의 머리를 가지고 있습니다.
(2) 사람은 하나의 얼굴을 가지고 있습니다. 말은 하나의 얼굴을 가지고 있습니다.
(3) 사람은 두 개의 다리를 가지고 있습니다. 말은 네 개의 다리를 가지고 있습니다.
(4) 사람은 두 개의 팔을 가지고 있습니다. 말은 팔을 가지고 있지 않습니다.
(5) 말은 네 개의 발을 가지고 있습니다. 그것은 손을 가지고 있지 않습니다.
(6) 사람은 두 개의 손과 두 개의 발을 가지고 있습니다.
(7) 사람은 몇 개의 머리를 가지고 있습니까? → 한 개의 머리를 가지고 있습니다.
(이에 대한 영문의 답은 아래에 있어요. 빨리 보아서는 안 됩니다.)
(8) 말은 두 개의 머리를 가지고 있습니까? → 아니오, 한 개를 가지고 있습니다.
(9) 사람은 하나의 얼굴을 가지고 있습니까? → 예, 그렇습니다.
(10) 말은 세 개의 얼굴을 가지고 있습니까? → 아니오, 하나의 얼굴을 가지고 있습니다.
(답 뿐만 아니라 물음에 대한 복습 문제도 하고 있지요?)
(11) 사람은 두 개의 다리를 가지고 있지 않습니까? → 아니오, 가지고 있어요.
(12) 말은 몇 개의 다리를 가지고 있습니까? → 네 개를 가지고 있어요.
(13) 사람과 말 중에서 어느 쪽이 두 개의 팔을 가지고 있습니까? → 사람이 가지고 있지요.
(14) 말은 팔을 가지고 있습니까? → 아니오, 그것은 가지고 있지 않아요.
(15) 말은 두 개의 발을 가지고 있지 않습니까? → 예, 그렇지 않습니다. 그것은 네 개의 다리를 가지고 있지요.
(16) 말은 팔을 가지고 있지 않습니까? → 예, 그렇지 않습니다.
(17) 사람과 말 중에서 어느 쪽이 두 개의 손을 가지고 있습니까? → 사람이 가지고 있습니다.
(18) 사람은 몇 개의 손과 발을 가지고 있습니까? → 두 개의 손과 두 개의 발을 가지고 있습니다.

정답과 설명

(7) He has one head. (또는 He has a head.)
▲ man은 남녀 양쪽을 말합니다. 여성을 존중하는 그들이 웬일인지 He로 받습니다.

(8) No, it has one head. (또는 No, it has one.)

(9) Yes, he does.
▲ 의문문이 'Does'로 시작했으므로 답도 does로 받습니다. 물론 Yes, he has (a face).로 해도 틀리지 않습니다.

(10) No, it has one face. (또는 No, it has a face.)
▲ 역시 **'one (또는 a)'의 발음은 다른 부분보다 강하게 발음**합니다. 이 경우는 아예 No, it has one (face).로 하는 것이 좋습니다. 왜 does로 안 받느냐고요? does로 끝나도 무방할 때는 does로 받지요. 그러나 이 경우는 그 다음에 a face, one…을 꼭 두어야 하므로 does로 받아서는 안 되고 **has**로 받습니다.

(11) Yes, he has. (또는 Yes, he does.)
「아니오, 가지고 있어요.」
▲ 아직도 Yes로 되는 이유를 모르는 사람은 복습을 하지 않은 증거입니다. 이 사람들은 지금까지 헛공부를 해왔어요.

▲ 의문문이 긍정문이던 부정문이던 답의 내용이 긍정일 때는 Yes를 씁니다. 「~하지 않았느냐?」란 부정적인 물음에 대한 답으로 Yes, No는 우리말과는 반대로 된다는 것을 이미 배웠습니다.

[12] It has four legs.

▲ 이 경우에 Yes, it has… 라는 답을 가끔 봅니다.
「말은 몇 개의 다리를 가지고 있습니까?」에 대해서 「예, 네 개의 다리를 가지고 있습니다.」라고 답하는 것은 아무래도 부자연스럽습니다. 따라서 의문사(What, Who, Where, Which, How)로 시작하는 의문문에 대한 답으로는 **Yes, No를 쓰지 않고** 의문사에 해당하는 답을 해야 합니다.

[13] A man has (two arms).

▲ 이 경우의 'A'는 하나 둘이란 뜻은 분명하게 나타내지 않고 사람이 모자를 쓰고 다니듯이 **관습적으로 따라다니는 것**입니다. 물음에 does가 없기에 has로 했습니다.

[14] No, it doesn't.

[15] No, it doesn't. It has four legs.

(11번을 보세요.)

[16] No, it doesn't.

(좌우간 Yes, No는 어렵지요?)

[17] A man has.

[18] He has two hands and two feet.

★ 복습을 꼭 하세요.

Lesson 03 A House and a Room

(1) Mr. and Mrs. Hunt's house has four rooms.
(2) It has a living room, a kitchen, a bedroom, and a bathroom.
(3) It also has stairs and two halls.
(4) The living room and kitchen are downstairs.
(5) The bedroom and bathroom are upstairs.
(6) The lamp is on the table. The rug is on the floor.
(7) The pictures are on the walls. The books are in the bookcase.
(8) Mr. and Mrs. Hunt are in the living room.
(9) Mrs. Hunt is on the sofa. Mr. Hunt is at the table.

※ 위의 문장을 읽고 다음 물음에 영어로 답하세요.

(10) How many rooms does Mr. and Mrs. Hunt's house have?

(11) What rooms are there in Mr. and Mrs. Hunt's house?

(12) What else are there in Mr. and Mrs. Hunt's house?

(13) Where are the living room and kitchen?

(14) Are the bedroom and bathroom downstairs?

(15) Aren't the bedroom and bathroom upstairs?

(16) Is the lamp on the floor?

(17) Where are the books?

(18) Aren't the pictures on the desk?

(19) Aren't Mr. and Mrs. Hunt in the kitchen?

(20) Isn't Mr. Hunt on the sofa?

(21) Where is Mrs. Hunt?

| 이 과를 공부하는 방법 |

(가) 〔1〕부터 〔9〕까지 모르는 단어가 나와도 기억해 내면서 소리를 내어 다섯 번 이상 읽으세요.

(나) 다섯 번 이상 읽었나요? 그러면 아래에 있는 〈암기문제〉와 다음 페이지에 있는 〈암기 답〉을 다섯 번 이상 공부하세요. (나중에는 〈암기문제〉만 보고 답을 할 수 있도록.)

(다) (나)에서 말한 그대로 했나요? 그러면 〔1〕~〔9〕까지 또 공부 하세요. 이제는 잘 알겠지요? — 다섯 번 이상. 그 다음은 〔10〕~〔21〕까지를 보자마자 바로 입으로 답을 해 보세요. 그것을 종이에 써 보세요. (물음의 뜻도.) 그리고 나서 그 물음의 뜻과 답이 맞았나 다음 페이지의 【정답과 설명】과 대조해 보세요.

암기문제

☐☐ 268. 「방」 「거실」 「부엌」
☐☐ 269. 「침실」 「목욕실」 also
☐☐ 270. 「계단」 「넓은 방, 홀」 「아래층(에, 으로)」
☐☐ 271. 「위층(에, 으로)」 「탁자」 「(전기) 등」
☐☐ 272. 「양탄자, 깔개」 「마루」 「그림」
☐☐ 273. 「벽」 「책장」 「긴 의자, 소파」
☐☐ 274. 「~에, ~에서」 「그 밖에」
☐☐ 275. 그것은 또 계단과 두 개의 홀을 갖고 있습니다.
☐☐ 276. 거실과 부엌은 아래층에 있습니다.
☐☐ 277. 침실과 목욕실은 위층에 있습니다.
☐☐ 278. 그림들이 벽 위에 걸려 있습니다.
☐☐ 279. Hunt 부부의 집은 몇 개의 방을 갖고 있습니까?
☐☐ 280. Hunt 부부의 집에는 무슨 방들이 있습니까?
☐☐ 281. Hunt 부부의 집에는 그 밖에 무엇이 있습니까?
☐☐ 282. 거실과 부엌은 어디에 있습니까?
☐☐ 283. 침실과 목욕실은 위층에 있지 않습니까?

암기 답

268 「방」 room [ruːm / rum]　　「거실」 living room [líviŋ rum]　　「부엌」 kitchen [kítʃən]

269 「침실」 bedroom [bédru(ː)m]　　「목욕실」 bathroom [bǽθrù(ː)m]
　　「또, 역시」 also [ɔ́ːlsou] = too

270 「계단」 stair [stɛər]　　「넓은 방, 홀」 hall [hɔːl]　　「아래층」 downstairs [dáunstɛərz]

271 「위층」 upstairs [ʌpstɛərz]　　「탁자」 table [teibl]　　「(전기) 등」 lamp [læmp]

272 「양탄자, 깔개」 rug [rʌg]　　「마루」 floor [flɔːr]　　「그림」 picture [píktʃər]

273 「벽」 wall [wɔːl]　　「책장」 bookcase [búkkeis]　　「긴 의자, 소파」 sofa [sóufa]

274 「~에, ~에서」 at [æt]　　「그 밖에」 else [els]

275 It also has stairs and two halls. = It has stairs and two halls, too.

276 The living room and kitchen are downstairs.

277 The bedroom and bathroom are upstairs.

278 The pictures are on the walls.

279 How many rooms does Mr. and Mrs. Hunt's house have?

280 What rooms are there in Mr. and Mrs. Hunt's house?

281 What else are there in Mr. and Mrs. Hunt's house?

282 Where are the living room and kitchen?

283 Aren't the bedroom and bathroom upstairs?

※ 여기를 보면서 영문으로 바꾸는 연습을 꼭 하세요.

정답과 설명

(1) Hunt 부부의 집은 네 개의 방을 가지고 있습니다.
　　▲ Mr. and Mrs. → 둘 다 배웠지요? 「~씨, 님」 Mr., 「부인」 Mrs.
　　　그래서 Mr. and Mrs. = 부부(夫婦)
　　▲ 「헌트의」 Hunt's → 's는 「~의」라는 뜻

(2) 그것은 거실, 부엌, 침실, 그리고 목욕실을 가지고 있습니다.

(3) 그것은 또 계단과 두 개의 홀을 가지고 있습니다.
　　▲ also는 too와 같은 뜻, also는 보통 일반동사 앞, 조동사와 be동사의 뒤에 둡니다.
　　「그는 또 학교에도 갑니다.」
　　He also goes to school.
　　He goes to school, too.
　　(too는 문장 끝에 옵니다.)

(4) 거실과 부엌은 아래층에 있습니다.
　　▲ 「아래층」 downstairs는 「아래층에, 아래층으로」란 뜻도 있으며, 습관적으로 's'를 붙입니다. 다음의 upstairs도 마찬가지.

[5] 침실과 목욕실은 위층에 있습니다.

[6] (전기) 등이 탁자 위에 있습니다. 양탄자가 마루 위에 (깔려) 있습니다.

[7] 그림들이 벽 위에 (걸려) 있습니다. 책들이 책장 안에 있습니다.

[8] Hunt 부부는 거실에 있습니다.

[9] Hunt 부인은 소파 위에 (앉아) 있습니다. Hunt 씨는 탁자에 (앉아) 있습니다.

[10] Hunt 부부 댁은 몇 개의 방을 가지고 있습니까? → 네 개의 방을 가지고 있지요.

▲ (Mr. and Mrs. Hunt's) house has four rooms.라면 잘 아시겠지요? 이것을 의문문으로 하면 좀 어렵게 됩니다. 위 문장에서 four 인지 얼마인지를 몰라서 four 대신에 How many(몇 개의)를 써서 이것을 맨 앞에 두면 rooms란 부하도 따라가서 How many rooms … 그 다음을 어떻게 만들까요? (Mr. and Mrs. Hunt's) house has가 남아있지요? 이것을 의문문으로 하면? → does (Mr. and Mrs. Hunt's) house have? 이것을 How many rooms … 다음에 두면 → **How many rooms does (Mr. and Mrs. Hunt's) house have?**
따라서 house를 꾸미는(수식하는) Mr. and Mrs. Hunt's가 중간에 끼어있기 때문에 어렵게 되었습니다.

[11] Hunt 부부 댁에는 어떤(무슨) 방들이 있습니까? → 거실, 부엌, 침실, 그리고 목욕실이 있습니다.

▲ There are a living room, a kitchen, a bedroom and a bathroom in Mr. and Mrs. Hunt's house.
위 문장의 뜻은? 모르나요? 그러면 There is a room in the house.도 모를까요? 이것도 모른다면 큰일이니 이 책을 처음부터 다시 공부하세요. 이것은 A room is in the house.「그 집 안에 방이 하나 있다.」라는 뜻. 그러면 There are (a living … bathroom) in Mr. and Mrs. Hunt's house.는「Hunt 부부의 집에는 (a living … bathroom) 이 있다.」이제는 알겠지요. 이 (   ) 안의 것을 몰라서 이 대신 What rooms(어떤(무슨) 방들)을 두어 이것을 문장 앞에 두면 What rooms … 남은 (   ) 밖의 것을 의문문으로 하면 are there in Mr. and Mrs. Hunt's house → 이것을 What rooms 뒤에 두면 What rooms are there in Mr. and Mrs. Hunt's house?로 되는 것입니다.

[12] Hunt 부부 댁에는 그 밖에 무엇들이 있습니까? → 계단과 두 개의 홀이 있습니다.

▲ What else는「그 밖의 무엇」이란 뜻.
What else do you want?「당신은 그 밖에 무엇을 원합니까?」
What else does she need?「그녀는 그 밖에 무엇이 필요합니까?」
▲ There are (a living … bathroom) in Mr. and Mrs. Hunt's house.에서 (   ) 안의 것 외의 무엇일까요? 그러면 (a living … bathroom) 대신에 What else를 두면 이것이 앞으로 나아가서 What else …? 남은 there are in Mr. and Mrs. Hunt's house를 의문문으로 하면 → are there in Mr. and Mrs. Hunt's house? → 이것을 What else … 뒤에 두면 What else are there in Mr. and Mrs. Hunt's house?로 되는 것입니다.

[13] 거실과 부엌은 어디에 있습니까? → 그것들은 아래층에 있습니다.

[14] 침실과 목욕실은 아래층에 있습니까? → 아니오, 그것들은 위층에 있습니다.

[15] 침실과 목욕실은 위층에 있지 않습니까? → 아니오, 있습니다.

[16] 등은 마루 위에 있습니까? → 아니오, 탁자 위에 있습니다.

[17] 책들은 어디에 있습니까? → 책장 안에 있습니다.

[18] 그림들은 책상 위에 있지 않습니까? → 예, 그렇지 않습니다. 그것들은 벽 위에 (걸려) 있습니다.

[19] Hunt 부부는 부엌에 있지 않습니까? → 예, 그렇지 않습니다. 그들은 거실에 있습니다.

[20] Hunt 씨는 소파 위에 (앉아) 있지 않습니까? → 예, 그렇습니다. 그는 탁자에 (앉아) 있습니다.

[21] Hunt 부인은 어디에 있습니까? → 그녀는 소파 위에 (앉아) 있습니다.

정답

(10) → It has four rooms.

(11) → There are a living room, a kitchen, a bedroom, and a bathroom.

(12) → There are stairs and two halls.

(13) → They are downstairs.

(14) → No, they are upstairs.

(15) → Yes, they are.

(16) → No, it is on the table.

(17) → They are in the bookcase.

(18) → No, they aren't. They are on the wall.

(19) → No, they aren't. They are in the living room.

(20) → No, he isn't. He is at the table.

(21) → She is on the sofa.

Step Up 문장의 성분을 알려주는 8 품사

> 초보자에게는 될 수 있는 한 문법을 멀리하고 시청각으로 반복 연습시키는 것이 원칙입니다. 그래서 문법 공부는 「영어실력 기초」에 올라가서 하게끔 하고 있습니다. 그러나 8품사는 학교에서 선생님들이 시간마다 입 버릇처럼 말씀하실 것이고 또 이 것쯤은 초보자일지라도 알아 두어야 하기 때문에 여기에 빈자리도 생겼고 하니 특별 공부를 하기로 합시다.

영어의 단어는 한 문장 안에서의 역할에 따라 다음 항목으로 나눌 수 있습니다.

① 명사 (Noun)
― 물건, 사실, 지명, 사람, 동물 따위의 이름을 나타내는 말입니다.
〈예〉 book, kindness 「친절」, London, John, dog, health 「건강」, Seoul

② 대명사 (Pronoun)
― 명사 대신 쓰이는 말입니다.
〈예〉 I, we, she, he, they, that, who, what, which

③ 형용사 (Adjective)
― 명사, 대명사를 수식하는 말입니다.
(a) Mary is **a kind** girl.
(b) She is **kind**.
▲ (a) 에서 a, kind는 girl이란 명사를 수식하므로 형용사입니다.
(b) 에서 kind는 She란 대명사를 수식하는 형용사입니다.
〈예〉 good, beautiful, honest, wonderful, big, large, much
▲ 형용사는 명사를 수식할 때 명사 앞에 두고, 대명사를 수식할 때는 be동사 다음에 둡니다.

▲ **a, an, the**도 일종의 형용사지만 특별히 **관사(Article)**라고 합니다.

④ 동사 (Verb)
― 사물의 동작, 존재, 상태를 나타내는 말입니다.

(a) Tom **ran** fast.
(b) He **is** there.
(c) I **have** a baby.

▲ ran(동작), is(존재), have(상태)
〈예〉 go, come, speak, like, know, open

▲ can, will, must 「해야만 한다」, may 「해도 좋다, ~일지도 모른다」도 일종의 동사이지만 특별히 **조동사(Auxiliary Verb)**라 합니다. 이것들은 **동사 앞에 두어서 동사의 뜻을 도와 줍니다.**
He **can** *speak* Engilsh. 「그는 영어를 말할 수 있다.」
You **must** *go*. 「너는 가야만 한다.」
You **may** *come* in. 「너는 들어와도 좋다.」
He **may** *be* rich. 「그는 부자일지도 모른다.」

⑤ 부사 (Adverb)
― 동사, 형용사, 부사를 수식하는 말입니다.

(a) He can run **fast**.
(b) She is a **very** kind girl.
(c) He can run **very fast**.

▲ (a)에서 fast(빨리)는 run이란 동사를 수식하고
　(b)에서 very는 kind란 형용사를 수식하고
　(c)에서 very는 fast란 다른 부사를 수식하고 있습니다.
〈예〉 hard 「열심히」, slowly 「천천히」, well 「잘」, early 「일찍」
(-ly를 형용사 뒤에 붙이면 대개 부사가 되는데 그렇지 않은 것도 있으므로 주의합니다 :
lonely 「외로운」, lovely 「사랑스러운」 → 둘 다 형용사)

⑥ 전치사 (Preposition)
― 명사, 대명사 앞에 두어서 그 명사, 대명사와 다른 말과의 관계를 알려줍니다.

The book is **on** the desk.에서 on은 desk와 is의 **위치 관계**를 말하고 있습니다.
〈예〉 in 「안에」, by 「옆에」, to, with, of

⑦ 접속사 (Conjunction)
― 문장에서 단어와 부분과 부분을 연결하는 말입니다.
〈예〉 지금까지 배운 것으로는 and, but, or, because

⑧ 감탄사 (Exclamation)
― 또는 간투사(Interjection)라고 하는데 감탄하는 감정을 표시하는 말로 **Oh, Ah** 등이 이것에 속합니다.

금언

① 인생도처 유청산(人生到處有靑山)「인생은 어디에나 푸른 산이 있다.」
   = 어디에 가서나 자기의 행동 여하로 살 수가 있다.
   = One can seek one's fortune anywhere in the world.
② 하늘은 스스로 돕는 자를 돕는다.
   God helps those who help themselves.란 격언은 바로 이런 때에 쓰는 것이다. 나는 다시 말한다.
③ 가여운 아들 딸들아! 그대의 운명은 그대 자신의 힘으로 개척해 나가거라. 운명에 우는 자가 가장 연약한 인간이다.
④ 많이 굽히는 사람을 두려워 해라. 왜냐하면 반발력이 강하기 때문이다. 제 아무리 강하게 보일지라도 그 언동(言動)에 여유와 멋이 없는 사람은 큰 일을 이룰 수가 없다.
   《굽실굽실 잘 복종하는 사람을 두려워 해라. 왜냐하면 반발하는 힘이 강하기 때문이다(활과 같이). 제 아무리 용감하게 보여도 말을 할 때와 행동을 할 때 여유와 멋이 없는 사람은 크게 성공할 수가 없다는 뜻.》

★ 복습이 영어 공부의 생명입니다. 안 하면 그 생명을 잃습니다.

Lesson 04 Good Morning, Mr. Johnson.

(1) Tom   Good morning, sir.
    Mr. Johnson Good morning, Tom.

(2) Tom   A fine day, isn't it?
    Mr. Johnson Yes.

(3) Tom   Mr. Johnson, this is my friend Ben.
    Mr. Johnson How do you do, Ben? I'm glad to see you.

(4) Ben   How do you do, Mr. Johnson? I'm glad to see you, too.
    Mr. Johnson Oh, you're a very good boy. What school are you in?

(5) Ben   I'm in Washington Junior High School.
    Mr. Johnson I see. How old are you?

(6)	Ben	I'm thirteen years old.
	Mr. Johnson	Is that so? What does your father do?
(7)	Ben	He is a professor.
	Mr. Johnson	Oh, is he? How many brothers and sisters do you have?
(8)	Ben	I've two brothers and three sisters.
	Mr. Johnson	Indeed. You are very happy. What's your hobby?
(9)	Ben	My hobby is music.
	Mr. Johnson	I see. I'm a music teacher. Oh! We two have something in common. It's wonderful! This is my card. Call on me on Sunday afternoon, please.
(10)	Tom	Now, our time is up.
	Mr. Johnson	See you again. Tom, remember me to your father, please.
(11)	Tom & Ben	Good-bye, sir.

정답과 설명

(1) Tom : 선생님, 안녕하십니까?

Mr. Johnson : Tom, 안녕?

「좋은」 good [gud]
「아침」 morning [mɔ́ːrniŋ]
「사람 이름」 Johnson [dʒǽnsn/dʒɔ́n-]

「선생님」「여보세요」 sir [sər] (손위의 남자 어른에게 말을 할 때 쓰는 경어이며 그에 대응하는 말로서 여자 어른에게는 「부인」 ma'am [mæm]을 쓰는데 이것은 madam [mǽdəm]을 줄인 말입니다.)

▲ 이것만 가지고 위 본문의 뜻을 생각해 보세요. (우리말 해석을 가리고)
▲ Good morning, sir(Tom). — 오전 중의 인사. sir나 Tom은 안 붙여도 좋지만 붙이면 감정이 더 부드럽게 됩니다.
▲ 처음에 만날 때는 Good morning이라고 끝을 내려 발음하나, 작별할 때는 올려 발음합니다. (이 경우, 나중에 배울 Good-bye 등을 대신 써도 좋습니다.)
▲ 오전 중에는 Good morning이지만 이후에는 Good afternoon [gud æftərnúːn], 저녁 때는 Good evening [gud íːvniŋ]을 씁니다. 그런데 Good evening은 작별 인사에는 안 쓰고 그 대신 Good night [gud náit] 또는 Good-bye [gud bái]를 씁니다.

(2) Tom : 날씨가 좋지요, 네?

Mr. Johnson : 그렇군.

▲ It's a fine day.의 (It's)를 생략했습니다.
▲ 부가의문문에 관해서 우리말로 「그녀는 친절하지요, 그렇지 않나요?」 「그녀는 친절하지 않지요, 그렇지요?」라고 할 때 뒤의 의문문을 영어로 어떻게 표시하나요?
  (a) 「그녀는 친절하지요, 그렇지 않나요?」 She is kind, **isn't she?**
  (b) 「그녀는 친절하지 않지요, 그렇지요?」 She isn't kind, **is she?**

응용연습   아래 답을 가리고 혼자서 해보세요. (다른 종이에)

(a) 그는 돈을 많이 가지고 있지요, 그렇지 않나요?
(b) 그는 돈을 많이 가지고 있지 않지요, 그렇지요?
(c) 그는 열심히 일하지요, 그렇지 않나요?
(d) 그는 열심히 일하지 않지요, 그렇지요?

....

답 (a) He has much money, doesn't he?
   (b) He doesn't have much money, does he?
   (c) He works hard, doesn't he?
   (d) He doesn't work hard, does he?

▲ 「그녀는 친절하지요, 그렇지 않나요?」는 말하는 사람이 그녀가 친절한 것을 알면서도 상대방에게 다짐(확인)을 받는 뜻입니다. 그래서 isn't she?는 의문문의 형식이지만 묻는 뜻은 아니므로 isn't she(↘)라고 내려 발음합니다. 그러나 isn't she(↗)라고 올려 발음하게 되면 묻는 뜻으로 되어서 isn't she kind?와 같은 뜻이 됩니다.
그러면, 아침에 일어나 문 밖을 보니까 이웃 친구가 나와 있었다. 그에게 「날씨가 좋지요, 그렇지 않나요?」 할 때는 **It's a fine day, isn't it(↘)?** 그러나 방 안에서 커튼을 치고 잠을 자다가 깨어났다고 하자. 아직 방 안은 어두운데 어머니가 들어왔다. 어머니에게 「오늘 날씨가 좋지요, 그렇지 않나요?」할 때는 말하는 사람이 실제로 날씨가 좋은지 나쁜지 모르므로 **It is a fine day, isn't it?(↗)**이 됩니다.

(3) Tom : Johnson 선생님, 이 사람은 나의 친구인 Ben입니다.

Mr. Johnson : Ben, 처음 보겠네. 만나서 반갑네.

「친구」 friend [frend]
「남자 이름」 Ben [ben]
「기쁜, 반가운」 glad [glæd]
「보다, 만나다」 see [siː]
▲ 이것만 가지고 위 본문의 뜻을 생각해 보세요. (우리말 해석을 가리고)

▲ my friend Ben 「나의 친구인 Ben」
▲ my teacher Mr. Johnson 「나의 선생님인 Johnson씨」
▲ I'm glad to see you. 「당신을 만나서 반갑습니다.」
▲ I'm happy to have the house. 「그 집을 가져서 행복하다.」
이것은 나중에 배울 [to + 동사원형] = to부정사의 용법인데 좀 어렵습니다. [to + 동사원형]에는 위와 같이 「~하여서」란 '원인'을 말하는 용법이 있다는 것 쯤만 알아두세요.
I'm sad to hear the news. 「그 소식을 들어서 슬프다.」
「슬픈」 sad [sæd]　　「듣다」 hear [hiər]　　「소식」 news [nju:z]
to see you = to meet you　　「만나다」 meet [mi:t]

(4) Ben : Johnson 선생님, 처음 뵙겠습니다. 저도 선생님을 만나뵈어서 반갑습니다.

Mr. Johnson : 아! 너는 참 착한 아이구나. 무슨 학교에 다니지?

「아!, 오, 어머나」 oh [ou] (감탄을 표시하는 말)
▲ What school are you in?
「너는 이 학교 안에 있다.」 You are in this school. 「너는 이 학교에 재학한다.」, 「너는 이 학교에 다닌다.」
▲ 위 문장에서 this school인지를 몰라서 물어본다면? → this school 대신에 What school을 두고 이것이 문장 앞으로 나가면 What school ... → 다음에는 You are in이 남아 있으므로 이것을 의문문으로 하면? are you in? → 이것을 What school 다음에 넣으면 **What school are you in?**

(5) Ben : Washington 중학교에 다닙니다.

Mr. Johnson : 그렇구나. 몇 살이지?

「하급의, 손아래의」 junior [dʒú:njər]
「중학교」 junior high school
「고등학교」 senior high school
「고급의, 손위의」 senior [sí:njər]
▲ I see. → see는 「보다」는 뜻이지만 여기에서는 「알게 되다」
I see. 「나는 안다.」 상대방이 말한 것에 대해서 「아, 그래요.」「그렇군요.」 즉 말한 것을 잘 알아들었다는 뜻입니다.
▲ 그러면 이것만 가지고 본문을 보세요. 전체의 뜻이 무엇인지 생각해 보세요.

(6) Ben : 13살입니다.

Mr. Johnson : 그래. 아버지는 무엇을 하시니?

「그렇게, 그와 같이」 so [sou]
▲ Is that so? 「그것은 그렇습니까?」 → 「그렇군요, 그래요」 I see.
Is that so?는 형태는 의문문이지만 뜻은 그렇지 않으므로 Is that so(↘)와 같이 내려 읽습니다. 나머지는 다 배운 것이니 이것만 가지고 본문을 보면서 뜻이 무엇인가를 생각해 보세요.

(7) Ben : 그는 교수입니다.

Mr. Johnson : 그렇군. 형제자매는 몇 명 (가지고) 있지?

「(대학) 교수」 professor [prəfésər]
▲ Oh, is he? = I see. = Is that so?
He was rich. — Oh, was he? (그랬군요.)
He went there. — Oh, did he? (그랬군요.)
She goes there. — Oh, does she? (그랬군요.)
He isn't rich. — Oh, isn't he? (그렇군요.)
He didn't go there. — Oh, didn't he? (그랬군요.)

(8) Ben : 저는 두 형제와 세 자매를 가지고 있습니다.

Mr. Johnson : 그렇군. 너는 정말 행복하겠구나. 취미는 무엇이지?

「실로, 참으로, 정말」 indeed [indíːd]

「취미」 hobby [hábi]

▲ Indeed. = I see. = Is that so? = Oh, do you? (물어보는 말이 I've two brothers and three sisters.로 되어 있으니까. 이것을 의문문으로 하면 → do you have two brothers and three sisters?로 하게 됩니다.)

▲ What's = What is를 줄임 말

(9) Ben : 저의 취미는 음악입니다.

Mr. Johnson : 그렇군. 나는 음악 선생이야. 아! 우리 둘은 서로 통하는 점이 있군. 참 좋아요. 이것이 나의 명함이야. 일요일 오후에 찾아오게.

「음악」 music [mjúːzik]

「무엇인가, 어떤 것」 something [sʌ́mθiŋ]

「공통, 보통」 common [kámən/kɔ́m–]

「서로 통해서, 공통적으로」 in common

「훌륭한, 놀라운」 wonderful [wʌ́ndərfəl]

「명함, 카드」 card [kaːrd]

「방문하다」 call on

▲ on의 뜻은 「~위에」인데 on Sunday, on Monday에서는 「~날에」라는 뜻이 되고, call on 「방문하다」에서는 「~을, ~대해서」란 뜻을 나타내나 일일이 뜻을 알려고 하면 어려우니 「날」에는 앞에 on을 두고 **call on은 「방문하다」**는 숙어라는 것만 알아두세요.

(10) Tom : 자, 시간이 다 되었습니다.

Mr. Johnson : 또 봐요. Tom, 아버지께 안부 전해주게.

「자, 지금」 now [nau]

「시간」 time [taim]

「다 끝난, 위로」 up [ʌp]

「다시, 또」 again [əgén / əgéin]

「생각나게 하다, 기억하다」 remember [rimémbər]

▲ Our time is up. 「우리의 시간이 다 끝났다.」, 「시간이 다 되었다.」
Our time 대신 **The time**으로 하기도 합니다.

▲ 「또 다시 만납시다.」 See you again.
「안녕히 가세요.」 Good-bye = See you later.
See you again.(↗) 올려 발음합니다.
「후에」 later [léitər]

▲ Tom, please remember me to your father.
「Tom, 너의 아버지께 나를 생각나게 하라.」 → 「아버지께 안부 전해라.」

(11) Tom & Ben : 안녕히 가세요.

「안녕히 가세요」 Good-bye [gud bai]

▲ Good-bye. 대신에 See you again(later). So long. See you tomorrow. 등도 씁니다.
이상, 모두 끝을 올려 발음합니다.
「오랫동안, 긴」 long [lɔːŋ/lɔŋ]
「내일」 tomorrow [təmɔ́ːrou]

암기문제

답은 다음 페이지에 있습니다. 빨리 보지 마세요. 열심히 외우세요.

- □□ 284. ① 좋은　② 아침　③ sir
- □□ 285. ④ ma'am　⑤ 미친　⑥ 오후
- □□ 286. ⑦ 저녁때　⑧ 밤　⑨ 친구
- □□ 287. ⑩ 기쁜　⑪ 보다　⑫ 슬픈
- □□ 288. ⑬ 듣다　⑭ 소식　⑮ meet
- □□ 289. ⑯ 아!　⑰ junior　⑱ 높은
- □□ 290. ⑲ senior　⑳ 그렇게　㉑ 교수
- □□ 291. ㉒ 실로, 정말　㉓ 취미　㉔ 음악
- □□ 292. ㉕ 무엇인가, 어떤 것　㉖ 서로 통해서　㉗ 훌륭한
- □□ 293. ㉘ 명함　㉙ 방문하다　㉚ 자, 지금
- □□ 294. ㉛ 시간　㉜ 다 끝난　㉝ 또, 다시
- □□ 295. ㉞ 기억하다　㉟ 오랫동안　㊱ 내일　㊲ 후에
- □□ 296. ㊳ 처음 뵙겠습니다.
- □□ 297. ㊴ 날씨가 좋지요, 그렇지 않나요?
- □□ 298. ㊵ 이 사람은 나의 친구인 Ben입니다.
- □□ 299. ㊶ 만나서 반갑습니다.
- □□ 300. ㊷ 무슨 학교에 다닙니까?
- □□ 301. ㊸ 중학교, 고등학교
- □□ 302. ㊹ 그래요, 그렇군요. (4가지로)
- □□ 303. ㊺ 당신의 취미는 무엇이지요?
- □□ 304. ㊻ 우리 둘은 서로 통하는 점이 있군요.
- □□ 305. ㊼ 일요일 오후에 나를 방문하세요.
- □□ 306. ㊽ 자, 시간이 다 되었습니다.
- □□ 307. ㊾ 다시 만납시다. (= 안녕히 가세요.)
- □□ 308. ㊿ Tom, 아버지께 안부 전해요.

암기 답

284　①「좋은」good [gud]　②「아침」mornmg [mɔ́ːrniŋ]　③「여보세요, 선생님」sir [sə(ː)r]

285　④「마님, 부인」ma'am [mæm]　⑤「미친」crazy [kréizi]　⑥「오후」afternoon [æftərnúːn]

286　⑦「저녁때」evening [íːvniŋ]　⑧「밤」night [nait]　⑨「친구」friend [frend]

287　⑩「기쁜」glad [glæd]　⑪「보다」see [siː]　⑫「슬픈」sad [sæd]

288　⑬「듣다」hear [hiər]　⑭「소식」news [njuːz]　⑮「만나다」meet [miːt]

Lesson 04　131

289 ⑯「아!」oh [ou]　　⑰「하급의」junior [dʒúːnjər]　　⑱「높은」high [hai]

290 ⑲「고급의, 손위의」senior [síːnjər]　　⑳「그렇게」so [sou]　　㉑「교수」professor [prəfésər]

291 ㉒「실로, 정말」indeed [indíːd]　　㉓「취미」hobby [hábi/hɔ́bi]　　㉔「음악」music [mjúːzik]

292 ㉕「무엇인가」something [sʌ́mθiŋ]　　㉖「서로 통해서, 공통으로」in common [in kámən/kɔ́m-]
　　㉗「훌륭한」wonderful [wʌ́ndərfəl]

293 ㉘「명함」card [kaːrd]　　㉙「방문하다」call on　　㉚「자, 지금」now [nau]

294 ㉛「시간」time [taim]　　㉜「다 끝난」up [ʌp]　　㉝「또, 다시」again [əgén/əgéin]

295 ㉞「기억하다」remember [rimémbər]　　㉟「오랫동안」long [lɔːŋ/lɔŋ]
　　㊱「내일」tomorrow [təmɔ́ːrou]　　㊲「후에」later [léitər]

296 ㊳ How do you do?

297 ㊴ A fine day, isn't it?

298 ㊵ This is my friend Ben.

299 ㊶ I'm glad to see you.

300 ㊷ What school are you in?

301 ㊸ junior high school, senior high school

302 ㊹ I see. = Is that so? = Oh, is he? = Indeed.

303 ㊺ What's your hobby?

304 ㊻ We two have something in common.

305 ㊼ Call on me on Sunday afternoon, please.

306 ㊽ Now, our time is up.

307 ㊾ See you again(later).

308 ㊿ Tom, remember me to your father, please.

복습문제

다음의 것은 사실 여러분 자신이 만들어서 연습하셔야 더욱 효과적입니다. 그런데 아무리 하라 해도 여러분은 절대로 하지를 않거든요. 이 반복 연습을 하는 것이 여러분의 실력 향상을 위하여 얼마나 중요한지 나는 오랫동안의 경험상 잘 알고 있습니다. 꼭 이 연습은 하여야 되겠고, 여러분은 하지를 않고, 참 딱해요. 할 수 없이 내가 만들어 버렸습니다. 그래도 안 한다면 나는 몰라요. 자, 나의 성의를 보아서라도 꼭 하세요. 그러면 다음을 영문으로 반복 연습하세요.

(가) 가장 효과적인 복습이 됩니다.
(나) 해석, 작문, 회화, 문법, 발음 등 온갖 실력이 한꺼번에 다 붙어버립니다. 더군다나 그 귀찮은 작문(作文) 공부를 따로 할 필요가 없게 됩니다.

▲ 다음 우리말을 보자마자 당장 입에서 무의식적으로 영어가 튀어 나오도록 (우물쭈물 생각하면서 말하거나, 문법적으로 따져가면서 말하다간 듣는 사람이 도망가 버려요.) 소리를 내면서 20번 이상 연습을 하세요. (쓸 줄도 알아야 합니다.)

(1) Tom : 선생님, 안녕하십니까? (오전)
   Mr. Johnson : Tom, 안녕?

(2) Tom : 날씨가 좋지요, 네?
   Mr. Johnson : 그렇군.

(3) Tom : Johnson 선생님, 이 애는 내 친구인 Ben이에요.
   Mr. Johnson : Ben, 처음 보네. 만나서 반갑네.

(4) Ben : 처음 뵙겠습니다, Johnson 선생님. 저도 만나 뵈어서 반갑습니다.
   Mr. Johnson : 아, 너는 참 좋은 아이구나. 무슨 학교에 다니지?

(5) Ben : Washington 중학교에 다닙니다.
   Mr. Johnson : 그래 (see를 써서). 몇 살이지?

(6) Ben : 열세 살입니다.
   Mr. Johnson : 그래. 아버지는 무슨 일을 하시지?

(7) Ben : 교수입니다.
   Mr. Johnson : 그렇군 (Oh...). 형제, 자매는 몇이나 되지?

(8) Ben : 형제가 둘, 자매가 셋이지요.
   Mr. Johnson : 그래 (I...). 참 행복하군. 취미는 무엇이지?

(9) Ben : 음악이에요.
   Mr. Johnson : 그래 (I...). 나는 음악 선생이야. 아, 우리 둘은 서로 통하는 점이 있군. 참 잘 됐어. 내 명함이야. 일요일 오후에 찾아오게.

(10) Tom : 자, 시간이 다 되었습니다.
   Mr. Johnson : 또 봐요 (See..). Tom, 아버지께 안부 전해라.

(11) Tom and Ben : 안녕히 가세요 (Good...).

특별암기

☐☐ 309. 1월, 2월, 3월
☐☐ 310. 4월, 5월, 6월
☐☐ 311. 7월, 8월, 9월
☐☐ 312. 10월, 11월, 12월

특별암기 — 답

☐☐ 309 「1월」 January [dʒǽnjuèri/-əri]
   「2월」 February [fébruèri]
   「3월」 March [mɑːrtʃ]

□□ 310 「4월」 April [éiprəl]
「5월」 May [mei]
「6월」 June [dʒuːn]

□□ 311 「7월」 July [dʒulái]
「8월」 August [ɔ́ːgəst]
「9월」 September [septémbər]

□□ 312 「10월」 October [aktóubər/ɔk-]
「11월」 November [nouvémbər]
「12월」 December [disémbər]

휴게실 사나이 결심

당(唐)나라의 종자운(終子雲)은 유명한 장수였다. 열 여덟 살 때 보성(寶城)에 가서 학문을 이루고자 결심한 그는, 청운의 큰 뜻을 젊은 가슴에 한아름 가득히 안고 고향 산천을 등졌다. 보성으로 가는 길에는 관소(關所)가 있었다. 관소를 지나노라니 관원(關員)이 관소 통행증을 주며 이르는 말이, "이 증서는 후일 고향에 돌아올 때 쓰이는 통행증이니 잘 보관하지 않으면 안 되는 거요."

이 말에 자운은 태도를 의젓이 가지며 ―

"대장부 뜻을 세우고 향관(鄕關)을 떠나는 이상 만일 학문을 이루지 못한다면 어찌 죽더라도 돌아오리오(男兒立志出鄕關 苦學不成死不還 ― 남아입지출향관 약학불성사불환). 내 마땅히 배움을 이루고 이름을 날려서 현관(顯官)이 되어 금의(錦衣)로 고향을 빛내려 하거늘 구구하게 이런 통행증이 무슨 소용인가!" 하고 통행증을 내던지고 장안 보성 길로 바삐 향했다. 그 후 형설(螢雪)의 공은 헛되지 않아 10년이 다 못가서 그는 과거에서 장원급제해 벼슬길에 올랐다.

비단옷(錦衣)으로 위풍이 당당하게 고향에 돌아올 때, 그 날의 그 관소를 지나게 되었다.

지난 날 보성 길을 찾아 떠나갈 적에 미친 사람의 헛소리라고 비웃던 관원들은 놀라지 않을 수가 없었다. 입을 벌리고 감탄하며 굉장한 그 행렬을 배웅할 뿐이었다.

이 이야기는 내가 중학교 일학년에 입학해서 학교 선생님으로부터 감명 깊게 들은 것이다. 중학교 일학년 일학기가 끝나자 일본 동경에서 공부하던 두 형이 병사로 가산을 없애고 따라서 가운이 기울어져서 나는 학교를 중단하지 않으면 안 되었다. 아버지는 말씀하시기를, "네 형들이 공부하다가 저 꼴이 되었으니 너는 공부를 아예 단념하고 장사나 해."라고 하셨다. 여기에서 나는 「남아입지출향관/男兒立志出鄕關…」(사나이가 뜻을 세워 고향을 떠나다)을 하기로 일대 결심을 했다. 나는 어린 몸이었지만 공부를 못하면 차라리 죽어버리고 말겠다고 생각했다.

13살 되는 어린 꼬마가 학교에서 배우던 지도 책을 손에 들고 운동화와 초라한 헌 옷을 입고 고향 산천을 떠나 이역 수천 리 타국으로 향했다.

'남아가 뜻을 세워서 일단 향관을 떠난 이상 학문을 이루지 못하면 죽어도 다시는 돌아오지 않는다.'를 몇 번이고 마음 속에 되새기면서.

Lesson 05 Time

(1) What time is it now? — It's just nine (o'clock).
(2) What time did you eat breakfast this morning? — I ate it at eight-ten.

(3) What time do you eat lunch? — I eat it at noon.
(4) What time does your father come home? — He comes home at five-thirty.

(5) What time did you eat your supper last evening? — I ate it at six-five.
(6) What time did your mother eat lunch yesterday? — She ate it at five minutes to three because she was busy yesterday.

(7) What day is today? — It's Monday.
(8) What is the date today? — It's October 10.
(9) What was the date the day before yesterday? — It was October 8.

(10) What was the date a week ago? — It was October 3.

(11) What will be the date tomorrow? — It will be October 11.

(12) What will be the date the day after tomorrow? — It will be October 12.

(13) What month is this? — It's October.

(14) What season is this? — It's fall.

(15) What year is this? — It is 1989.

(16) When were you born? — I was born on August 10, 1978.

(17) Where are you from? — I'm from Japan.

(18) When did you come here? — I came here last month.

(19) How long will you stay here? — I'll stay here about two months.

CALENDAR

OCTOBER 1989

S	M	T	W	Th	F	S
						1
2	3	4	5	6	7	8
9	10	11	12	13	14	15
16	17	18	19	20	21	22
23	24	25	26	27	28	29
30	31					

정답과 설명

(1) 지금 몇 시입니까? — 정각 아홉 시입니다.

「꼭, 바로」 just [dʒʌst]

「~시」 o'clock [ɔklák] (of the clock의 단축형)

▲ clock [klak]은 휴대용이 아닌 시계. (탁자 위, 벽에 걸어 놓는 시계) 휴대용 손목 시계나 회중시계는 watch라 하고, 보통 **시계라 하면 watch**를 씁니다.

▲ o'clock은 생략하는 것이 보통. just 대신 sharp도 잘 씁니다.

「정각에, 날카로운」 sharp [ʃɑːrp]

Come at five (o'clock) sharp.

(위에서 보는 바와 같이 sharp는 시간 다음에 둡니다.)

(2) 오늘 아침 몇 시에 아침을 먹었습니까? — 8시 10분에 먹었습니다.

「먹다, 식사하다」 eat [iːt]
「아침식사, 조반」 breakfast [brékfəst]
「오늘 아침」 this morning
「eat의 과거(먹었다)」 ate [eit] (eat-ate-eaten)
「~(시간)에」 at [æt]
「8시 10분」 eight-ten [eit ten]

▲ 8시 10분
   eight-ten (이것을 제일 많이 씁니다.), ten (minutes) after eight (o'clock)이 정식인데 간단히 eight-ten으로 한 것이지요. 그냥 ten after eight도 잘 씁니다. 또한 ten (minutes) past eight (o'clock)으로도 씁니다.

▲ 8시 15분
   eight-fifteen = fifteen minutes after eight (o'clock) 또는 a quarter after eight (o'clock)

▲ 8시 30분
   eight-thirty = half past eight 또는 thirty minutes after eight (after 대신 past를 쓰기도 하며 half 다음에만 past를 쓰고 그 외는 after.)

「분」 minute [mínit]
「~뒤에」 after [ǽftər]
「4분의 1」 (여기에서는 15분) quarter [kwɔ́ːrtər]
「반, 30분」 half [hæf/haːf]
「~을 지나서」 past [pæst]

※ 위를 다섯 번 가량 반복해서 읽으세요.

(3) 몇 시에 점심을 먹습니까? — 정오에 먹습니다.

「점심식사」 lunch [lʌntʃ]
「정오」 noon [nuːn] = twelve o'clock

(4) 아버지는 몇 시에 집으로 (돌아) 오십니까? — 5시 30분에 (돌아) 오십니다.

(5) 어제 저녁에는 몇 시에 저녁을 먹었습니까? — 6시 5분에 먹었습니다.

「저녁식사」 supper [sʌ́pər]

▲ 「아침식사」 breakfast, 「점심」 lunch, 「저녁식사」 supper를 배웠습니다. 그런데 dinner란 말이 있습니다. 「정찬, 만찬」 dinner [dínər] (잘 차려 먹는 저녁식사는 dinner가 됩니다. 「만찬」이라고 많이 말합니다.)

▲ 「지난, 최후의」 last [læst]
   〈예〉 last year 「작년」, last Sunday 「지난 일요일」, last evening 「어제 저녁」

▲ 6시 5분
   six-five가 보통, five (minutes) after six도 쓰며 five (minutes) past six로도 씁니다.

(6) 당신 어머니는 어제 몇 시에 점심을 드셨습니까? — 그녀는 어제 바빴기 때문에 3시 5분 전에 드셨습니다.

「바쁜」 busy [bízi]

▲ 3시 5분 전 = 2시 55분, 이와 같이 30분이 넘으면 to를 써서 five (minutes) to three (o'clock)으로 하는 것이 원칙입니다. (그러나 그냥 two-fifty-five로 해도 좋습니다.)

▲ 2시 50분은 ten (minutes) to three 또는 two-fifty

▲ 2시 5분 two-five 또는 five (minutes) after two (o'clock), five (minutes) past two (o'clock), five minutes after two
   → 즉 앞의 minutes는 살리고 위의 o'clock을 생략하는 것을 많이 씁니다.

▲ 이상 시간을 표시하는데 있어 after, past, to 등 좀 까다롭다고 생각되겠지만 무슨 시간이고 two-twenty, two-thirty, two-fifty-five 등으로 간단하게 말하면 되므로 걱정 마세요.

(7) 오늘은 무슨 요일입니까? — 월요일입니다.

「날」 day [dei]
「오늘」 today [tədéi/tu-]
▲ What day is today? 글자 그대로는 「오늘은 무슨 날이니?」이지만 보통은 요일을 물어봅니다.
때로는 What day of the week is today?로도 합니다.
「주」 week [wi:k]
What day is it?으로도 합니다.

잔소리 여기가 어렵다면 복습을 안 한 좋은 증거입니다. 세상에 나만큼 복습하라고 잔소리하는 잔소리쟁이가 어디 있나요? 이리 좀 모시고 오세요. 얼굴이 어떻게 생겼나 보게. 보나마나 이 안선생 닮았을 거야. 'ate'? 10분 전에 배웠는데? 'because'? 'Monday'? 맨 모르는 것 천지군! 다 배운 거야. 영어란 놈의 성미가 그렇게 고약하지요. 하루 이틀 하는 척 하고는 실력이 안 붙는다고 떠들어. 그렇게 쉽게 되면 박씨, 김씨 다 성공해 버리니 싱겁지 않아? 내가 하라는 대로 해도 적어도 3년은 공을 들여야 해요.

(8) 오늘은 며칠입니까? — 10월 10일입니다.

「날짜, 회합 약속」 date [deit]
▲ What is the date today?는 What day of the month is today?라고도 합니다.
▲ October 10을 읽는 방법은 → October tenth [aktóubər - tenθ]라고 읽습니다.

서수의 정리

지금까지는 one, two, three …를 배웠는데 이것은 기수(基數)라고 합니다. 그러면 첫 번째, 두 번째, 세 번째 …로 하려면? 〔이것을 서수(序數)라고 합니다.〕

▲ 첫 번째 = first [fə:rst]라고 합니다. 줄여서 '1st'라고 씁니다.
▲ 두 번째 = second [sékənd] 줄여서 '2nd'
▲ 세 번째 = third [θə:rd] 줄여서 '3rd'
▲ 네 번째 = fourth [fɔ:rθ] 줄여서 '4th'
▲ 다섯 번째 = fifth [fifθ] 줄여서 '5th' (fiveth는 안 됨)
▲ 여섯 번째 = sixth [siksθ] 줄여서 '6th' 이하 'th'만 붙입니다.
▲ 일곱 번째 = seventh [sévənθ] 줄여서 7th
▲ 여덟 번째 = eighth [eitθ] 줄여서 '8th' (eightth는 안 됨)
▲ 아홉 번째 = ninth [nainθ] 줄여서 '9th' (nineth는 안 됨)
▲ 열두 번째 = twelfth [twelfθ] 줄여서 '12th' (twelveth는 안 됨)
▲ 스무 번째 = twentieth [twéntiiθ] '20th' (twentyth는 안 됨)
▲ 스물 다섯 번째 = twenty-fifth [twénti - fifθ] '25th'
▲ 서른 번째 = thirtieth [θə́:rtiiθ] '30th' (thirtyth는 안 됨)
▲ 마흔 번째 = fortieth [fɔ́:rtiiθ] '40th' (fourtyth는 안 됨)
▲ the second lesson (제 2과) → 보통은 서수 앞에 the를 붙입니다.
  단, October 10는 October tenth라고 읽지만, 표기상으로는 10 다음에 th 표기를 생략합니다.

[9] 그저께는 며칠이었습니까? — 10월 8일이었습니다.

▲ the day before yesterday는 무슨 뜻이 될까요? 생각해 보세요. (다음 답을 가리고) → 뒤로부터 올려 번역하면 「어제 앞의(그) 날」「그저께」란 뜻이 됩니다. 그러면 전문의 뜻을 생각해 보세요.

[10] 1주일 전에는 며칠이었습니까? — 10월 3일이었습니다.

「(지금부터) ~전에」 ago [əgóu]
〈연습〉「3년 전에는」은 어떻게 표현할까요? → three years ago
▲ October 3을 어떻게 읽지요? October third.

[11] 내일은 며칠이 될까요? — 10월 11일이 될 것입니다.

▲「~일 것이다」 will [wil] → 미래를 말할 때 쓰는 조동사로서 본동사 앞에 둡니다.
He goes there every day. 「그는 매일 거기에 간다.」(현재)　　「매일」 every day [évri dei]
He went there yesterday. 「그는 어제 거기에 갔다.」(과거)
He will go there tomorrow. 「그는 내일 거기에 갈 것이다.」(미래)
→ He will go... It will be...는 왜 He will goes... It will is...로 하지 않을까요? will 다음은 언제나 동사원형을 쓰기로 되어 있습니다. 그리고 goes와 went의 원형은 go, comes나 came의 원형은 come, 즉 아무 변화가 없는 것을 원형이라고 했지요. 그러면? am, was의 원형은? 또 are, were의 원형은 전부 be라는 것을 꼭 기억해두세요.

[12] 모레는 며칠이 될까요? — 10월 12일이 될 것입니다.

「내일 뒤의 (그) 날」 → 즉 「모레」 the day after tomorrow

[13] 이번 달은 무슨 달입니까? — 10월입니다.

「달, 월(月)」 month [mʌnθ]
▲ 달력의 달 (월)을 month라 하는데 하늘에 뜨는 달은 moon [muːn]이라고 합니다.
▲ What month is this? → this 다음에 month가 생략되었다고 보세요. 원문은 What month is this month?이지만 중복을 피하기 위해서 뒤의 month를 생략한 것입니다. this month는 물론 「이번 달」이란 뜻.
▲ It's October.에서 It은? 시간(때, 날, 계절, 달, 해, 날씨)에 관한 말을 할 때는 언제나 'It'이란 주어를 둡니다. 그렇다고 해서 이 It을 「그것」이라고 번역해서는 안 됩니다. 이 It은 번역하지 않습니다.

[14] 지금은 무슨 계절입니까? — 가을입니다.

「계절」 season [síːzn]
「가을」 fall [fɔːl] (원래는 「떨어지다」는 뜻이지만 가을에 나무 잎이 떨어진다, 결국 여기에서는 「가을」이란 뜻.) (영국에서는 autumn)

[15] 올해는 몇 년입니까? — 1989년 입니다.

「천」 thousand [θáuzənd]
▲ 1989 nineteen eighty-nine으로 읽는 게 보통임. (때로는 nineteen hundred and eighty-nine 또는 one thousand nine hundred and eighty-nine이라고도 읽음.)
▲ 2002 two thousand (and) two
▲ 2016 two thousand (and) sixteen

[16] 당신은 언제 태어났습니까? — 나는 1978년 8월 10일에 태어났습니다.

「출생한, 태어난」 born [bɔːrn] (bear의 과거분사)
▲ 시간에는 at, 날에는 on, 월, 년에는 in을 씁니다. on August 10, 1978에서와 같이 월, 일, 년의 순서로 되는 것입니다. August는 달이므로 원칙은 앞에 in을 두어야 할 것이나 '10'이란 날이 주인이므로 on을 둡니다. 그리고 1978 앞에 in을 둘 것이나 생략하고 그 대신 comma(,)를 찍습니다.

[17] 어디서 오셨습니까? — 일본에서 왔습니다.

「~로부터, ~에서 온」 from [frʌm]

「일본」 Japan [dʒəpǽn]
▲ You are from Japan.「당신은 일본에서 왔다.」

▲ Japan인지 어딘지를 몰라서 이대신 Where를 두고 남은 You are from을 의문문으로 하면 are you from? → 그래서 Where are you from?으로 된 것입니다.
Where are you from?은 Where do you come from?으로 하여도 좋습니다.

[18] 언제 여기에 왔습니까? ― 지난달 여기에 왔습니다.

[19] 얼마 동안 여기에 머무시겠습니까? ― 약 두 달 동안 여기에 머물 것입니다.

「긴, 오래 동안」 long
「얼마 동안」 how long
「머물다」 stay [stei]
「대략, 약」 about [əbáut]
▲ I will = I'll, You will = You'll, He will = He'll 회화 때는 이와 같이 생략해서 씁니다.

암기문제

답을 빨리 보지 말고 열 번 이상 연습하세요. OX표는 후일 복습할 때 하세요.

□□	313.	① 꼭, 바로	② clock	③ ~시
□□	314.	④ 정각에	⑤ 먹다	⑥ 아침식사
□□	315.	⑦ 오늘 아침	⑧ eat의 과거	⑨ 분
□□	316.	⑩ ~뒤에	⑪ quarter	⑫ 반
□□	317.	⑬ ~을 지나서	⑭ 점심	⑮ 정오
□□	318.	⑯ 저녁식사	⑰ 정찬	⑱ 지난, 최후의
□□	319.	⑲ 작년	⑳ 어제 저녁	㉑ 바쁜
□□	320.	㉒ ~앞에	㉓ 날	㉔ 오늘
□□	321.	㉕ 주(週)	㉖ 날짜	㉗ 10월 10일
□□	322.	㉘ 첫 번째	㉙ 두 번째	㉚ 세 번째
□□	323.	㉛ 네 번째	㉜ 다섯 번째	㉝ 여섯 번째
□□	324.	㉞ 여덟 번째	㉟ 아홉 번째	㊱ 열두 번째
□□	325.	㊲ 스무 번째	㊳ 스물 다섯 번째	㊴ 삼십 번째
□□	326.	㊵ 사십 번째	㊶ 제 2 과	㊷ 그저께
□□	327.	㊸ ~전에	㊹ ~일 것이다	㊺ 매일
□□	328.	㊻ 모레	㊼ 달 (달력의)	㊽ 달 (하늘의)
□□	329.	㊾ 계절	㊿ 가을	㉑ 1989년
□□	330.	㉒ 1000	㉓ born	㉔ ~부터
□□	331.	㉕ 일본	㉖ 긴, 오랫동안	
□□	332.	㉗ 얼마 동안	㉘ 머물다	

★ 답을 보면서 하는 공부는 효과가 없습니다. 암기할 생각 없이 읽으면 암기가 안 됩니다.

암기 답

313 ① just [dʒʌst]　　② [klak] 휴대용이 아닌 시계　　③ oʻlock [əklák]

314 ④ sharp [ʃɑːrp]　　⑤ eat [iːt]　　⑥ breakfast [brékfəst]

315 ⑦ this morning [ðis mɔ́ːrniŋ]　　⑧ ate [eit]　　⑨ minute [mínit]

316 ⑩ after [ǽftər/ɑ́ːf-]　　⑪ [kwɔ́ːrtər] 4분의 1　　⑫ half [hæf]

317 ⑬ past [pæst]　　⑭ lunch [lʌntʃ]　　⑮ noon [nuːn]

318 ⑯ supper [sʌ́pər]　　⑰ dinner [dínər]　　⑱ last [læst]

319 ⑲ last year　　⑳ last evening [læst íːvniŋ]　　㉑ busy [bízi]

320 ㉒ before [bifɔ́ːr]　　㉓ day [dei]　　㉔ today [tədéi]

321 ㉕ week [wiːk]　　㉖ date [deit]　　㉗ October tenth [ɑktóubər/ɔk- tenθ]

322 ㉘ first [fəːrst]　　㉙ second [sékənd]　　㉚ third [θəːrd]

323 ㉛ fourth [fɔːrθ]　　㉜ fifth [fifθ]　　㉝ sixth [siksθ]

324 ㉞ eighth [eitθ]　　㉟ ninth [nainθ]　　㊱ twelfth [twelfθ]

325 ㊲ twentieth [twéntiiθ]　　㊳ twenty-fifth [twénti-fifθ]　　㊴ thirtieth [θə́ːrtiiθ]

326 ㊵ fortieth [fɔ́ːrtiiθ]　　㊶ the second lesson　　㊷ the day before yesterday

327 ㊸ ago [əɡóu]　　㊹ will [wil]　　㊺ every day [évri dei]

328 ㊻ the day after tomorrow　　㊼ month [mʌnθ]　　㊽ moon [muːn]

329 ㊾ season [síːzn]　　㊿ fall [fɔːl]　　㈤ nineteen eighty-nine

330 ㈥ thousand [θáuzənd]　　㈦ [bɔːrn] 출생한　　㈧ from [frʌm]

331 ㈨ Japan [dʒəpǽn]　　㈩ long [lɔːŋ]

332 ㈤ how long　　㈧ stay [stei]

복습문제

※ 또 같은 잔소리

① 다음 우리말을 보자마자 당장 입에서 영어가 나오도록, 그리고 쓸 수 있도록 적어도 20번 이상 연습하셔야 합니다.
② 반드시 소리를 내면서 읽으세요. 눈으로만 하는 어학공부는 효과가 없습니다.

☐☐ 333. (1) 지금 몇 시입니까? — 정각 아홉 시입니다.

☐☐ 334. (2) 오늘 아침 식사를 몇 시에 드셨지요? — 8시 10분에 먹었습니다.

☐☐ 335. (3) 점심은 몇 시에 드십니까? — 정오에 먹습니다.

☐☐ 336. (4) 아버지는 몇 시에 집으로 (돌아) 오십니까?
　　　　　— 5시 30분에 (돌아) 오십니다.

☐☐ 337. (5) 어제 저녁에는 몇 시에 저녁을 드셨습니까? — 6시 5분에 먹었습니다.
☐☐ 338. (6) 당신 어머니는 어제 점심을 몇 시에 드셨습니까?
　　　　　　　— 그녀는 어제 바빴기 때문에 3시 5분 전에 점심을 드셨습니다.
☐☐ 339. (7) 오늘은 무슨 요일입니까? — 월요일입니다.
☐☐ 340. (8) 오늘은 며칠입니까? — 10월 10일입니다.
☐☐ 341. (9) 그저께는 며칠이었습니까? — 10월 8일이었습니다.
☐☐ 342. (10) 1주일 전은 며칠이었습니까? — 10월 3일이었습니다.
☐☐ 343. (11) 내일은 며칠이 될까요? — 10월 11일이 될 것입니다.
☐☐ 344. (12) 모레는 며칠이 될까요? — 10월 12일이 될 것입니다.
☐☐ 345. (13) 이 달은 무슨 달입니까? — 10월입니다.
☐☐ 346. (14) 지금은 무슨 계절입니까? — 가을입니다.
☐☐ 347. (15) 올해는 몇 년입니까? — 1989년입니다.
☐☐ 348. (16) 당신은 언제 출생하셨습니까? — 1978년 8월 10일에 태어났습니다.
☐☐ 349. (17) 어디서 오셨습니까? — 일본에서 왔습니다.
☐☐ 350. (18) 언제 여기에 왔습니까? — 지난달 여기에 왔습니다.
☐☐ 351. (19) 얼마 동안 여기에 머무시겠습니까? — 약 2개월 간 여기에 머물 것입니다.

휴게실　뉴턴과 회중시계

17세기 영국의 과학자 「뉴턴」은 그의 일생을 통하여 가지가지의 기이한 행동을 많이 했다.
「뉴턴」은 한 번 연구실에 들어가면 이것저것 모든 것을 다 잊어버리고 오직 연구에만 몰두하는 것이었다.
어느 날, 아침부터 그는 연구실 문을 닫고 들어앉아 수많은 기계를 만지작거리고 책장을 뒤적거리며 연구에 열중이었다. 이때 '똑똑 똑' 노크 소리가 나며 하녀가 들어왔다.
"선생님, 여기에다 냄비를 올려 놓을 테니 물이 끓거들랑 달걀을 넣으세요."
"응, 그래 그래."
"너무 자주 드나들면 방해가 될 테니 저는 안 들어오겠어요."
"응, 그래 그래."
"그럼 끓거든 넣으세요."
"응, 그래 그래." 하고 '응, 그래 그래.'를 되뇌이며 「뉴턴」은 여전히 연구에만 몰두하는 것이었다.
얼마 후, 그 사이에 식사가 끝났으려니 생각한 하녀는 상을 물리러 들어왔다.
무심코 냄비 뚜껑을 열어 본 하녀는 놀라지 않을 수 없었다.
"앗!"
부글부글 끓는 물 속에 떴다 잠겼다 하는 동그란 것은, 이 웬일인가? 「뉴턴」이 소중히 여기는 회중시계였다.
「뉴턴」은 연구에 열중이면서도 달걀을 넣으라는 당부만은 잊지 않았던 것이다. 그러니 '달걀'과 '시계'를 살필 틈 없이, 달걀 비슷하게 생긴 그리고 손 가까이 놓인 시계를 집어 넣고 그냥 연구에 마음을 다 했던 것이다.

Lesson 06 — Mr. Robert Dawson's Family

(1) Who's the man in the picture? — That's Mr. Robert Dawson. He's an American.
(2) Who's the woman in the picture? — That's Helen Dawson.
(3) Is she Mr. Dawson's sister? — No, she's his wife. She's Mrs. Robert Dawson.
(4) Is her husband a lawyer? — No, he's an American businessman.
(5) What's the dog's name? — It's Spot. He's a white dog with a black spot.
(6) What's the Dawsons' address? — It's 756 13th Street.
(7) Mr. and Mrs. Dawson have two children, a son and a daughter.
(8) Their son's name is William, but they call him Bill.
(9) His friends also call him Bill.
(10) He's twenty years old, and he goes to the state university.
(11) Ann is their daughter. She's seventeen, and she goes to a high school.
(12) Ann lives at home, but Bill is living at the university now.

정답과 설명

Mr. Robert Dawson's Family (Robert Dawson씨의 가족)

Robert [rábərt]
Dawson [dɔ́ːsn]
「가운데의」 middle [midl]

▲ Robert는 이름이고, Dawson은 성입니다. 영어권에서는 이름을 먼저 쓰고 성을 그 다음에 씁니다. 우리나라에서는 「안현필」이라 하면 성인 「안」을 먼저 쓰고 이름인 「현필」을 나중에 씁니다.

▲ 이름을 미국에서는 'first name'이라 하고 성을 'last name'이라 합니다. 또 'John Stuart Mill'과 같이 세 가지로 되어 있을 때는 John = first name, Stuart = middle name, Mill = last name이라고 합니다. (성(生)을 family name 또는 surname, 이름을 first name, given name, Christian name이라고 합니다.)

▲ Dawson's → 무엇 때문에 's를 붙였나요? 「Dawson의 집」이라고 할 때 '의'를 어떻게 표시한다 했지요? ~'s를 붙이면 됩니다.
「John의 책」 John's book, 「Mary의 인형」 Mary's doll, 「가족」 family [fǽmili]

(1) 그림 속에 있는 남자는 누구입니까? — 그분은 Robert Dawson씨입니다. 그는 미국인입니다.

(That's를 「저것은 ~이다」 하면 좀 어색하지요? 사람보고 그렇게 말하면 무슨 실례입니까? 그리고 that에는 「저것은」이란 뜻도 있지만 it과 같은 뜻으로 쓴다는 것도 배웠습니다.)

Who's = Who is를 줄인 것.
「사람」 여기서는 「남자」 man [mæn]
「그림」 picture [píktʃər]
That's = That is를 줄인 것.
He's = He is
「미국인」 「미국의」 American [əmérikən]

▲ the man (in the picture)
위에서 보는 바와 같이 주인공은 man 하나 뿐인데 이 man을 설명하는 말들이 좌우에 붙어 있어서 좀 길어지게 되었습니다.

▲ 「그림 안에 있는 그 남자」 이 the 「그」는 일일이 번역할 필요가 없습니다. 그래서 「그림 안(속)에 있는 남자」로 합니다.
「(그) 방 안에 있는 (그) 소녀」 the girl in the room
「10페이지에 있는 그림」 the picture on page 10

▲ 본문을 보세요. 전체의 뜻이 무엇인가 잘 살펴보세요.

(2) 그림 속에 있는 부인은 누구입니까? — 그분은 Helen Dawson입니다.

「부인, 여자」 woman [wúmən]
「헬렌」 Helen [hélən] (여자 이름)

▲ 이 뜻만 보고 영어로 다섯 번 이상 말해 보세요.

(3) 그녀는 Dawson씨의 누이(동생)입니까? — 아니오, 그녀는 그의 아내입니다. 그녀는 Robert Dawson 부인입니다.

she's = she is

(4) 그녀의 남편은 변호사입니까? — 아니오, 그분은 미국 사업가입니다.

「변호사」 lawyer [lɔ́ːjər]
「사업가」 businessman [bíznismæ̀n]

▲ 이 뜻만 보고 영어로 말해 보세요. 다섯 번 이상.

(5) 그 개의 이름은 무엇입니까? — 그것(그 이름)은 Spot입니다. 그것은 검은 반점을 가진 흰 개입니다.

what's = what is
it's = it is
Spot [spat] 스팟 (개의 이름)
「흰」 white [(h)wait]

「~을 가진, ~와 함께」 with [wið / wiθ]
「검은」 black [blæk]
「점, 반점」 spot [spɑt]
- ▲ (a white) dog (with a black spot)
위에서 보는 바와 같이 'dog'이란 말 하나가 주인공이고 양쪽 ( ) 내에 있는 말들은 모두 dog을 꾸며 주는 말들입니다. 즉 (하나의, 흰) 개 (검은 반점을 가진) → 「검은 반점이 있는 흰 개」
('a'는 번역할 필요가 없습니다.) 즉 He's a white dog with a black spot.이라는 문장의 주요 골자는 He's a dog.인데 dog을 꾸며 주는 것들(white, with a black spot)이 dog의 전후에 붙어 있어서 문장이 좀 길어지게 되었습니다.
- ▲ He's a white dog의 He는 dog을 말합니다. 원칙은 It이지만 개를 남성(he)으로 받고, 고양이를 여성(she)으로 받는 영어의 특수한 표현입니다.

[6] Dawson씨 집 사람들의 주소는 어디(무엇)입니까? — 13번가 756번지 입니다.

「주소」 address [ǽdres]
「거리」 street [striːt]
- ▲ 756 13th Street : 13번가 756번지 (여기의 756은 seven fifty-six라고 읽습니다. — seven 다음에 hundred and를 두어서 읽을 것인데 이와 같이 생략해서 읽습니다. 또 13th = thirteenth)
- ▲ the Dawsons' address를 자세히 보세요. 사람 이름 앞에 the, a를 두어서는 안 되는데, 사람 이름을 복수로 하고 그 앞에 the를 두면 「그 집안 사람들」이란 뜻이 됩니다.
  the Kims 「김씨 집 사람들」
- ▲ Dawson's가 아니고 Dawsons'로 된 이유는? (즉 's가 아니고 s'로 된 이유는?)
「한 소녀의 인형」 a girl's doll이라고 할 수 있는데 「두 소녀들의 인형들」이라고 하면 two girls's dolls는 안 되고 two girls' dolls로 해야 됩니다. 즉 girls's에서 끝의 s를 생략하는 것입니다.
the Dawsons (Dawson씨 집 사람들), 그러면 「Dawson씨 집 사람들의 주소」라고 하려면 → the Dawsons' address
그러면 a girl's high school은 맞나요? → a girls' high school로 하여야 합니다.
「여자 고등학교」 a girls' high school : a girls' high school의 'a'는 girls에 속하는 것이 아니고 school에 속하는 것입니다.
- ▲ 이 뜻만 보면서 영어로 말해 보세요. 다섯 번 이상 연습하십시오.

[7] Dawson 부부는 아들과 딸인 두 아이들을 가지고 있습니다.

「어린이들」 children [tʃíldrən] (child의 복수)
「아이, 어린이」 child [tʃaild]
- ▲ (two) children, (a son and a daughter)
위에서 보는 바와 같이 children이 주인공이고 양쪽 ( ) 내에 있는 말들은 children을 꾸며 주는 말들입니다.
(두) 아이들 (아들, 딸인)
- ▲ I have two sisters, Mary and Jane. 「나는 Mary와 Jane이란 두 자매를 가지고 있다.」
여기의 Mary and Jane도 sisters를 설명하는 말입니다.
(위와 같은 a son and a daughter, Mary and Jane을 그 앞의 말의 동격이라 하는데, 차차 배웁니다.)
- ▲ 이 뜻만 보면서 다섯 번 이상 연습하세요.

[8] 그들의 아들 이름은 William인데 사람들은 그를 Bill이라고 부릅니다.

「윌리엄」 William (남자 이름)
「빌」 Bill [bil] (남자 이름 : William의 애칭)
「그러나」 but [bʌt]
「부르다」 call [kɔːl]
- ▲ but의 원래 의미는 「그러나」이지만 위와 같이 「~인데」 식으로 번역되는 수가 있습니다. they call의 they는 「그들은」이란 뜻이지만 여기에서는 막연한 (주위) 사람들을 말합니다.
- ▲ 뜻만 보고 영어로 말해 보세요. 다섯 번 이상 연습하세요.

[9] 그의 친구들도 역시 그를 Bill이라고 부릅니다.

「그들의」 their [ðɛər]　　「그들은, 그들이」 they　　「그들을, 그들에게」 them
「그는, 그가」 he　　「그를, 그에게」 him　　「그의」 his
I saw them. 「나는 그들을 보았다.」
I saw their teacher. 「나는 그들의 선생님을 보았다.」
「보았다」 saw [sɔː] (see의 과거)
「친구」 friend [frend]
「역시」 also [ɔ́ːlsou]

(10) 그는 20살입니다. 그리고 그는 주립 대학에 다닙니다.

「주」 state [steit]
「(종합) 대학」 university [jùːnəvə́ːrsiti]

(11) Ann은 그들의 딸입니다. 그녀는 17살입니다. 그리고 그녀는 고등학교에 다닙니다.

「앤」 Ann [æn] (여자 이름)

(12) Ann은 집에 사는데 Bill은 지금 대학에 살고 있습니다. (기숙사 생활)

▲ 뜻만 보면서 다섯 번 이상 연습하세요.

암기문제

답을 보지 말고 암기하세요. 꼭 다시는 잊지 않겠다는 결심을 하면서 암기하세요. 암기할 생각 없이 읽으면 암기가 안 됩니다. 다시는 잊지 않겠다고 굳은 결심을 하면 더욱 효과적입니다.

- □□ 352. ① 성(姓)　　② 이름 (두 가지)
- □□ 353. ③ 가족　　④ 남자　　⑤ 그림
- □□ 354. ⑥ 미국인(의)　　⑦ 여자, 부인　　⑧ 변호사
- □□ 355. ⑨ 사업가　　⑩ 흰　　⑪ ~을 가진, ~와 함께
- □□ 356. ⑫ 검은　　⑬ 점, 반점　　⑭ 주소
- □□ 357. ⑮ 13번가 756번지　　⑯ Dawson씨 집 사람들의 주소
- □□ 358. ⑰ 여자 고등학교　　⑱ 아이, 어린이
- □□ 359. ⑲ 어린이들　　⑳ they의 인칭 변화
- □□ 360. ㉑ 그러나　　㉒ 부르다
- □□ 361. ㉓ he의 인칭 변화　　㉔ 주(州)　　㉕ 종합 대학
- □□ 362. ㉖ 그림 속에 있는 남자는 누구입니까?
- □□ 363. ㉗ 그림 속에 있는 부인은 누구입니까?
- □□ 364. ㉘ 그녀의 남편은 변호사입니까?
- □□ 365. ㉙ 그는 미국 사업가입니다.
- □□ 366. ㉚ 그것은 검은 반점을 가진 흰 개입니다.
- □□ 367. ㉛ Dawson씨 집 사람들의 주소는 어디입니까?
- □□ 368. ㉜ Dawson 부부는 아들 딸인 두 아이들을 가지고 있습니다.
- □□ 369. ㉝ 사람들은 그를 Bill이라고 부릅니다.
- □□ 370. ㉞ 그는 20살입니다.
- □□ 371. ㉟ Bill은 지금 대학에 살고 있습니다.

암기 답

352 ① last name [læst neim]　② first name ; middle name

353 ③ family [fǽmili]　④ man [mæn]　⑤ picture [píktʃər]

354 ⑥ American [əmérikən]　⑦ woman [wúmən]　⑧ lawyer [lɔ́ːjər]

355 ⑨ businessman [bíznismæn]　⑩ white [(h)wait]　⑪ with [wið / wiθ]

356 ⑫ black [blæk]　⑬ spot [spɑt]　⑭ address [ǽdres]

357 ⑮ 756(seven fifty-six) Thirteenth Street　⑯ the Dawsons' address

358 ⑰ a girls' high school　⑱ child [tʃaild]

359 ⑲ children [tʃíldrən]　⑳ they (그들은, 그들이) — them (그들을, 그들에게) — their (그들의)

360 ㉑ but [bʌt]　㉒ call [kɔːl]

361 ㉓ he (그는, 그가) — him (그를, 그에게) — his (그의)　㉔ state [steit]　㉕ university [jùːnəvə́ːrsiti]

362 ㉖ Who's the man in the picture?

363 ㉗ Who's the woman in the picture?

364 ㉘ Is her husband a lawyer?

365 ㉙ He's an American businessman.

366 ㉚ He's a white dog with a black spot.

367 ㉛ What's the Dawsons' address?

368 ㉜ Mr. and Mrs. Dawson have two children, a son and a daughter.

369 ㉝ They call him Bill.

370 ㉞ He's twenty years old.

371 ㉟ Bill is living at the university now.

★ 복습을 잊지 마세요.

잔소리　〈복습문제〉를 하면 정말 진짜 실력이 붙는다. 〈복습문제〉 연습이 가장 좋은 복습이다.
〈복습문제〉 연습을 하면 해석, 작문, 회화, 발음, 단어, 문법 등 온갖 영어 실력이 한꺼번에 다 붙는다. 이것을 정말 진심으로 깨닫고 있습니까?

♣ 서투른 발음이지만 막 소리를 내면서 읽으세요. 중국 사람들이 서투른 한국말을 하면 좀 귀엽고 재미있는 감이 나지요? 그러면서도 대강은 무슨 말인지 알아들을 수가 있지요? 영어도 그렇습니다. 그 사람들과 오래 접촉해 가면 자연히 유창하게 말할 수 있게 됩니다. 발음이 틀리지 않았나, 문법은 틀리지 않았나, 걱정할 필요가 없어요. 막 손짓 발짓을 섞어가면서 대담하게 하면 됩니다.

복습문제

※ 〈암기〉와 일부러 중복시켜서 반복 연습 시킵니다.

(1) 그림 속에 있는 남자는 누구입니까? — 그분은 Robert Dawson씨입니다. 그는 미국인입니다.
(2) 그림 속에 있는 부인은 누구입니까? — 그분은 Helen Dawson입니다.
(3) 그녀는 Dawson씨의 누이(동생)입니까? — 아니오, 그녀는 그의 아내입니다. 그녀는 Robert Dawson 부인입니다.
(4) 그녀의 남편은 변호사입니까? — 아니오, 그분은 미국 사업가입니다.
(5) 그 개의 이름은 무엇입니까? — Spot입니다. 그것은 검은 반점을 가진 하얀 개입니다.
(6) Dawson씨 집 사람들의 주소는 어디입니까? — 13번가 756번지입니다.
(7) Dawson 부부는 아들 딸인 두 아이들을 가지고 있습니다.
(8) 그들의 아들의 이름은 William인데 사람들은 그를 Bill이라고 부릅니다. 그의 친구들도 역시 그를 Bill이라고 부릅니다.
(9) 그는 20살입니다. 그리고 그는 주립 대학에 다닙니다.
(10) Ann은 그들의 딸입니다. 그녀는 17살입니다. 그리고 그녀는 고등학교에 다닙니다.
(11) Ann은 집에 삽니다만 Bill은 지금 대학에 살고 있습니다.

Lesson 07 From City to Suburb

(1) Do the Dawsons live in the city? — Yes, they do. They live on Thirteenth Street.
(2) They live at 756 Thirteenth Street.
(3) Do they own their home? — No, they don't. They're renting their house now.
(4) But they're going to buy a house very soon.
(5) Are they going to buy a house in the city? — No, they aren't. They prefer to live in a suburb.
(6) Why? Is a suburb quieter? — Yes, it is. They also like the new house in the suburbs.
(7) When are they going to move? — They're going to move next month.
(8) Does Mrs. Dawson have a maid? — No, she doesn't. She does her own housework.
(9) Does Ann help her mother? — Yes, she does. She helps her a little every day.
(10) Who does the shopping for the family? — Mrs. Dawson does. She usually shops at the supermarket.
(11) Her husband sometimes goes with her on Sundays.

(12) Does Mr. Dawson take care of the yard? — Yes, he does. He takes care of the lawn and the garden.

(13) He has to cut the grass every week in the summer.

(14) Mrs. Dawson gets the meals, she cleans the house, and she washes and irons the clothes.

(15) Maids are very expensive in the United States.

(16) American women usually have to do their own housework and take care of their children.

잔소리 이 과에는 좀 어려운 단어가 많아서 고생하실 것입니다.
한참 생각하다가 〔정답과 설명〕에 정리된 단어를 보세요. 이것을 완전히 암기한 다음에 다시 본문을 보면서 혼자서 뜻을 곰곰이 생각해 보세요. 그래도 안 되면 답을 보세요. 한 문장을 한 과로 삼고, 천천히 하시면 됩니다.

정답과 설명

(1) Dawson씨 집 사람들은 도시에 살고 있습니까? — 예, 그렇습니다. 그들은 13번가에 삽니다.
「시, 도시」 city [síti]
▲ the Dawsons → ~씨 집 = the + 사람이름(복수)
▲ street에는 on을 쓰는 것에 주의하세요.

(2) 그들은 13번가 756번지에 삽니다.
▲ 번지에는 at을 쓰는 것에 주의하세요.

(3) 그들은 그들의 집을 소유하고 있습니까? — 아니오, 그렇지 않습니다. 그들은 지금 그들의 집을 세로 빌리고 있습니다.
「소유하다」 own [oun]
「(세 내고) 빌리다」 rent [rent]

(4) 그러나 그들은 바로 곧 집을 사려고 합니다.
▲ home은 내면적으로 본 「가정」을 말하고, house는 외면적으로 본 「건물」을 말함이 원칙입니다. 여기의 home은 own이란 말도 있으므로 house가 올바른 표현이지만 이와 같이 「집」이라고 하면 home, house 차별 없이 쓰는 수도 있습니다.
「사다」 buy [bai]
「대단히」 very [véri]
「곧, 얼마 안 가서」 soon [su:n]
▲ He is going to see Mary. = He will see Mary.
be going to + 동사원형 「~하려고 하다」
따라서 위 문장의 뜻은 「그는 Mary를 만나려고 한다.」
【응용연습1】「그는 그 책을 읽으려고 합니다.」 He is going to read the book.
【응용연습2】「그는 영어를 공부하려고 한다.」 He is going to study English.
▲ 자, 본문을 보고 — 문장의 뜻을 생각해 보세요.

(5) 그들은 시내에 집을 사려고 합니까? — 아니오, 그렇지 않습니다. 그들은 오히려 교외에 사는 것을 좋아합니다.

「오히려 ~을 좋아하다(취하다)」 prefer [prifə́ːr]

「교외」 suburb [sʌ́bəːrb]

▲ I like to study English. 무슨 뜻일까요?

to + 동사원형 = 부정사 : 〔to + 동사원형〕을 부정사라고 하는데 참 중요합니다. 여러 가지 용법이 있으나 그 중의 한 가지 용법은 「~것」이란 뜻입니다.

to read 「읽는 것」, to eat 「먹는 것」, to see 「보는 것」

그래서 I like **to study** English는 「나는 영어 **공부하는 것**을 좋아한다.」

【응용연습 1】「나는 나의 집을 파는 것을 원합니다.」 (다음을 빨리 가리고 혼자 해보세요.)

「팔다」 sell [sel]   「원하다」 want [wɔ(ː)nt]

【응용연습 답】 I want to sell my house.

【응용연습 2】「나는 당신과 함께 가기를 원합니다.」 (아래를 가리고 혼자 해보세요.)

【응용연습 답】 I want to go with you.

▲ 자, 본문을 보고 전체의 뜻이 무엇인가 생각해 보세요.

▲ They are going to buy … 「그들은 ~을 사려고 한다.」 이것을 의문으로 하면
Are they going to buy …?

▲ They aren't는 They aren't (going to buy the house in the city).에서 (　) 안을 생략한 것입니다. 「그들은 시내에 집을 사려고 하지 않습니다.」

(6) 왜요? 교외는 더 조용합니까? — 예, 그렇습니다. 그들은 또한 교외의 새 집을 좋아합니다.

「조용한」 quiet [kwáiət]

「더 조용한」 quieter [kwáiətər]

「새로운」 new [n(j)uː]

▲ 본문을 보고, 전체의 뜻을 먼저 생각하세요.

▲ Why (do they prefer to live in a suburb)? → (　) 안이 생략.

(7) 그들은 언제 이사를 하려고 합니까? — 그들은 다음 달에 이사하려고 합니다.

「이사하다, 움직이다」 move [muːv]

(8) Dawson씨 부인은 하녀를 가지고 있습니까? (Dawson씨 부인에게는 하녀가 있습니까?) — 아니오, 가지고 있지 않습니다. 그녀는 자기 자신의 집안 일을 합니다. (집안 일을 직접 합니다.)

「하녀, 가사 도우미」 maid [meid]

「소유하다」「자기 자신의」 own [oun]

「집안 일」 housework [háus wəːrk]

▲ Does he do his best? — Yes, he does his best.

「최선」 best [best]

같은 does인데 용법이 다르니 생각해 보세요.

(a) He **does** his best. 「그는 그의 최선을 다한다.」

(b) You **do** your best. 「당신은 당신의 최선을 다한다.」

여기의 do, does는 「~하다」라는 뜻의 **본동사**입니다.

그러면 You go to school.을 의문문으로 하면? → Do you go to school?

그런데 You do your best.를 의문문으로 하면? → **Do** you *do* your best?

알겠어요?

그런데 He does his best. → **Does** he *do* his best?

가운데 있는 do, does는 「~하다」는 뜻인 동사입니다.

앞에 있는 Do, Does는 의문문을 만드는 동사를 도와준다는 의미에서 **조동사**라 하는데 「~하다」라는 뜻이 아니고 아무 뜻이 없습니다.

즉, You go to school.을 부정문으로 하면 → You **don't go** to school.
그런데 You do your best.를 부정문으로 하면 → You **don't do** you best.
그러면 He goes to school.을 부정문으로 하면 → He **doesn't go** to school.
그런데 He does his best. → He **doesn't do** his best.
▲ 그러면 She does her own housework.는 알겠고 이것을 의문문과 부정문으로 하면?
Does she *do* her own housework?
She **doesn't** *do* her own housework.
▲ 자, 그러면 본문을 보고 전체의 뜻을 생각해 보세요.

[9] Ann은 그녀의 어머니를 도와드립니까? — 예, 그렇습니다. 그녀(Ann)는 그녀(her = 어머니)를 매일 좀 도와드립니다.

「도와주다」 help [help]
「좀, 조금」 a little
「매일」 every day [évri dei]
▲ I can speak English a little. 「나는 영어를 좀 말할 수 있다.」
I've a little money. 「나는 돈을 좀(조금) 가지고 있다.」
▲ 자, 그러면 본문을 보세요. 전체의 뜻이 무엇인가 생각해 보세요.

[10] 누가 가족을 위해서 장을 봅니까(쇼핑을 합니까)? — Dawson 부인이 봅니다. 그녀는 보통 슈퍼마켓에서 물건을 삽니다.

「장보기, 쇼핑」 shopping [ʃápiŋ]
「~을 위하여」 for [fɔːr]
「대개, 보통은」 usually [júːʒuəli]
「물건을 사다, 가게(상점)」 shop [ʃap]
「슈퍼마켓」 supermarket [súːpərmɑːrkit]
▲ Mrs. Dawson does the shopping …?에서 쇼핑하는 사람이 누구인지 몰라서 물어보려면 Mrs. Dawson 대신 Who를 써서 Who? 그 다음에는 의문사가 주어인 경우에 나머지를 그대로 쓰므로 → Who does the shopping?

[11] 그녀의 남편은 일요일에 때때로 그녀와 함께 갑니다.

「때때로, 가끔」 sometimes [sʌ́mtàimz / səmtáimz]

[12] Dawson씨는 마당을 돌보십니까? — 예, 그렇습니다. 그는 잔디와 정원을 돌봅니다.

「~을 돌보다」 take care of
▲ She takes care of the child. 「그녀는 그 어린이를 돌본다.」
「마당, 뜰」 yard [jɑːrd]
「잔디」 lawn [lɔːn]
「정원」 garden [gɑ́ːrdn]

[13] 그는 여름에는 매주 풀을 베어야만 합니다.

▲ have to는 「~해야만 한다」 = must
You **have to** go there. = You **must** go there. 「당신은 거기에 가야만 한다.」
「베다, 자르다」 cut [kʌt]
「풀, 목초」 grass [græs / grɑːs]
「매주」 every week [évri wiːk]
「여름」 summer [sʌ́mər]

[14] Dawson 부인은 식사를 준비하고, 집을 청소하고, 그리고 옷을 세탁하고 다리미질을 합니다.

「차리다(준비하다), 얻다」 get [get]
「식사」 meal [miːl]
「청소하다, 깨끗이 하다」 clean [kliːn]
「세탁하다, 씻다」 wash [waʃ / wɔːʃ]

「다리미질하다, 다리미, 쇠」 iron [áiərn]
「옷」 clothes [klouðz]
▲ She washes the clothes. 「그녀는 옷을 세탁한다.」
　She irons the clothes. 「그녀는 옷을 다리미질한다.」
　She {washes and irons} the clothes. 이와 같이 동사가 둘로 되어있고 the clothes는 두 동사를 공통적으로 받고 있습니다.

[15] 미국에서는 가사 도우미가 대단히 비쌉니다. (하녀를 부리는 것은 대단히 경비가 많이 듭니다.)

「비용이 드는, 값 비싼」 expensive [ikspénsiv]
「미국(미합중국)」 the United States ＝ America
the United States of America가 정식인데 생략한 것입니다. 때로는 간단히 the States라고도 합니다.

[16] 미국 부인들은 보통 직접 그들 자신의 집안 일을 해야 하며, 그들의 아이들을 돌보아야만 합니다.

「부인들」 women [wímin] (woman의 복수)
▲ take care of는 have to에 연결되는 것에 주의하세요.

암기문제

답을 흰 종이로 가리고
▲ 다시는 잊지 않겠다고 결심하면서,
▲ 쓸 줄도 알아야 합니다.

☐☐ 372. ① 시(市)　　② 소유하다　　③ 세내고 빌리다
☐☐ 373. ④ 사다　　⑤ 곧　　⑥ 오히려 ~을 좋아하다
☐☐ 374. ⑦ 교외　　⑧ 팔다　　⑨ 원하다
☐☐ 375. ⑩ 더 많이　　⑪ 조용한　　⑫ 새로운
☐☐ 376. ⑬ 이사하다　　⑭ 하녀　　⑮ 집안 일
☐☐ 377. ⑯ 최선　　⑰ 도와주다　　⑱ 좀
☐☐ 378. ⑲ 장보기, 쇼핑　　⑳ ~을 위하여　　㉑ 늘, 보통은
☐☐ 379. ㉒ 물건을 사다　　㉓ ~을 돌보다　　㉔ 마당
☐☐ 380. ㉕ 때때로　　㉖ 잔디　　㉗ 정원
☐☐ 381. ㉘ ~해야만 한다 (두 가지로)
☐☐ 382. ㉙ 베다　　㉚ 풀　　㉛ 매주
☐☐ 383. ㉜ 여름　　㉝ 얻다, 준비하다　　㉞ 식사
☐☐ 384. ㉟ 청소하다　　㊱ 세탁하다　　㊲ 옷
☐☐ 385. ㊳ 다리미질 하다　　㊴ 비용이 드는　　㊵ 여자, 부인 (복수)
☐☐ 386. ㊶ 미국 (네 가지로)
☐☐ 387. ㊷ 그들은 13번가에 삽니다.
☐☐ 388. ㊸ 그들은 13번가 756번지에 삽니다.
☐☐ 389. ㊹ 그들은 지금 그들의 집을 세로 빌리고 있습니다.
☐☐ 390. ㊺ 그들은 바로 곧 집을 사려고 합니다.
☐☐ 391. ㊻ 그들은 시내에 집을 사려고 합니까?
☐☐ 392. ㊼ 그들은 오히려 교외에 사는 것을 좋아합니다.

☐☐ 393. ㊽ 교외는 더 조용합니까?
☐☐ 394. ㊾ 그들은 또한 교외의 새 집을 좋아합니다.
☐☐ 395. ㊿ 그들은 언제 이사하려고 합니까?
☐☐ 396. ㊿① 그들은 다음 달에 이사하려고 합니다.
☐☐ 397. ㊿② 그녀는 그녀 자신의 집안 일을 직접 합니다.
☐☐ 398. ㊿③ 그녀는 그녀(어머니)를 매일 좀 도와 드립니다.
☐☐ 399. ㊿④ 누가 그 가족을 위하여 장을 봅니까(쇼핑을 합니까)?
☐☐ 400. ㊿⑤ 그녀는 보통 슈퍼마켓에서 물건을 삽니다.
☐☐ 401. ㊿⑥ 그녀의 남편은 일요일에 때때로 그녀와 함께 갑니다.
☐☐ 402. ㊿⑦ Dawson씨는 마당을 돌보십니까?
☐☐ 403. ㊿⑧ 그는 잔디와 정원을 돌봅니다.
☐☐ 404. ㊿⑨ 그는 여름에는 매주 풀을 베어야만 합니다.
☐☐ 405. ⓺⓪ Dawson 부인은 식사를 차립니다.
☐☐ 406. ⓺① 그녀는 그 집을 청소합니다.
☐☐ 407. ⓺② 그녀는 옷을 빨고 다리미질 합니다.
☐☐ 408. ⓺③ 미국에서는 하녀가 대단히 값비쌉니다.
☐☐ 409. ⓺④ 미국 부인들은 보통 직접 그들 자신의 집안 일을 해야만 합니다.
☐☐ 410. ⓺⑤ 그들은 그들의 아이들을 돌보아야만 합니다.

암기 답

372 ① city [síti]   ② own [oun]   ③ rent [rent]
373 ④ buy [bai]   ⑤ soon [suːn]   ⑥ prefer [prifə́ːr]
374 ⑦ suburb [sʌ́bəːrb]   ⑧ sell [sel]   ⑨ want [wɔ(ː)nt]
375 ⑩ more [mɔːr]   ⑪ quiet [kwáiət]   ⑫ new [njuː]
376 ⑬ move [muːv]   ⑭ maid [meid]   ⑮ housework [háus wəːrk]
377 ⑯ best [best]   ⑰ help [help]   ⑱ a little [ə lítl]
378 ⑲ shopping [ʃápiŋ]   ⑳ for [fɔːr]   ㉑ usually [júːʒuəli]
379 ㉒ shop [ʃap]   ㉓ take care of   ㉔ yard [jɑːrd]
380 ㉕ sometimes [sʌ́mtàimz] ㉖ lawn [lɔːn]   ㉗ garden [gáːrdn]
381 ㉘ have to = must
382 ㉙ cut [kʌt]   ㉚ grass [græs]   ㉛ every week
383 ㉜ summer [sʌ́mər]   ㉝ get [get]   ㉞ meal [miːl]

384 ㉟ clean [kliːn] ㊱ wash [waʃ] ㊲ clothes [klouðz]

385 ㊳ iron [áiərn] ㊴ expensive [ikspénsiv] ㊵ women [wímin]

386 ㊶ the United States of America = the United States = the States = America

387 ㊷ They live on the Thirteenth Street.

388 ㊸ They live at 756 Thirteenth Street.

389 ㊹ They're renting their house now.

390 ㊺ They're going to buy a house very soon.

391 ㊻ Are they going to buy a house in the city?

392 ㊼ They prefer to live in a suburb.

393 ㊽ Is a suburb quieter?

394 ㊾ They also like the new house in the suburbs.

395 ㊿ When are they going to move?

396 (51) They're going to move next month.

397 (52) She does her own housework.

398 (53) She helps her a little every day.

399 (54) Who does the shopping for the family?

400 (55) She usually shops at the supermarket.

401 (56) Her husband sometimes goes with her on Sundays.

402 (57) Does Mr. Dawson take care of the yard?

403 (58) He takes care of the lawn and the garden.

404 (59) He has to cut the grass every week in the summer.

405 (60) Mrs. Dawson gets the meals.

406 (61) She cleans the house.

407 (62) She washes and irons the clothes.

408 (63) Maids are very expensive in the United States.

409 (64) American women usually have to do their own housework.

410 (65) They have to care of their children.

★ 복습을 잊지 마세요.
다음 과부터는 그림 공부를 하게 됩니다.

Lesson 08 A Hat and Wind

지금부터는 그림을 통해서 산 영어를 공부해 갑니다.

L. A. Richards: Basic English 중에서 재미 있는 것을 뽑아서 강의해 나가겠습니다. 싱거울 정도로 너무 쉽다고 느끼시는 분이 있다면 지금까지 열심히 공부해서 실력이 붙은 증거이니 기뻐하세요. 그러나 눈으로만 보고 읽어서 쉽다고 느끼는 것이지 입으로는 결코 잘 나오지 않는 것이 영어의 특성입니다. 다 공을 쌓아야 되는 법입니다. 복습문제를 보고 소리를 내면서 수십 번 연습을 거듭하셔야 합니다.

(1)
Who's this?
He's John Smith.
His name is John Smith.
Where is John Smith?
He's at the door of his house.

(2)
He has his hands in his pocket.

(3)
He's taking a key from his pocket.

(4)
This is a key.

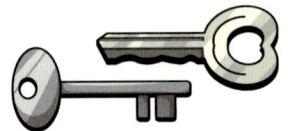

These are keys.

(5)

He'll put the key in the lock of the door.

(6)

He's putting the key in the lock.

(7)

He's giving a turn to the key.

(8)

He's giving a push to the door.
The door is open now.

(9)

John took the key from the lock.
He's putting it in his pocket.
He'll go into his house.

(10)

He's going into the house.

(11)
He went into the house.
He's in the house.
The door is shut.

(12)
This is a room in the house.
Is John in the room? — No, he isn't.
He'll come into the room.

(13)
He's coming into the room.
He'll go to the table.

(14)
Mr. Smith came into the room.
He went to the table.

(15)
Is Mrs. Smith in the room?
— No, she isn't.

(16) She's in the house but she isn't in the room.
She's in another room in the house.

(17) Who is this?
This is Mary Smith.
She's Mrs. Smith.
Her name is Mary Smith.

(18)
This is one of the doors of the room.
This is the other door.

(19)
This is one of the windows of the room.
And this is another window.
This is another window, too.
One window is open.
The other windows are shut.

(20)
Mrs. Smith isn't in the room.
She went out of the room.

(21)
Mr. Smith is in the room.
He came into the room.
He came through this door.

(22)
Mr. Smith is putting his hat on the table.
He'll go out of the room through this door.

(23)
He put his hat on the table.
It's on the table now.
He went out of the room through this door.

(24)
Mary is coming into the room.
What will she see?

(25)
She's going to the table.
She sees a hat on the table.
She saw it after she went to the table.

(26)
Whose hat is this?
Isn't this John's hat?

(27)
Why, it's John's hat.
Where is John?
I'll put it on the hook.

(28)
She'll take the hat in her hands.
She's taking it now.

(29)
She took it in her hand.
She has the hat in her hand.
She's going out of the room.

(30)
The hat was on the table.
She took it off the table.

She went out of the room with John's hat.

(31) She's in another room now. She came into this room through this door.

(32) What are these?

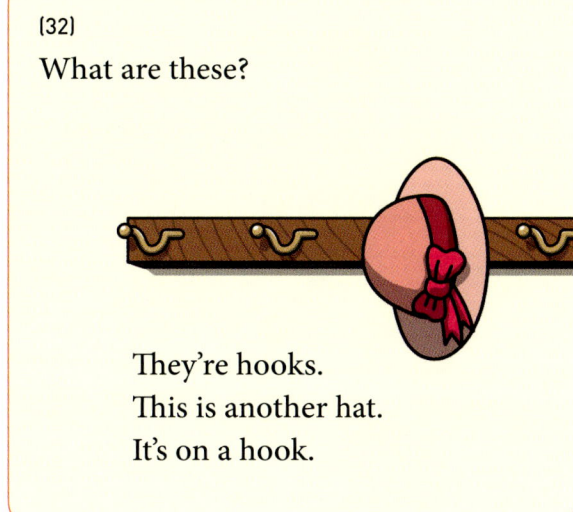

They're hooks.
This is another hat.
It's on a hook.

(33) She'll put John's hat on a hook.
She's putting the hat on one of the hooks.

(34) She put it on the hook.

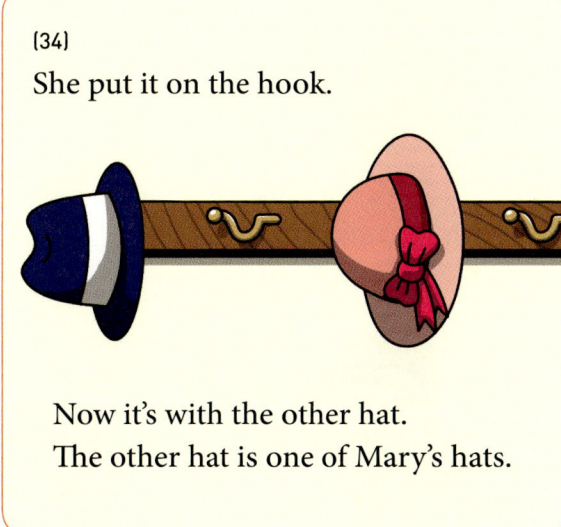

Now it's with the other hat.
The other hat is one of Mary's hats.

(35) John is coming into the room again.

He had a shower bath.

(36) He came into the room.

The hat isn't on the table.

(37)
He's saying, "Where is my hat? I put it on the table."

(38)
Where is my hat?
It's not on my head.
It isn't here.
I lost my hat.

(39)
Mary, where are you?

(40)
"Here I am." says Mary.

She's coming into the room.

(41)
Where is my hat? I put it on the table.

(42)
I put it on a hook there.

(43)
John says, "I'll get my hat."

(44)
He's taking his hat off the hook.

(45) He came into the room again with the hat in his hand.

(46) He's giving the hat to Mary.

(47) Look! What's in the hat?

(48) What's she taking from the hat? It's money.

(49) One hundred dollars. Oh! John! Where did you get it?

(50) I was on the street. I was coming here.

(51) The wind came. It took off my hat.

(52)
I went after my hat.

(53)
When I took it up, there was this money.

(54)
The money was under the hat.

The hat was over the money.

(55)
The wind came.
The hat went up.

When the wind came, my hat went up.

(56)
The hat came down again.

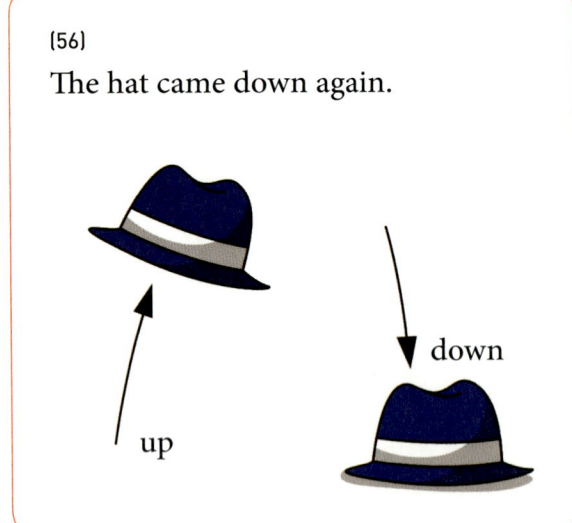

(57)
The hat was over the money.
The money was under the hat.

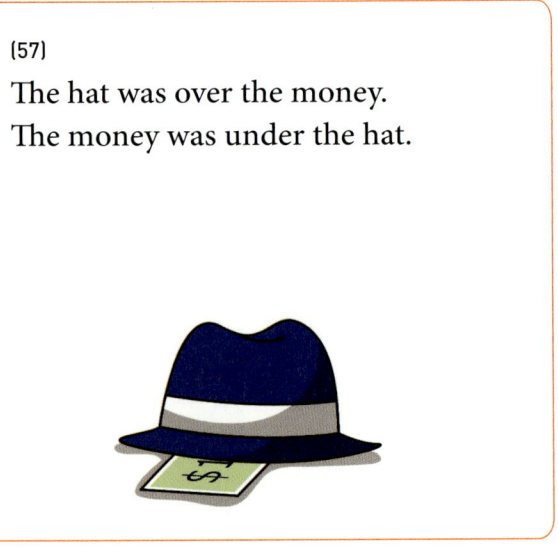

정답과 설명

(1) 이분은 누구입니까?

그는 John Smith입니다.

그의 이름은 John Smith입니다.

John Smith는 어디에 있습니까?

그는 그의 집의 (현관)문에 있습니다.

▲ door의 뜻은 「문」인데 「출입구」 「현관」이란 뜻도 있습니다. at은 좁은 장소에, in은 넓은 장소에 쓰는 것이 원칙입니다.

▲ 여기의 at는 어느 장소의 한 지점을 말합니다. at the door를 한 뭉치로 합쳐서 기억해 둡니다.

(2) 그는 그의 손을 주머니 안에 넣고 있습니다.

「손」 hand [hænd]

「주머니」 pocket [pákit]

▲ has는 「가지다」가 원래 뜻이지만 have(has) ~ in ... 「...안에 ~을 넣고 있다」(상태)

(3) 그는 그의 주머니로부터 열쇠를 꺼내고 있는 중입니다.

「잡다, 쥐다」 take [teik]

「열쇠」 key [kiː]

「...으로부터 ~을 꺼내다」 take ~ from ...

(4) 이것은 열쇠입니다.

이것들은 열쇠들입니다.

(5) 그는 열쇠를 그 문의 열쇠 구멍에 넣을 것입니다.

He'll = He will 「~할 것이다」

「두다」 put [put]

「...안에 ~을 넣다」(동작) put ~ in ...

(6) 그는 열쇠를 열쇠 구멍에 넣고 있는 중입니다.

(7) 그는 열쇠를 돌리고 있는 중입니다.

「주다」 give [giv]

「회전, 돌림, 돌리다」 turn [təːrn]

▲ 글자 그대로 번역(직역)하면 「그는 열쇠에 회전을 주고 있는 중입니다.」인데 뜻이 통하도록 의역하면 「그는 열쇠를 돌리고 있는 중입니다.」가 됩니다.

He's giving a turn to the key. = He's turning the key.

(8) 그는 문을 밀고 있는 중입니다.

그 문은 지금 열려 있습니다.

「밀기, 밀다」 push [puʃ]

「열려 있는」 open [óupən]

▲ 「그는 그 문에 밀기를 주고 있는 중이다.」가 직역인데 의역은 「그는 그 문을 밀고 있는 중입니다.」

He's giving a push to the door. = He's pushing the door.

(9) John은 열쇠를 열쇠 구멍으로부터 꺼냈습니다.

그는 그것(열쇠)을 주머니 안에 넣고 있는 중입니다.

그는 그의 집 안으로 들어갈 것입니다.

「잡았다, 쥐었다」 took [tuk] (take의 과거) (take-took-taken)

「~의 안으로」 into [íntu]

Lesson 08 165

[10] 그는 집 안으로 들어가고 있는 중입니다.

[11] 그는 집 안으로 들어 갔습니다.

그는 집 안에 있습니다.

문은 닫혀 있습니다.

「갔다」 went [went] (go의 과거) (go-went-gone)

「닫힌, 닫다」 shut [ʃʌt]

[12] 이것은 그 집 안에 있는 방입니다.

John은 그 방 안에 있습니까? — 아니오, 없습니다.

그는 그 방 안에 들어올 것입니다.

「방」 room [ru(ː)m]

[13] 그는 방 안으로 들어오고 있는 중입니다.

그는 탁자가 있는 곳으로 갈 것입니다.

[14] Smith씨는 방 안으로 들어 왔습니다.

그는 탁자가 있는 곳으로 갔습니다.

「왔다」 came [keim] (come의 과거) (come-came-come)

[15] Smith 부인은 그 방 안에 있습니까? — 아니오, 없습니다.

[16] 그녀는 그 집 안에는 있으나 그 방 안에는 없습니다.

그녀는 그 집의 다른 방에 있습니다.

「또 하나의, 다른」 another [ənʌ́ðər]

[17] 이분은 누구입니까?

이분은 Mary Smith입니다.

그녀는 Smith 부인입니다.

그녀의 이름은 Mary Smith입니다.

[18] 이것은 그 방의 문들 중의 하나입니다.

이것은 다른 문입니다.

▲ one (*of the doors*) (of the room)
one이 주인이고 of the doors는 one을 설명합니다. 즉 「(그 문들 중의) 하나」
그리고 of the room은 앞의 doors를 설명합니다. 즉 「(그 방의) 문들」
이런 경우는 뒤로부터 쭉 올려 번역합니다. 즉 **그 방의 문들 중의 하나**

[19] 이것은 그 방의 창문 중의 하나입니다.

그리고 이것은 또 하나의 다른 창문입니다.

이것도 역시(too) 또 하나의 다른 창문입니다.

하나의 창문이 열려 있습니다. (셋 이상 중의 하나)

다른 창문들은 닫혀 있습니다. (셋 이상 중에서 하나를 빼고 남은 전부)

「창」 window [wíndou]

「다른」 other [ʌ́ðər]

▲ 먼저 배운 another도 「또 하나의, 다른」이라는 뜻이기 때문에 other와 another는 서로 아주 혼동하기가 쉬우므로 이를 철저히 구분해서 배우는 것이 중요합니다.

another와 other

(a) **another** = **an과 other**를 합친 말입니다. 일정치 못한 다른 한 개를 말합니다.
another의 복수는 'others'입니다. 즉 일정치 못한 다른 두 개 이상을 말합니다.

(b) **the other** = **두 개** 중에서 하나를 **one**이라 하고 나머지 하나를 **the other**라고 합니다. 즉 the other는 일정한 다른 한 개를 말합니다.

(c) **the others** = **셋 이상**이 있어서 그 중의 하나를 **one**이라 하고 나머지 전부를 **the others**라고 합니다. 즉 the others는 일정한 다른 두 개 이상을 말합니다.

이상 원칙을 다섯 번 가량 읽은 후에 다음 예를 보면서 다시 생각해 보세요.

① 어떤 부인이 파라솔을 사려고 백화점에 갔습니다. 점원이 보여준 것이 마음에 안 들어서 「다른 것(단수)을 보여 주세요.」 할 때에 위의 (a)(b)(c) 중 어느 것이 맞을까요?
Show me _____.
→ 다른 어느 것인지 일정치 못하므로 another를 써야 합니다.
「다른 것들을 보여주세요.」하면 역시 일정치 못한 다른 두 개 이상이므로
Show me others.
「보여주다」show [ʃou]   「파라솔, 양산」parasol [pǽrəsɔ̀:l]
▲ Show me another parasol.
▲ Show me other parasols.
이와 같이 another나 other 다음에 물건이나 사람이 올 때가 있는데 그때는 'others'의 's'는 그 다음 단어(위에서는 parasols)로 옮겨갑니다.

② There are two boys in the room.
_____ is John. _____ is Jack.
위의 (a)(b)(c) 중 어느 것을 넣을까요?
(b)를 보세요.
→ One is John. The other is Jack.
▲ One boy is John. The other boy is Jack.
이와 같이 one이나 the other 다음에 boy나 book 같은 말이 올 때도 있습니다.

③ There are three books on the desk.
_____ is mine. _____ are my father's.
위의 (a)(b)(c) 중에서 어느 것을 넣을 것인지 잘 생각해 보세요.
(c)를 읽어보세요.
→ One is mine. The others are my father's.
▲ One book is mine. The other books are my father's.

응용연습   another – other

1. 「방 안에 창문이 네 개가 있다. 하나는 닫혀 있고 나머지는 열려 있다.」
2. 「방 안에 창문이 둘 있다. 하나는 열려 있고 나머지 하나는 닫혀 있다.」
3. There are many books on the desk. 「책상 위에 많은 책들이 있습니다.」
He's reading one of them, now. 「그는 지금 그 중의 하나를 읽고 있는 중입니다.」

> ① 「그는 내일 다른 책(한 권)을 읽을 것입니다.」
> ② 「그는 다음에 다른 책들을 읽을 것입니다.」
> 　「다음에」 next time
> ③ 「그 중 두 권은 재미가 있으나 다른 것들은 재미가 없습니다.」
> 　「재미있는」 interesting [íntərestiŋ]
> ▲ 앞 페이지에 있는 원칙 (a)(b)(c)를 또 읽은 후 다른 종이에 답을 써보세요. 그리고 난 다음에 답과 대조해 보세요. 공부는 될 수 있는 한 자기 힘으로 해야지 남의 힘에 의지하는 공부는 10년을 해도 헛수고입니다.
>
> ----
>
> 답 1. There are four windows in the room. One is shut, and the others are open. (원칙 (c))
> 　2. There are two windows in the room. One is open, and the other is shut. (원칙 (b))
> 　3. ① He'll read another (book) tomorrow. (원칙 (a))
> 　　② He'll read others (또는 other books) next time. (원칙 (a))
> 　　③ Two of them are interesting, but the others (또는 the other books) are not (interesting). (원칙 (c))
> 　　　▲ of 다음에는 they, their는 못 두고 반드시 목적격 them을 둡니다.

[20] Smith 부인은 그 방 안에 없습니다.

그녀는 방 밖으로 나갔습니다.

「밖으로」 out of
He came into the room. 「그는 방 안으로 들어 왔다.」
He went out of the room. 「그는 방 밖으로 나갔다.」

[21] Smith씨는 그 방 안에 있습니다.

그는 방 안에 들어 왔습니다.

그는 이 문을 통해서(지나서) 왔습니다.

「~을 지나, ~을 통하여」 through [θruː]

[22] Smith씨는 그의 모자를 탁자 위에 놓고 있는 중입니다.

그는 이 문을 통해(지나서) 그 방 밖으로 나갈 것입니다.

「(테가 있는) 모자」 hat [hæt]
「(테가 없는) 모자」 cap [kæp]

[23] 그는 그의 모자를 탁자 위에 놓았습니다.

그것은 지금 탁자 위에 있습니다.

그는 이 문을 지나서 방 밖으로 나갔습니다.

▲ He put his hat ...의 put은 왜 puts로 하지 않았을까요? put은 현재, 과거 다 같은 형을 씁니다. 여기에서는 「두었다」라는 과거의 뜻으로 썼기 때문에 's'를 안 붙였습니다. 's'를 붙이는 것은 **「3인칭, 단수, 현재」**라야 되고, 과거에는 사용할 수 없습니다.

[24] Mary는 방 안으로 들어오고 있는 중입니다.

그녀는 무엇을 볼 것인가요?

「보다」 see [siː]

[25] 그녀는 탁자로 가고 있는 중입니다.

그녀는 탁자 위에 있는 모자를 봅니다.

그녀는 탁자로 간 후에 그것을 보았습니다.

「보았다」 saw [sɔː] (see의 과거) (see-saw-seen)

[26] 이것은 누구의 모자일까?

이것은 John의 모자가 아닙니까?

[27] 어머나, John의 모자이군요!

John은 어디에 있을까?

나는 그것을 모자 걸이에 걸 것입니다.

▲ why가 「왜」라는 뜻이라는 건 배웠는데 여기에서는 다른 뜻입니다. 무엇일까요? → 「어머나」「저런」
「모자 걸이, 갈고리」 hook [huk]

[28] 그녀는 그 모자를 그녀의 손 안에 쥘 것입니다.

그녀는 지금 그것을 집고 있는 중입니다.

[29] 그녀는 그것을 그녀의 손 안에 쥐었습니다.

그녀는 그 모자를 그녀의 손 안에 가지고 있습니다.

그녀는 방 밖으로 나가고 있는 중입니다.

[30] 그 모자는 탁자 위에 있었습니다.

그녀는 그것을 탁자로부터 집었습니다.

그녀는 John의 모자를 가지고 그 방 밖으로 나갔습니다.

「~에서 떨어져서, ~으로부터」 off [ɔːf/ɔf]

▲ (9) John took the key **from** the lock. 「John은 열쇠 구멍**으로부터** 열쇠를 꺼냈습니다.」
(30) She took the hat **off** the table. 「그녀는 탁자**로부터** 그 모자를 집었습니다.」
같은 「~로부터」인데 왜 from, off로 되는지 의문이 가는 분이 있다면 그분은 학문을 할 소질이 충분한 분인데 다음의 예문을 보면 이해가 쉽습니다.
The key is **in** the lock. (↔ from)
The hat is **on** the table. (↔ off)
in의 장소를 벗어나서 「~로부터」가 되면 'from'이고 on의 장소를 벗어나서 「~로부터」가 될 때는 'off'를 쓴다고 알아두면 됩니다.

[31] 그녀는 지금 다른 방에 있습니다.

그녀는 이 문을 지나서 이 방 안으로 들어 왔습니다.

[32] 이것들은 무엇입니까?

그것들은 모자 걸이들입니다.

이것은 또 다른 모자입니다.

그것은 모자 걸이 위에 있습니다. (걸려 있습니다.)

[33] 그녀는 John의 모자를 모자 걸이에 걸 것입니다.

그녀는 그 모자를 모자 걸이 중의 하나에 걸고 있는 중입니다.

[34] 그녀는 그것을 모자 걸이에 걸었습니다.

이제 그것은 다른 모자와 함께 있습니다. (걸려 있습니다.)

그 다른 모자는 Mary의 모자 중의 하나입니다.

[35] John은 또 다시 그 방 안으로 들어오고 있는 중입니다.

그는 샤워를 했습니다.

「다시, 또」 again [əgén]
「샤워, 소나기」 shower [ʃáuər]
「목욕, 목욕탕」 bath [bæθ/bɑːθ]
「샤워를 하다」 have(take) a shower

[36] 그는 그 방 안으로 들어 왔습니다.
모자가 탁자 위에 없습니다.

[37] 그는 "내 모자는 어디에 있지? 나는 그것을 탁자 위에 두었는데."라고 말하고 있는 중입니다.

「말하다」 say [sei]
▲ He says, "I'm happy."
" "을 Quotation Mark (따옴표)라 해서 그 사람이 말한 그대로를 " " 내에 둡니다.
He says, "I'm happy." 「그는 "나는 행복하다"고 말한다.」
= "I'm happy." says he.로 하기도 합니다.
이 경우는 주어 동사의 위치가 뒤바뀌게 됩니다.
그리고 says의 발음은 [seiz]가 아니고 [sez]입니다.

[38] 내 모자는 어디에 있지?
그것은 내 머리 위에 없습니다.
그것은 여기에 없습니다.
나는 내 모자를 잃어 버렸습니다.

「잃었다」 lost [lɔ(ː)st] (lose의 과거) (lose-lost-lost)
(모자 속에 100달러가 들어 있는데 큰일 났군!)

[39] Mary(여보), 당신 어디 있어요?

[40] "나 여기 있어요."라고 Mary는 말합니다.
그녀는 방 안에 들어오고 있는 중입니다.
▲ Mary says, "I am here."가 원래 문장인데 상대방의 주의를 빨리 끌기 위해서 Here가 앞으로 나오고, 중요하지 않은 Mary says 를 뒤로 돌려 놓음에 따라, says Mary라고 도치된 것입니다.

[41] 내 모자 어디 있습니까?
나는 그것을 탁자 위에 두었습니다.

[42] 나는 그것을 저기 모자 걸이에 걸었어요.

[43] "내 모자를 가져올게요."라고 John은 말합니다.

[44] 그는 그의 모자를 모자 걸이로부터 집고 있습니다.

[45] 그는 그의 손에 모자를 들고 다시 방 안으로 들어 왔습니다.

[46] 그는 그 모자를 Mary에게 주고 있는 중입니다.

[47] 봐요! 모자 안에 무엇이 들어있지요?

「보다」 look [luk]
▲ see는 눈이 떠있으니까 자연히 「보다」는 뜻. look은 일부러 주의해서 「보다」는 뜻.

[48] 그녀는 무엇을 모자로부터 꺼내고 있는 중입니까?
그것은 돈입니다.
▲ The money is in the hat. 그래서 take from
The hat is on the hook. 그래서 take off ([30] 참조)

[49] 100달러.
　　어머나, John! 당신은 그것을 어디서 얻었어요?
　　「달러」 (미국 돈) dollar [dálər]

[50] 나는 거리에 있었습니다.
　　나는 여기로 오고 있는 중이었습니다.

[51] 바람이 불어왔어요.
　　그것(바람)이 내 모자를 벗겨 버렸습니다.
　　「바람」 wind [wind]
　　「벗기다, 벗다」 take off
　　「윗옷」 coat [kout]
　　「구두」 shoes [ʃuːz]
　　　▲ Take off your coat. = Take your coat off. 「윗옷을 벗으시오.」
　　　　Take off your shoes. = Take your shoes off. 「구두를 벗으시오.」
　　　　Put on your shoes(coat, hat). 「구두를 신으시오.」
　　　▲ Take the hat off the table.과는 구조가 다르니 혼동하지 마세요.

[52] 나는 내 모자의 뒤를 쫓아 갔어요.
　　「~의 뒤를 쫓아 가다」 go after
　　「~의 뒤를 쫓아 뛰어가다」 run after

[53] 내가 그것을 집어 올렸을 때, 이 돈이 있었지요.
　　「집어 올리다」 take up
　　　▲ when이 「언제」라는 뜻이라고 배웠는데 여기에서는 「~때에」
　　　　When I came here, he was studying English.
　　　　「내가 여기에 왔을 때, 그는 영어 공부를 하고 있는 중이었다.」

[54] 그 돈은 그 모자 밑에 있었어요.
　　그 모자는 그 돈 위에 있었지요.
　　「~밑에」 under [ʌ́ndər]
　　「~위에」 over [óuvər]
　　　▲ The book is on the desk.
　　　　The hat is over the money.
　　　　같은 「위에」란 뜻이지만 'on'은 표면에 접해서 무엇이 있다 할 때 쓰고, 'over'는 어떤 물건 위에 덮어 씌워져 있거나 또는 공간을 두고 위에 있을 때에 씁니다.
　　　　The hat is over the money. 「그 모자는 돈 위에 있다.」
　　　　I put the cloth-wrapper over the grass. 「나는 풀 위에 보자기를 펴놓았다.」
　　　　「보자기」 cloth-wrapper [klɔ(ː)θ rǽpər]
　　　　The sun is over our heads. 「태양은 우리의 머리 위에 있다.」
　　　　「머리」 head [hed]

[55] 바람이 불어왔어요.
　　나의 모자가 위로 올라 갔지요.
　　바람이 불었을 때 나의 모자는 위로 올라갔어요.

[56] 그 모자는 또 다시 아래로 내려왔지요.
　　「아래로」 down [daun]

▲ down, under, up, on, over의 차이는?
  ① **up, down**은 **위 아래로의 운동**을 말할 때에 씁니다.
  ② **under, on, over**는 가만히 있는 정지 상태를 말합니다.
▲ He walked **up** the hill. 「그는 언덕 위를 걸어 올라갔다.」
  He walked **down** the hill. 「그는 언덕 밑으로 걸어 내려갔다.」
▲ There is a lamp **over** the desk. 「책상 위에 (공중에 떠서) 전등이 있다.」
  There is a book **on** the desk. 「책상 위에 (표면에 접해서) 책이 한 권 있다.」
  There is a cat **under** the desk. 「책상 밑에 고양이가 있다.」
  「걷다」 walk [wɔːk]
  「언덕」 hill [hil]

(57) 그 모자는 그 돈 위에 있었지요.
  그 돈은 그 모자 밑에 있었어요.

단어암기 — 복습문제(A)

☐☐ 411. ① 이름　　② 잡다, 쥐다 (현재, 과거)
☐☐ 412. ③ 문, 출입구　　④ 손　　⑤ 호주머니
☐☐ 413. ⑥ 열쇠　　⑦ 두다　　⑧ 주다
☐☐ 414. ⑨ 회전　　⑩ 밀기　　⑪ 열려 있는
☐☐ 415. ⑫ ~의 안으로　　⑬ go의 과거
☐☐ 416. ⑭ 닫힌　　⑮ come의 과거
☐☐ 417. ⑯ 또 하나의　　⑰ 창문　　⑱ 보여주다
☐☐ 418. ⑲ 파라솔　　⑳ 다음 번에
☐☐ 419. ㉑ 재미있는　　㉒ 모자 (두 가지)
☐☐ 420. ㉓ 보다 (두 가지)　　㉔ see의 과거
☐☐ 421. ㉕ 어머나　　㉖ 모자 걸이　　㉗ off
☐☐ 422. ㉘ 또 다시　　㉙ 샤워　　㉚ 목욕
☐☐ 423. ㉛ say　　㉜ 잃다 (현재, 과거)
☐☐ 424. ㉝ 달러　　㉞ 바람　　㉟ 웃옷
☐☐ 425. ㊱ 구두　　㊲ ~밑에　　㊳ 보자기
☐☐ 426. ㊴ 걷다　　㊵ 언덕
☐☐ 427. ㊶ 그는 그 집의 (현관)문에 있습니다.
☐☐ 428. ㊷ 그는 그의 손을 호주머니에 넣고 있습니다.
☐☐ 429. ㊸ 그는 그의 호주머니로부터 열쇠를 꺼내고 있는 중입니다.
☐☐ 430. ㊹ 그는 그 열쇠를 그 문의 열쇠 구멍에 넣을 것입니다.
☐☐ 431. ㊺ 그는 그 열쇠를 돌리고 있는 중입니다.

□□ 432. (46) 그는 그 문을 밀고 있는 중입니다.
□□ 433. (47) 그 문은 지금 열려 있습니다.
□□ 434. (48) John은 열쇠 구멍으로부터 그 열쇠를 꺼냈습니다.
□□ 435. (49) 그 문은 닫혀 있습니다.
□□ 436. (50) 이것은 그 방의 문들 중의 하나입니다.
□□ 437. (51) 그녀는 방 밖으로 나갔습니다.
□□ 438. (52) 그는 이 문을 지나서 왔습니다.
□□ 439. (53) 그는 이 문을 지나서 방 밖으로 나갈 것입니다.
□□ 440. (54) 그녀는 탁자로 간 후에 그것을 보았습니다.
□□ 441. (55) 이것은 누구의 모자입니까?
□□ 442. (56) 이것은 John의 모자가 아닙니까?
□□ 443. (57) 어머나, John의 모자이군!
□□ 444. (58) 나는 그것을 모자 걸이에 걸겠습니다.
□□ 445. (59) 그녀는 그것을 그녀의 손 안에 쥐었습니다.
□□ 446. (60) 그녀는 John의 모자를 가지고 방 밖으로 나갔습니다.
□□ 447. (61) 그녀는 이 문을 지나서 이 방 안으로 들어왔습니다.
□□ 448. (62) 그는 샤워를 했습니다.
□□ 449. (63) 나는 나의 모자를 잃어버렸습니다.
□□ 450. (64) 나 여기 있어요.
□□ 451. (65) 그는 모자 걸이로부터 그의 모자를 집고 있는 중입니다.
□□ 452. (66) 그는 그의 손에 모자를 들고 다시 방 안으로 들어 왔습니다.

암기 답 — 복습문제(A)

411 ① name [neim] ② take [teik] – took [tuk]
412 ③ door [dɔːr] ④ hand [hænd] ⑤ pocket [pákit]
413 ⑥ key [kiː] ⑦ put [put] ⑧ give [giv]
414 ⑨ turn [təːrn] ⑩ push [puʃ] ⑪ open [óupən]
415 ⑫ into [íntu] ⑬ went [went]
416 ⑭ shut [ʃʌt] ⑮ came [keim]
417 ⑯ another [ənʌ́ðər] ⑰ window [wíndou] ⑱ show [ʃou]
418 ⑲ parasol [pǽrəsɔ̀ːl] ⑳ next time [nekst taim]
419 ㉑ interesting [íntərestiŋ] ㉒ hat [hæt] – cap [kæp]

420 ㉓ see [siː] – look [luk]   ㉔ saw [sɔː]
421 ㉕ why [(h)wai]   ㉖ hook [huk]   ㉗ 「~에서 떨어져서, ~으로 부터」 [ɔːf]
422 ㉘ again [əgén]   ㉙ shower [ʃóuər]   ㉚ bath [bæθ]
423 ㉛ 「말하다」 [sei]   ㉜ lose [luːz] – lost [lɔːst]
424 ㉝ dollar [dálər]   ㉞ wind [wind]   ㉟ coat [kout]
425 ㊱ shoes [ʃuːz]   ㊲ under [ʌ́ndər]   ㊳ cloth-wrapper [klɔ(ː)θ ræpər]
426 ㊴ walk [wɔːk]   ㊵ hill [hil]
427 ㊶ He's at the door of his house.
428 ㊷ He has his hand in his pocket.
429 ㊸ He's taking a key from his pocket.
430 ㊹ He'll put the key in the lock of the door.
431 ㊺ He's giving a turn to the key. = He's turning the key.
432 ㊻ He's giving a push to the door. = He's pushing the door.
433 ㊼ The door is open now.
434 ㊽ John took the key from the lock.
435 ㊾ The door is shut.
436 ㊿ This is one of the doors of the room.
437 ㊶ She went out of the room.
438 ㊷ He came through this door.
439 ㊸ He'll go out of the room through this door.
440 ㊹ She saw it after she went to the table.
441 ㊺ Whose hat is this?
442 ㊻ Isn't this John's hat?
443 ㊼ Why, it's John's hat!
444 ㊽ I'll put it on a hook.
445 ㊾ She took it in her hand.
446 ⑩ She went out of the room with John's hat.
447 ⑪ She came into this room through this door.
448 ⑫ He had a shower bath.
449 ⑬ I lost my hat.
450 ⑭ Here I am.
451 ⑮ He's taking his hat off the hook.
452 ⑯ He came into the room again with the hat in his hand.

단어암기 — 복습문제(B)

☐☐ 453. ① 그는 그 모자를 Mary에게 주고 있는 중입니다.
☐☐ 454. ② 보세요! 모자 안에 무엇이 있나요?
☐☐ 455. ③ 그녀는 그 모자로부터 무엇을 꺼내고 있는 중입니까?
☐☐ 456. ④ 어머나, John! 당신은 그것을 어디서 얻었어요?
☐☐ 457. ⑤ 나는 거리에 있었어요.
☐☐ 458. ⑥ 바람이 불어왔어요. 그것(바람)이 나의 모자를 벗겨 버렸지요.
☐☐ 459. ⑦ 나는 나의 모자 뒤를 쫓아갔어요.
☐☐ 460. ⑧ 내가 그것을 집어 올렸을 때에 이 돈이 있었어요.
☐☐ 461. ⑨ 그 돈이 모자 밑에 있었어요.
☐☐ 462. ⑩ 그 모자는 그 돈 위에 있었지요.
☐☐ 463. ⑪ 바람이 불어왔을 때에, 나의 모자가 올라갔어요.
☐☐ 464. ⑫ 그 모자는 또 다시 아래로 내려왔어요.
☐☐ 465. ⑬ 방 안에 두 소년이 있습니다.
　　　　　 한 명은 John입니다. 나머지 한 명은 Jack입니다.
☐☐ 466. ⑭ 책상 위에 책이 세 권 있습니다.
　　　　　 하나는 내 것입니다. 나머지는 나의 아버지 것입니다.
☐☐ 467. ⑮ 방 안에 창문이 네 개가 있습니다.
　　　　　 하나는 닫혀 있습니다. 나머지는 열려 있습니다.
☐☐ 468. ⑯ (a) 책상 위에 많은 책들이 있습니다.
　　　　　　(b) 그는 지금 그 중의 하나를 읽고 있는 중입니다.
　　　　　　(c) 그는 내일 다른 책(한 권)을 읽을 것입니다.
　　　　　　(d) 그는 다음에 다른 책들을 읽을 것입니다.
　　　　　　(e) 그 중 두 권은 재미가 있으나 다른 것들은 재미가 없어요.
☐☐ 469. ⑰ He came into the room.의 반대는?
☐☐ 470. ⑱ 그녀는 그 탁자로부터 그 모자를 집었다.
☐☐ 471. ⑲ 윗옷을 벗으시오. 구두를 벗으시오.
☐☐ 472. ⑳ 그는 그 개의 뒤를 쫓아 뛰어갔다.
☐☐ 473. ㉑ The money is in the hat. She took _____
☐☐ 474. ㉒ The hat is on the desk. She took _____
☐☐ 475. ㉓ 나는 그 보자기를 풀 위에 펴놓았습니다.
☐☐ 476. ㉔ 태양이 우리의 머리 위에 있습니다.
☐☐ 477. ㉕ 그는 그 언덕 위를 걸어 올라갔다.
☐☐ 478. ㉖ 그는 그 언덕 아래로 걸어 내려갔다.

☐☐ 479. ㉗ 책상 위에 (공중에 떠서) 등이 있습니다.

☐☐ 480. ㉘ 책상 밑에 고양이가 있습니다.

암기 답 — 복습문제(B)   흰 종이로 가리고 → 빨리 보아서는 안 됩니다.

453 ① He's giving the hat to Mary.

454 ② Look! What's in the hat?

455 ③ What's she taking from the hat?

456 ④ Oh, John! Where did you get it?

457 ⑤ I was on the street.

458 ⑥ The wind came. It took my hat off.

459 ⑦ I went after my hat.

460 ⑧ When I took it up, there was this money.

461 ⑨ The money was under the hat.

462 ⑩ The hat was over the money.

463 ⑪ When the wind came, my hat went up.

464 ⑫ The hat came down again.

465 ⑬ There are two boys in the room.
   One is John. The other is Jack.

466 ⑭ There are three books on the desk.
   One is mine. The others are my father's.

467 ⑮ There are four windows in the room.
   One is shut. The others are open.

468 ⑯ (a) There are many books on the desk.
   (b) He's reading one of them now.
   (c) He'll read another (book) tomorrow.
   (d) He'll read others (= other books) next time.
   (e) Two of them are interesting, but the others (= the other books) are not (interesting).

469 ⑰ He went out of the room.

470 ⑱ She took the hat off the table.

471 ⑲ Take off your coat. Take off your shoes.

472 ⑳ He ran after the dog.

473 ㉑ She took the money from the hat.

474 ㉒ She took the hat off the desk.

475 ㉓ I put the cloth-wrapper over the grass.

476 ㉔ The sun is over our heads.

477 ㉕ He walked up the hill.

478 ㉖ He walked down the hill.

479 ㉗ There's a lamp over the desk.

480 ㉘ There's a cat under the desk.

★ 복습을 조직적으로 계속하고 있지요, 네? 안 하고 있을까봐 걱정이 됩니다.

휴게실

여기 빈자리가 생겨서 해오던 버릇대로 또 무슨 잔소리를 해볼까 하는데 -
이번엔 딱딱한 것은 그만 두고 좀 웃어 볼까요? 이야기 자체는 유익한 것이 아니지만 웃는 그 자체가 여러분의 건강에 좋다고 생각합니다. 미국 사람들은 위대한 인물일수록 조크(joke 농담)를 멋있게 잘 합니다. 즉 미국 사회에서는 joke를 멋있게 잘 하는 사람일수록 인기가 높습니다.
우리나라 사람들은 나이가 먹으면 먹을수록, 지위가 높으면 높을수록 얼굴을 잘 찡그립니다. 그것은 본인 자신의 건강에도 해롭고 주위 사람들을 불행하게도 만듭니다. 화를 내면 소화도 잘 안 되고 혈액 순환도 나빠집니다. 웃는 사람은 소화가 잘 되고 혈액 순환도 좋아집니다. 또 그들은 주위 사람들을 행복하게 만들어 주고 사회를 명랑하게 만들어 줍니다. 따라서 여러분은 어렸을 때부터 joke를 많이 배워 두세요. 내가 지은 「영어실력기초」나 「영어기초오력일체」에는 영어로 된 joke 정말 배꼽이 빠지도록 재미있는 것들이 굉장히 많습니다. 즉 웃어가면서 영어 공부를 하자는 것입니다. 나는 어릴 때부터 인생의 역경에 무진 시달려 왔습니다만, 언제나 웃어 보려고 애써 왔습니다.

어느 날 한 아이가 서당에서 꾸벅꾸벅 졸다가 선생님에게 들켜 혼이 났다. 그 후 며칠이 지난 뒤, 이번에는 선생님이 졸다가 아이에게 들켰다.
"선생님은 왜 졸아요?"
"에끼! 이놈, 내가 왜 졸아?"
"그럼 뭘 하셨어요?"
"좀 모르는 글귀가 있어서 공자님에게 물어 보려고 하늘에 올라갔다 왔지. 혼만 빠져서 올라갔기에 여기 남아 있는 몸뚱이는 졸고 있는 것 같이 보이느니라."
그런 일이 있은 뒤, 하루는 선생님께서 그 아이가 또 코를 드르렁드르렁 골며 아주 마음놓고 자고 있는 것을 보았다. 선생님이 머리를 때리자 아이는 깜짝 놀라 잠에서 깨어 일어나 앉았다.
"선생님, 왜 때리세요?"
"요놈, 왜 자?"
"자지 않았어요."
"그럼 뭘 했나, 자지 않고?"
"공자님 좀 뵈러 갔었어요."
"요놈이 뭐라고? 공자님을 뵈러 갔다? 그래 공자님을 뵈었니?"
"네, 뵙고 왔어요."
"그래 뵈었더니 뭐라고 하시든?"
"일전에 선생님이 오셨더냐고 여쭈었더니 오신 적이 없다고 하시던데요."

Lesson 09 What will you do with the money?

(1)
What's Mary doing?
She's taking things from a drawer.
What are those things in the drawer?

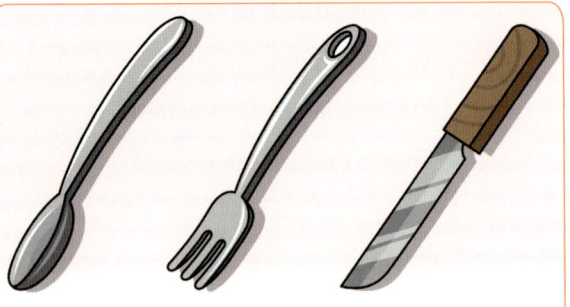

(2)
They're knives, forks and spoons.
The drawer has knives forks and spoons in it.

(3)
Mary has a knife, a fork and a spoon in her right hand.

(4) She took them from the drawer.
She'll put them on the table.

(5) These are drawers.
One of them is open.
The other three drawers are shut.

(6)
Mary is getting the soup.
These are plates of soup.

(7)
John is taking the seats to the table.

(8)  Mary is in her seat at the table.

(9)  John is in his seat at the table. They're in their seats at the table.

(10)  Mary is saying, "What will we do with our money?"
John is saying, "What will you do, Mary?"

(11) Mary is saying, "I'll get a new dress"

(12)  This dress is new.

 This dress is old.

(13)  Mary is saying, "What will you get, John?"

(14) John is saying, "I'll get a new pipe."

(15) 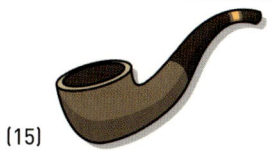 This pipe is new.

 This pipe is old.

(16)  Mary is getting a new dress. She's in a store. The other woman has two dresses in her hands.

정답과 설명

[1] Mary는 무엇을 하고 있는 중입니까?

그녀는 서랍으로부터 물건들을 꺼내고 있는 중입니다.

서랍 안에 있는 저 물건들은 무엇들입니까?

「물건, 것」 thing [θiŋ]

「서랍」 drawer [drɔ́ːər]

▲ (Those) things (in the drawer) are books.

이 문장의 원 골자는 Things are books. 「물건들은 책들이다.」

그런데 things를 꾸며 주는 말인 'Those'와 'in the drawer'가 things의 좌우에 붙어 있습니다. 즉, **(그) 물건들 (서랍 속에 있는)**

▲ Those things in the drawer are books. 「서랍 속에 있는 그 물건들은 책이다.」

books인지 무엇인지를 몰라서 물어보려면 books 대신에 What을 앞에 두게 되지요. 그래서 What 다음에 의문문의 순서를 취하면 → Are those things in the drawer? 여기에 의문사 What을 두면 → What are those things in the drawer?이 됩니다.

▲ 먼저 배운 바와 같이 those는 that의 복수. that은 「저것은, 그것은 (= it)」이란 뜻이 원래 뜻이지만 여기에서는 「그 (= the)」란 뜻이며 the 보다 강한 뜻.

[2] 그것들은 칼, 포크, 숟가락들입니다.

서랍 속에는 칼, 포크, 숟가락이 있습니다. (직역: 그 서랍은 그 속에 칼들, 포크들, 숟가락들을 가지고 있습니다.)

「칼의 복수형」 knives [naivz] (단수는 knife)

▲ -f, -fe로 끝나는 말을 복수로 할 때는 -f, -fe를 -ves로 고치는 것이 원칙입니다.

〈예〉「반」 half [hæf] → halves 　「아내」 wife [waif] → wives

「포크」 fork [fɔːrk]

「숟가락」 spoon [spuːn]

[3] Mary는 그녀의 오른손에 칼, 포크, 숟가락을 가지고 있습니다.

「오른쪽의, 바른」 right [rait]

[4] 그녀는 그것들을 서랍으로부터 꺼냈습니다.

그녀는 그것들을 식탁(table) 위에 둘 것입니다.

「잡다, 쥐다」의 과거 took [tuk] (take-took-taken)

「두다」 put [put]

「그들은, 그것들은」 they, 「그들을, 그것들을」 them, 「그들의, 그것들의」 their

[5] 이것들은 서랍들입니다.

그것들 중의 하나는 열려 있습니다.

다른 세 서랍들은 닫혀 있습니다.

[6] Mary는 수프를 준비하고 있는 중입니다.

이것들은 수프 접시들입니다.

「얻다」 get [get] (여기에서는 「준비하다」)

▲ get에 -ing를 붙이려면 't'자를 하나 더 가해서 getting으로 합니다.

「수프, 국」 soup [suːp]

「(납작하고 둥근) 접시, 얇은 판」 plate [pleit]

[7] John은 의자들을 식탁으로 가져가고 있는 중입니다.

「좌석, 의자」 seat [siːt]

(8) Mary는 식탁에 있는 자기(her) 자리(의자)에 앉아 있습니다. (직역: Mary는 식탁에 있는(at) 그녀의 의자 안에 있습니다.)

(9) John은 식탁에 있는 자기 자리(의자)에 앉아 있습니다.

그들은 식탁에 있는 자기들의 자리(의자)에 앉아 있습니다.

(10) Mary는 "우리들은 우리들의 돈을 가지고 무엇을 할까요?"라고 말하고 있는 중입니다.

John은 "Mary, 당신은 무엇을 하겠소?"라고 말하고 있는 중입니다.

모두 배운 것이지만 복습해 봅시다.

「말하다」 say [sei]
「~할 것이다 (미래)」 will [wil]
「~하다」 do [du:]
「~와 함께, ~을 가지고」 with [wið]

(11) Mary는 "나는 새 옷을 사겠어요."라고 말하고 있는 중입니다.

I'll = I will
「얻다, 준비하다」 get이지만 여기서는 「사다」 buy의 뜻.
「새로운」 new [n(j)u:]
「복장, 부인복」 dress [dres]

(12) 이 옷은 새 것입니다.

이 옷은 헌 것입니다.

「늙은, 헌」 old [ould]

(13) Mary는 "John, 당신은 무엇을 사겠어요?"라고 말하고 있습니다.

(14) John은 "나는 새 파이프를 사겠소."라고 말하고 있는 중입니다.

「(담배)파이프」 pipe [paip]

(15) 이 파이프는 새 것입니다.

이 파이프는 헌 것입니다.

(16) Mary는 새 옷을 사고 있는 중입니다.

그녀는 상점 안에 있습니다.

다른 부인이 손 안에 두 벌의 옷을 가지고 있습니다.

「가게, 상점」 store [stɔ:r]
「여자, 부인」 woman [wúman]

단어암기 — 복습문제

☐☐ 481. ① 물건, 것　　② 서랍　　③ 칼들 (복수)
☐☐ 482. ④ 포크　　⑤ 숟가락　　⑥ 오른쪽의, 바른
☐☐ 483. ⑦ 잡다, 쥐다 (현재, 과거)　　⑧ they의 변화와 뜻
☐☐ 484. ⑨ 두다　　⑩ get의 세 가지 뜻　　⑪ 국
☐☐ 485. ⑫ (납작하고 둥근) 접시　　⑬ seat　　⑭ 새로운
☐☐ 486. ⑮ 복장, 부인복　　⑯ 헌, 늙은

☐☐ 487. ⑰ 그녀는 서랍으로부터 물건들을 꺼내고 있는 중입니다.
☐☐ 488. ⑱ Mary는 그녀의 오른손 안에 칼, 포크, 숟가락을 가지고 있습니다.
☐☐ 489. ⑲ 그녀는 그 서랍으로부터 그것들을 꺼냈습니다.
☐☐ 490. ⑳ 다른 세 서랍은 닫혀 있습니다.
☐☐ 491. ㉑ Mary는 수프를 준비하고 있는 중입니다.
　　　　　　 이것들은 수프 접시들입니다.
☐☐ 492. ㉒ John은 식탁에 의자들을 가져가고 있는 중입니다.
☐☐ 493. ㉓ Mary는 식탁에 있는 자기의 의자(자리)에 앉아 있습니다.
☐☐ 494. ㉔ 그들은 식탁에 있는 자기들의 의자(자리)에 앉아 있습니다.
☐☐ 495. ㉕ 우리들은 우리들의 돈을 가지고 무엇을 할까요?
☐☐ 496. ㉖ 다른 부인이 손 안에 두 벌의 부인복을 가지고 있습니다.

암기 답 — 복습문제

481　① thing [θiŋ]　　② drawer [drɔ́ːər]　　③ knives [naivz]
482　④ fork [fɔːrk]　　⑤ spoon [spuːn]　　⑥ right [rait]
483　⑦ take [teik] – took [tuk]
　　　⑧ they 「그들은, 그것들은」　　them 「그들을, 그것들을」　　their 「그들의, 그것들의」
484　⑨ put [put]　　⑩ 얻다, 준비하다, 사다　　⑪ soup [suːp]
485　⑫ plate [pleit]　　⑬ 좌석, 의자　　⑭ new [n(j)uː]
486　⑮ dress [dres]　　⑯ old [ould]
487　⑰ She's taking things from a drawer.
488　⑱ Mary has a knife, a fork and a spoon in her right hand.
489　⑲ She took them from the drawer.
490　⑳ The other three drawers are shut.
491　㉑ Mary is getting the soup.
　　　　These are plates of soup.
492　㉒ John is taking the seats to the table.
493　㉓ Mary is in her seat at the table.
494　㉔ They're in their seats at the table.
495　㉕ What will we do with our money?
496　㉖ The other woman has two dresses in her hands.

Lesson 10 A Journey

(1) This is a bedroom.
There are two beds in it.

(2) This seat is by the bed.

(3) What is on the seat?
A bag is on the seat.

(4) A woman is by the bed.
Who is she? — She is Mrs. Smith.

(5) What is she doing?
She is putting things into the bag.

(6) What is she putting into the bag?
She is putting Mr. Smith's things into it.

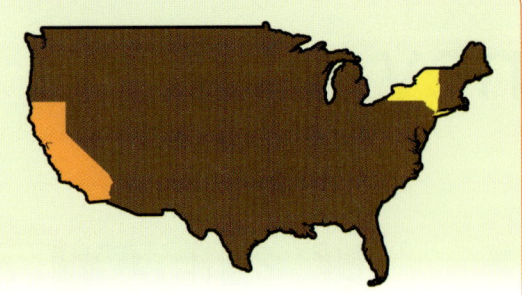

(7)
Mr. Smith is going to California.
Mr. and Mrs. Smith are in New York State.

(8)
He will go by train.
This is a train.
From New York to California is a long journey.

(9)
What will he take with him to California?
He will take some shirts.

(10)
He will take some socks.

(11)
He will take new socks.
New socks don't have any holes in them.

(12)
He will not take old socks.
Old socks have holes in it.

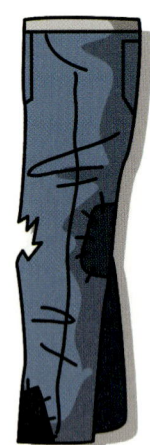

(13)
These trousers have a hole in them.
They are old trousers.

He will take new trousers.

(14)
He will take some shoes.

(15)
He will put them in a shoe bag.

(16) This is a basin. This is warm water in it.

(17) This is soap.

(18) What is she doing?
She is having a wash with soap and warm water.
She is washing her hands.

(19) Her hands are wet now but they are clean.
They were dirty.

(20) What is she doing?
She is drying her hands on a cloth.

(21) This is a toothbrush.

(22) This is toothpaste.
She will brush her teeth with toothbrush and toothpaste.

(23) She is brushing her teeth now.
Her teeth will be clean.
They will be clean and white.

(24) This is a comb.

This is a hairbrush.

(25) She is brushing her hair.

(26) Now she is combing her hair.

(27) What are these?

They are pins.

One pin is very like another pin.

(28) This pin is very like that pin.

But they are two pins.
They are not the same pins.
They are different pins.

(29) These are three hairpins.
They are different hairpins.

(30) She has a hairpin in her hand.
She is putting it in her hair.

(31) Now it is in her hair.
It was in her hand.
It is in her hair now.
But it is the same hairpin.

(32) He is brushing his hair.
He does not put pins on his hair.

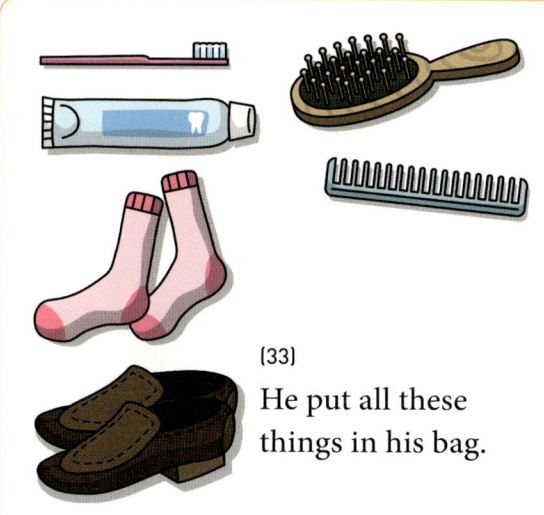

(33) He put all these things in his bag.

(34)
Mr. Smith will go to the station in a taxi.
This is a taxi.
Mr. Smith is getting into it.
He has his bag with him.

(35)
This is the station.
The taxi is in front of the station.
The time is 8:00.
The train will go at 8:30.

(36)
Mr. Smith is getting out of the taxi.

(37)
Now he is going into the station.

(38)
This is the waiting room in the station.

(39)
Those men and women on the seats in the waiting room are waiting.
They are waiting for their trains.

(40)
Here is a train.

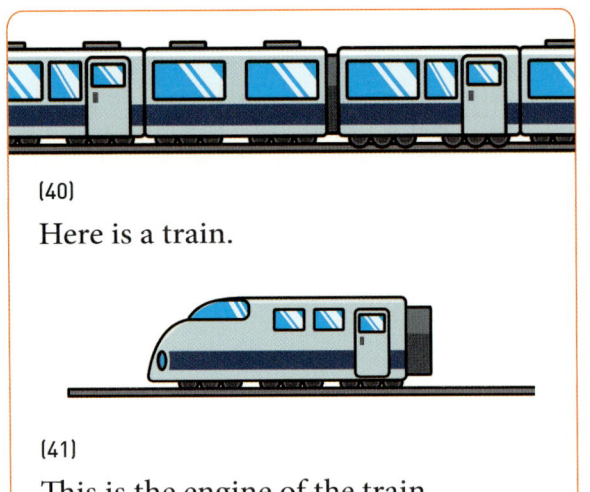

(41)
This is the engine of the train.

(45)
Here is his ticket.
He gave $132.35 for his ticket.

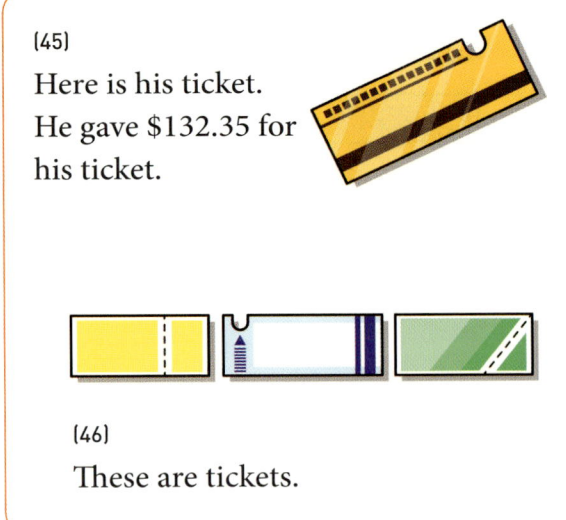

(46)
These are tickets.

(42)
This is the bell on the engine.

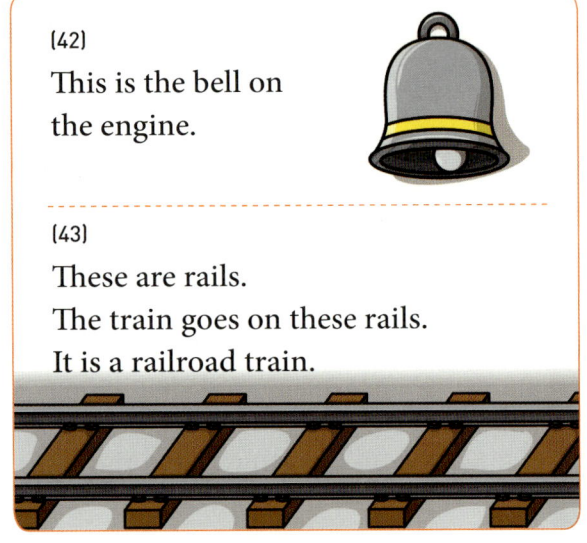

(43)
These are rails.
The train goes on these rails.
It is a railroad train.

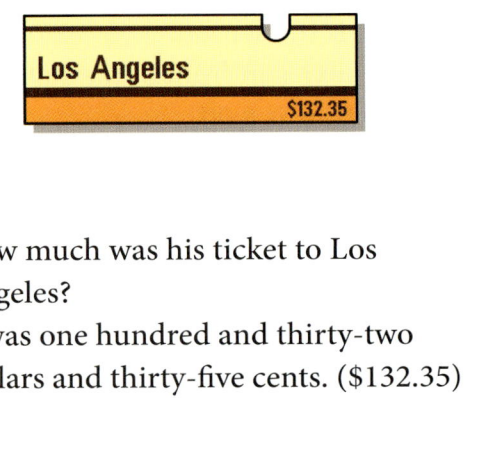

(47)
How much was his ticket to Los Angeles?
It was one hundred and thirty-two dollars and thirty-five cents. ($132.35)

(44)
Here is a ticket office in the station.
Mr. Smith got his ticket here.

(48)
How much money did he take with him for his journey?
He took five hundred and nineteen dollars. ($519)

Much money; $5000   Little money; $5

(49)
His friends were waiting for him at the station.

(50)
Here are his friends.
He and his friends are shaking hands.

(53)
Mr. Smith is writing a card to Mrs. Smith.
He is in San Francisco.
On one side of the card is a picture of the harbor.
Here is the picture.
This is a picture post card.

(51)
They say, "Did you have a good journey?"
He says, "Yes, but it was a long journey."

(54)
Now Mrs. Smith is writing a letter to Mr. Smith.
She sends love from Tom and Jane to their father.

(52)
His friend says, "Let me have your bag, please."
He will go with his friends to their house.

(55)
She will send the letter to Mr. Smith.

(56)
Now she is sending the letter.

힌트와 설명

「여행」 journey [dʒə́ːrni]

잔소리   처음엔 (1)부터 (6)까지를 그림과 영어만 보면서 (보는 즉시 무슨 뜻인가를 알려고 하면서) 빨리 읽어가세요. 소리를 내면서. (한 번 읽어 놓고 나중에 뜻을 생각하는 것은 아주 나쁜 버릇입니다.) 읽는 즉시 그 뜻을 파악하여야 합니다. "읽는 즉시는 고사하고 읽은 후에 생각하여도 모르는 것을?" 할 것이나 그렇게 하려고 노력하다 보면 자연히 그렇게 되는 것입니다. 즉 읽은 즉시 해석을 하는 직독직해 습관을 양성하여야 합니다. 만일 처음부터 이와 같은 습관을 안 들이면 나중에는 언제나 먼저 읽어 놓고 뜻을 나중에 곰곰이 생각하게 되는 습관을 갖게 되어 회화할 때도 상대방의 말을 듣는 순간은 알아 듣지 못하고 일단 들어놓고 나중에 곰곰이 생각해서 알게 되는 바보가 되고 마는 것입니다. 모르는 단어가 나와도 전후 관계로 알려고 노력한 다음에 답을 보면 아주 효과적입니다. 모른다고 금방 사전이나 답을 보면 실력이 안 붙습니다.

> **힌트**
> 여기서부터는 문장 해석을 위한 힌트입니다. 이 힌트를 읽기 전에 자기 혼자서 먼저 공부해야 됩니다. 그 다음에 이 힌트를 읽으세요. 그러면 아, 그랬던가! 하면서 무릎을 치게 되는 것입니다. 공부는 이렇게 해야 되는 것이에요.
> 그래서 이번 마지막 과는 이전 과하고 다르게 우리말 해석을 달아 놓지 않았습니다. 혼자서 해석해보고 확인은 마지막 복습문제의 답에서 하시기 바랍니다.

(2) 「좌석」 여기에서는 「의자」 seat [siːt]
「~옆에」 by [bai] (= beside) (보통은 「~에 의하여」란 뜻)

(3) 「가방, 주머니」 bag [bæg]

(4) 「여자, 부인」 woman [wúman]

(5) 「두다」 put [put]
「것, 물건」 thing [θiŋ]

> ♣ 앞의 것을 두 번 더 읽은 후에 본문을 보면서 무슨 뜻인가 혼자서 생각하고 또 생각한 다음에 뒤에 있는 〈복습문제〉를 보세요. 그러면 다음으로 넘어 갑시다.

(7) 「캘리포니아」 California [kæləfɔ́ːrnjə] (미국 서해안의 주)
「주(州)」 state [steit]
「뉴욕 주」 New York state

(9) 「가져가다」 take [teik] (보통은 「취하다」 「쥐다」는 뜻이지만 여기에서는 「가져가다」)
「몇 개의」 some [sʌm] (복수 명사 앞에서는 「몇 개의」, 단수 명사 앞에서는 「얼마만큼의」 「어느 정도의」라는 뜻)
〈예〉 some books 「몇 권의 책」   some water 「얼마만큼의 물」
「셔츠」 shirt [ʃəːrt]

(10) 「양말」 sock [sak] (긴 양말은 stocking [stákiŋ])

(11) ▲ any → 먼저 some을 배웠지요? 무슨 뜻이라고 했지요?
(9)의 some과 같은 뜻. 그런데 **부정문이나 의문문에서는 some 대신에 any**를 씁니다.
You have some books. 「당신은 책을 몇 권 가지고 있습니다.」
You **don't** have **any** books. 「당신은 책을 조금도(한 권도) 가지고 있지 않습니다.」

Do you have **any** books? 「책을 좀 가지고 있나요?」
(부정문, 의문문에서는 「조금도」나 「좀」으로 적당히 번역하세요.)
「구멍」 hole [houl]

▲ in them에서 왜 in 다음에는 they, their를 쓰지 않고 them을 쓸까요? 우선 지금까지 배운 대명사의 변화 일람표를 다음에 만들어 놓으니 잊은 분은 잘 기억하세요.

주격	소유격	목적격	소유대명사
I (나는, 내가)	my (나의)	me (나를, 나에게)	mine (나의 것)
we (우리는, 우리가)	our (우리의)	us (우리를, 우리에게)	ours (우리의 것)
you (너는, 네가, 너희들은(이))	your (너의, 너희들의)	you (너를, 너에게)	yours (너의 것, 너희들의 것)
he (그는, 그가)	his (그의)	him (그를, 그에게)	his (그의 것)
she (그녀는, 그녀가)	her (그녀의)	her (그녀를, 그녀에게)	hers (그녀의 것)
it (그것은, 그것이)	its (그것의)	it (그것은, 그것에게)	─
they (그들은, 그것들이)	their (그들의, 그것들의)	them (그들을, 그들에게)	theirs (그들의 것)

▲ 전치사 (in, with, on, of...) 다음에 오는 대명사는 언제나 목적격을 씁니다. 그래서 in them으로 되지요.
I live **with him**. 「나는 그와 함께 산다.」
Take care **of her**. 「그녀를 돌보아 주거라.」

[13] 「바지」 trousers [tráuzərz] (복수)

[14] 「구두」 shoes [ʃuːz] (복수)

[15] ▲ put them의 them은 왜 they나 their로 하지 않을까요?
→ 동사 다음에 오는 **대명사는 목적격**으로 합니다.
I saw **them**.　　　He teaches **us**.　　　He saw **me**.

♣ 이상을 세 번 이상 읽고 본문을 보면서 전체의 뜻을 또 생각하세요. 그 후 뒤에 있는 〈복습문제〉를 보세요.
♣ 내가 하라는 대로 했나요? 그러면 다음으로 넘어갑시다. (우선 먼저 혼자서 해보세요.)

[16] 「대야, 세면대」 basin [béisn]
「따뜻한, 더운」 warm [wɔːrm]

[17] 「비누」 soap [soup]

[18] 「씻다, 씻기」 wash [waʃ]
「씻다」 have a wash

[19] 「젖은」 wet [wet]
「깨끗한, 깨끗이 하다, 청소하다」 clean [kliːn]
「더러운」 dirty [də́ːrti]

[20] 「말리다, 닦다, 마른」 dry [drai]
「천, 수건」 cloth [klɔːθ]

[21] 「칫솔」 toothbrush [túːθbrʌʃ]

[22] 「치약」 toothpaste [túːθpeist]

[23] 「솔, 솔질하다」 brush [brʌʃ]
「이」 teeth (tooth의 복수)

[24] 「빗, 빗다」 comb [koum]
「솔빗」 hairbrush [hɛər brʌʃ]

> ♣ 이상을 세 번 이상 읽고 나서 본문을 보면서 전체의 뜻을 또 생각하세요. 그 후에 뒤에 있는 〈복습문제〉를 보세요. 해석을 여기에 쓰지 않고 일부러 고생시키는 내 심정을 살필 수가 있지요, 네?
> ♣ 내가 하라는 대로 다 했지요? 그러면 다음으로 넘어갑시다. 혼자서 먼저 해보세요. 지금 이 순간에도 내 말대로 하지 않고 고집을 부리는 친구가 있습니다. 한 번 쓴 잔을 마시고서야 내 생각이 날 것입니다.

[25] 「머리털, 털」 hair [hɛər]

[27] 「닮은, 같은」, 「좋아하다」 like [laik] (여기에서는 「닮은, 같은」이라는 뜻)

[28] 「같은」 same [seim]
「다른」 different [dífərənt]

[29] 「머리핀」 hairpin [hɛ́ərpin]

> ♣ 이상을 세 번 이상 읽고 난 다음에 본문 [25]~[32]를 보면서 전체의 뜻을 또 생각하세요. 그 후에는 뒤에 있는 〈복습문제〉를 보세요.
> ♣ 내 말대로 했나요? 그러면 다음으로 넘어갑시다. 우선 먼저 혼자서 해보세요.

[34] 「역, 정거장」 station [stéiʃən]
「택시」 taxi [tǽksi]
「안으로 들어가다, 타다」 get into (= get in)

[35] 「앞면」 front [frʌnt]
「~의 앞에」 in front of (= before)

[36] 「밖으로 나가다, 내리다」 get out of

[38] 「대합실」 waiting room

[39] 「~을 기다리다」 wait for

> ♣ 이상을 세 번 이상 읽고 난 다음에 본문을 보면서 전체의 뜻을 생각해 보세요. 그 후에 뒤에 있는 〈복습문제〉를 보세요
> ♣ 내 말대로 했나요? 그러면 다음으로 넘어갑시다. 우선 먼저 혼자서 해보세요.

[41] 「기관, 기관차」 engine [éndʒən] (= locomotive [lòukəmóutiv])

[43] 「철도」 rail [reil]
「철도」 railroad [réilroud] (= rail)
「기차」 railroad train (= train)

[44] 「표, 차표」 ticket [tíkit]
「사무실」 office [ɔ́(:)fis] (ticket office = 표 파는 곳, 매표소)
「샀다」 got [gat] (get의 과거) (= bought)

[45] $132.35 (미국돈) 132달러 35센트
(읽는 법) one hundred and thirty-two dollars and thirty-five cents

[47] 「로스 엔젤레스」 Los Angeles (미국 California주 남서부의 도시)

[48] 「가져가다」,「잡다」,「먹다, 마시다」 take [teik] (여기에서는 「가져가다」의 뜻)
「take의 과거」 took [tuk]

[49] 「친구, 벗」 friend [frend]

♣ 이상을 세 번 이상 읽은 후에 본문을 보면서 전체의 뜻을 또 생각해 보세요. 그 후에 뒤에 있는 〈복습문제〉를 보십시오. 그리고 나서 다음으로 넘어갑시다. 우선 먼저 혼자 해보세요.

[50] 「흔들다」 shake [ʃeik]
「손」 hand [hænd] (shake hands 악수하다)

[52] 「시키다」 let [let]

[53] 「카드, 트럼프, 명함, 엽서」 card [kaːrd] (여기서는 「엽서」)
「그림」 picture [píktʃər] (picture post card 그림엽서)
「~쪽, 편」 side [said]
「항구」 harbor [hɑ́ːrbər]

[54] 「~에게 안부 전하다」 send love to (= remember me to, send my love to)
「학교 성적이 좋다」 do well at school

♣ 위를 세 번 이상 읽은 후 본문을 보면서 전체의 뜻을 생각해 보세요. 그리고 나서 다음 〈복습문제〉를 보세요.

복습문제

나중에 OX표 하는 것을 잊지 마세요.

☐☐ 497. (1) 이것은 침실입니다.
그 안에는 두 개의 침대가 있습니다.

☐☐ 498. (2) 이 의자는 침대 옆에 있습니다.

☐☐ 499. (3) 의자 위에 무엇이 있습니까?
가방 하나가 의자 위에 있습니다.

☐☐ 500. (4) 한 부인이 침대 옆에 있습니다.
그녀는 누구입니까?
그녀는 Smith 부인입니다.

☐☐ 501. (5) 그녀는 무엇을 하고 있는 중입니까?
그녀는 가방 속에 물건을 넣고 있는 중입니다.

☐☐ 502. (6) 그녀는 가방 속에 무엇을 넣고 있는 중입니까?
그녀는 Smith씨의 물건을 그 안에 넣고 있는 중입니다.

☐☐ 503. (7)　*Smith씨는 California로 가려고 합니다.
　　　　　　(* 표는 뒤에 있는 보충 설명을 보라는 표시)
　　　　　　Smith 부부는 New York 주에 있습니다.
☐☐ 504. (8)　그는 기차로 갈 것입니다.
　　　　　　이것이 기차입니다.
　　　　　　*New York으로부터 California까지는 긴 여행입니다.
☐☐ 505. (9)　그는 California로 무엇을 (그와 함께) 가져가려고 합니까?
　　　　　　그는 몇 벌의 셔츠를 가져갈 것입니다.
☐☐ 506. (10) 그는 몇 켤레의 양말을 가져갈 것입니다.
☐☐ 507. (11) 그는 새 양말을 가져갈 것입니다.
　　　　　　새 양말은 그 안에 구멍이 조금도 없습니다.
☐☐ 508. (12) 그는 헌 양말을 가져가지 않을 것입니다.
　　　　　　헌 양말은 그 안에 구멍이 있습니다.
☐☐ 509. (13) 이 바지는 그 안에 구멍을 가지고 있습니다.
　　　　　　그것들은 헌 바지입니다.
　　　　　　그는 새 바지를 가져갈 것입니다.
☐☐ 510. (14) 그는 구두를 몇 켤레 가지고 갈 것입니다.
☐☐ 511. (15) 그는 그것들을 구두 가방에 넣을 것입니다.
☐☐ 512. (16) 이것은 세면대입니다.
　　　　　　이것은 그 속에 있는 더운 물입니다.
☐☐ 513. (17) 이것은 비누입니다.
☐☐ 514. (18) 그녀는 무엇을 하고 있는 중입니까?
　　　　　　그녀는 비누와 더운 물로 씻고 있는 중입니다.
　　　　　　그녀는 그녀의 손을 씻고 있는 중입니다.
☐☐ 515. (19) 그녀의 손은 지금 젖어 있습니다만 그것들(손들)은 깨끗합니다.
　　　　　　그것들은 더러웠습니다.
☐☐ 516. (20) 그녀는 무엇을 하고 있는 중입니까?
　　　　　　그녀는 수건에 손을 닦고 있는 중입니다.
☐☐ 517. (21) 이것은 칫솔입니다.
☐☐ 518. (22) 이것은 치약입니다.
　　　　　　그녀는 칫솔과 치약으로 그녀의 이를 닦을 것입니다.
☐☐ 519. (23) 지금 그녀는 그녀의 이를 닦고 있는 중입니다.
　　　　　　그녀의 이는 깨끗하게 될 것입니다.
　　　　　　그것들은 깨끗하고 하얗게 될 것입니다.

520. (24) 이것은 빗입니다.
이것은 솔빗입니다.
521. (25) 그녀는 그녀의 머리를 빗고 있는 중입니다.
522. (26) 지금 그녀는 그녀의 머리를 빗고 있는 중입니다.
523. (27) 이것들은 무엇들입니까?
그것들은 핀들입니다.
*한 핀은 다른 한 핀과 매우 비슷합니다.
524. (28) 이 핀은 저 핀과 매우 비슷합니다.
그러나 그것들은 두 개의 핀들입니다.
그것들은 같은 핀이 아닙니다.
그것들은 다른 핀들입니다.
525. (29) 이것들은 세 개의 머리핀들입니다.
그것들은 다른 머리핀들입니다.
526. (30) 그녀는 그녀의 손에 머리핀을 가지고 있습니다.
그녀는 그녀의 머리에 그것을 꽂고 있는 중입니다.
527. (31) 이제 그것이 그녀의 머리에 꽂혀 있습니다.
그것은 그녀의 손에 있었습니다.
그것은 지금 그녀의 머리에 꽂혀 있습니다.
그러나 그것은 같은 머리핀입니다.
528. (32) 그는 그의 머리를 빗고 있는 중입니다.
그는 그의 머리에 핀을 꽂지 않습니다.
529. (33) 그는 이 모든 것들을 그의 가방 속에 넣었습니다.
530. (34) Smith씨는 택시를 타고 역으로 갈 것입니다.
이것이 택시입니다.
Smith씨는 그것에 올라타고 있는 중입니다.
그는 그의 가방을 (그와 함께) 가지고 있습니다.
531. (35) 이것이 역입니다.
택시가 역 앞에 있습니다.
시간은 8시 입니다.
기차는 8시 30분에 (떠나) 갈 것입니다.
532. (36) Smith씨가 택시로부터 내리고 있는 중입니다.
533. (37) 지금 그는 역 안으로 들어가고 있는 중입니다.
534. (38) 이것은 역 안에 있는 대합실입니다.

☐☐ 535. (39) *대합실의 의자 위에 (앉아)있는 남녀들은 기다리고 있는 중입니다.
그들은 그들의 기차를 기다리고 있는 중입니다.

☐☐ 536. (40) 여기에 기차가 있습니다.

☐☐ 537. (41) 이것은 기차의 기관차입니다.

☐☐ 538. (42) 이것은 기관차에 있는 종입니다.

☐☐ 539. (43) 이것들은 철도입니다.
기차는 이 철도 위를 갑니다.
그것은 기차입니다.

☐☐ 540. (44) 여기에 정거장의 매표소가 있습니다.
Smith씨는 여기에서 그의 표를 샀습니다.

☐☐ 541. (45) 여기에 그의 표가 있습니다.
그는 그의 표에 132달러 35센트를 냈습니다.

☐☐ 542. (46) 이것들은 표들입니다.

☐☐ 543. (47) 그의 표는 로스앤젤레스까지 얼마였던가요?
그것은 132달러 35센트였습니다.

☐☐ 544. (48) 그는 그의 여행을 위해서 얼마의 돈을 (그와 함께) 갖고 갔었나요?
그는 519달러를 가지고 갔습니다.
많은 돈 ; 5천 달러, 적은 돈 ; 5달러

☐☐ 545. (49) 그의 친구들이 역에서 그를 기다리고 있었습니다.

☐☐ 546. (50) 여기에 그의 친구들이 있습니다.
그와 그의 친구들은 악수를 하고 있는 중입니다.

☐☐ 547. (51) "재미있는(좋은) 여행을 하였습니까?"라고 그들은 말합니다.
"예, 그러나 긴 여행이었어요."라고 그는 말합니다.

☐☐ 548. (52) "내가 당신의 가방을 가져 갈게요."라고 그의 친구는 말합니다.
그는 그의 친구들과 함께 그들의 집으로 갈 것입니다.

☐☐ 549. (53) Smith씨는 Smith 부인에게 엽서를 쓰고 있는 중입니다.
그는 San Francisco에 있습니다.
*그 엽서의 한쪽에는 항구의 그림이 있습니다.
여기에 그 그림이 있습니다.
이것은 그림엽서입니다.

☐☐ 550. (54) 지금 Smith 부인은 Smith씨에게 편지를 쓰고 있는 중입니다.
그녀는 Tom과 Jane의 안부를 그들의 아버지에게 전하고 있습니다.
[편지내용] 친애하는 John,
우리들은 모두 건강합니다.
Tom과 Jane은 학교 성적이 좋습니다.

☐☐ 551. (55) 그녀는 그 편지를 Smith씨에게 보낼 것입니다.
☐☐ 552. (56) 지금 그녀는 그 편지를 보내고 있는 중입니다.

보충 설명 1

[7] 「하려고 하다」 할 때에 영어로 어떻게 한다 했지요? 잊어버렸을까요?

→ be going to + 동사원형

▲ 「그는 그 책을 읽으려고 합니다.」(아래를 가리고)
He is going to read the book. = He will read the book.
그러면 「그는 거기에 가려고 합니다.」는?
He is going to go there. 그런데 go가 중복되므로 He is going there.로 합니다.
이렇게 되면 「그는 거기에 가고 있는 중이다.」라는 뜻으로도 되나 전후 관계로 파악할 도리밖에 없습니다. 그리고
He is going to come here. = He is coming here.로 합니다.

[8] From New York to California is a long journey.

▲ 위 문장에서 주어와 동사는?
[From New York to California] is a long Journey.
즉 [ ] 안의 긴 것이 주어이고 is가 동사입니다. 이와 같이 긴 구절이 주어가 되기 때문에 문장이 복잡하고 어렵게 되는데 이런 것들은 「영어실력기초」에서 배우게 됩니다.

보충 설명 2

[27] (a) 「그는 그의 어머니를 좋아합니다.」
(b) 「그는 그의 어머니를 닮았습니다.」
(아래를 가리고 혼자서 해보세요.)
(a) He likes his mother.
(b) He is like his mother.
→ 위에서 보는 바와 같이 like가 「닮은」이라는 뜻으로 쓸 때는 그 앞에 be동사를 둡니다.

[39] Those men and women on the seats in the waiting room are waiting.

이 문장은 지금까지 배운 중에서 가장 길고 복잡한 것인데 주어와 동사가 무엇일까요?
[Those men and women on the seats in the waiting room] are waiting. 즉 [ ] 안의 긴 것이 모두 주어인데, 그 중 주요 골자는 men and women 입니다. Those는 men and women을 수식하는 형용사, on the seats는 men and women을 수식하는 형용사구(후일 배움), in the waiting room은 seats를 수식하는 형용사구입니다. 이런 어려운 소리를 알아들을 수가 없는 사람이 많을 것입니다. 아직은 걱정할 필요가 없습니다.

[53] On one side of the card is a picture of the harbor.

이 문장에서 주어, 동사는 무엇일까요? 다음을 가리고 생각해 보세요.
A picture of the harbor is on one side of the card.가 원래 문장입니다.
이렇게 되면 알기가 쉽지요?
물론 주어는 A picture of the harbor이고 is가 동사입니다.
On one side of the card를 강하게 (주의를 끌기 위해서) 앞으로 내세움에 따라 **주어와 동사가 도치된 것입니다.**

암기문제

※ 나중에 OX표하는 것을 잊지 마세요.

- ☐☐ 553. 곁에 (두 가지)
- ☐☐ 554. 가방, 주머니
- ☐☐ 555. 몇 개의
- ☐☐ 556. 양말 (두 가지)
- ☐☐ 557. 가져가다
- ☐☐ 558. 'I'의 변화
- ☐☐ 559. 'we'의 변화
- ☐☐ 560. 'you'의 변화
- ☐☐ 561. 'he'의 변화
- ☐☐ 562. 'she'의 변화
- ☐☐ 563. 'it'의 변화
- ☐☐ 564. 'they'의 변화
- ☐☐ 565. 바지
- ☐☐ 566. 구두
- ☐☐ 567. 세면대
- ☐☐ 568. 비누
- ☐☐ 569. 씻다 (두 가지)
- ☐☐ 570. 젖은
- ☐☐ 571. 깨끗한
- ☐☐ 572. 더러운
- ☐☐ 573. 말리다, 닦다
- ☐☐ 574. 치솔
- ☐☐ 575. 치약
- ☐☐ 576. 솔, 솔질하다
- ☐☐ 577. 이 (단수, 복수)
- ☐☐ 578. 빗, 빗다
- ☐☐ 579. 머리 솔빗
- ☐☐ 580. 머리털, 털
- ☐☐ 581. 닮은
- ☐☐ 582. 딴, 다른
- ☐☐ 583. 머리핀
- ☐☐ 584. 역, 정거장
- ☐☐ 585. 택시
- ☐☐ 586. 타다
- ☐☐ 587. ~의 앞에 (두 가지)
- ☐☐ 588. 내리다
- ☐☐ 589. 대합실
- ☐☐ 590. ~을 기다리다
- ☐☐ 591. 기관차, 기관
- ☐☐ 592. 철도 (두 가지)
- ☐☐ 593. 기차 (두 가지)
- ☐☐ 594. 표, 차표
- ☐☐ 595. 사무실
- ☐☐ 596. 샀다 (두 가지)
- ☐☐ 597. $132.35 (읽어 보세요)
- ☐☐ 598. take의 네 가지 뜻과 과거형
- ☐☐ 599. 흔들다 / 악수하다
- ☐☐ 600. 엽서 / 그림엽서
- ☐☐ 601. 쪽, 편
- ☐☐ 602. 아버지에게 안부 전하시오. (두 가지)
- ☐☐ 603. 그는 학교 성적이 좋다. (나쁘다)
- ☐☐ 604. 그녀는 수건으로 손을 닦았다.

암기 답

553 by [bai] = beside [bisáid]
554 bag [bæg]
555 some [sʌm]
556 짧은 것 sock [sak], 긴 것 stocking [stákiŋ]
557 take [teik]
558 I – my – me – mine
559 we – our – us – ours
560 you – your – you – yours
561 he – his – him – his
562 she – her – her – hers
563 it – its – it (it's = it is)
564 they – their – them – theirs
565 trousers [tráuzərz]
566 shoes [ʃu:z]
567 basin [béisn]
568 soap [soup]
569 wash [waʃ/wɔ:ʃ] = have a wash
570 wet [wet]
571 clean [kli:n]
572 dirty [dá:rti]
573 dry [drai]
574 toothbrush [tú:θbrʌʃ]
575 toothpaste [tú:θpeist]
576 brush [brʌʃ]
577 단수 tooth [tu:θ], 복수 teeth [ti:θ]
578 comb [koum]
579 hair brush [hɛər brʌʃ]
580 hair [hɛər]
581 like [laik]
582 different [dífərənt]
583 hairpin [héərpìn]
584 station [stéiʃ(ə)n]
585 taxi [tǽksi]
586 get into(in)
587 in front of = before
588 get out of
589 waiting room
590 wait for
591 engine [éndʒən]
592 rail [reil] = railroad [réilroud]
593 railroad train = train [trein]
594 ticket [tíkit]
595 office [ɔ́(:)fis]
596 got [gat] = bought [bɔ:t]

597 one hundred and thirty-two dollars and thirty-five cents

598 잡다, 먹다, 마시다, 가져가다 / 과거형은 took [tuk]

599 shake [ʃeik] / shake hands

600 postcard [poustkɑ:rd] / picture postcard

601 side [said]

602 Remember me to your father. = Send my love to your father.

603 He does well at school. (well의 반대 뜻은 badly)

604 She dried her hands on a towel.

부록

부록 불규칙동사 암기 노트 ❶

O / X	뜻	현재	과거	과거분사
	읽다	read [riːd]	read [red]	read [red]
	자르다	cut [kʌt]	cut [kʌt]	cut [kʌt]
	닫다	shut [ʃʌt]	shut [ʃʌt]	shut [ʃʌt]
	시키다	let [let]	let [let]	let [let]
	놓다	put [put]	put [put]	put [put]
	생각하다	think [θiŋk]	thought [θɔːt]	thought [θɔːt]
	느끼다	feel [fiːl]	felt [felt]	felt [felt]
	만나다	meet [miːt]	met [met]	met [met]
	만들다	make [meik]	made [meid]	made [meid]
	빌려주다	lend [lend]	lent [lent]	lent [lent]
	가져오다	bring [brɔːt]	brought [brɔːt]	brought [brɔːt]
	말하다 (세 가지)	speak [spiːk] say [sei] tell [tel]	spoke [spouk] said [sed] told [tould]	spoken [spoukn] said [sed] told [tould]
	사다	buy [bai]	bought [bɔːt]	bought [bɔːt]
	팔다	sell [sel]	sold [sould]	sold [sould]
	앉다	sit [sit]	sat [sæt]	sat [sæt]
	서다	stand [stænd]	stood [stud]	stood [stud]
	듣다	hear [hiər]	heard [həːrd]	heard [həːrd]
	눕히다	lay [lei]	laid [leid]	laid [leid]
	잠자다	sleep [sliːp]	slept [slept]	slept [slept]
	짓다	build [bild]	built [bilt]	built [bilt]
	잃다	lose [luːz]	lost [lɔ(ː)st]	lost [lɔ(ː)st]
	발견하다	find [faind]	found [faund]	found [faund]
	가르치다	teach [tiːtʃ]	taught [tɔːt]	taught [tɔːt]
	때리다	strike [straik]	struck [strʌk]	struck [strʌk]

불규칙동사 암기 노트 ❷

O / X	뜻	현재	과거	과거분사
	이해하다	understand [ʌ̀ndərstǽnd]	understood [ʌ̀ndərstúd]	understood [ʌ̀ndərstúd]
	울다	weep [wiːp]	wept [wept]	wept [wept]
	치르다	pay [pei]	paid [peid]	paid [peid]
	소비하다	spend [spend]	spent [spent]	spent [spent]
	보내다	send [send]	sent [sent]	sent [sent]
	잡다	catch [kætʃ]	caught [kɔːt]	caught [kɔːt]
	쥐다, 잡다	hold [hould]	held [held]	held [held]
	싸우다	fight [fait]	fought [fɔːt]	fought [fɔːt]
	떠나다	leave [liːv]	left [left]	left [left]
	지도하다	lead [liːd]	led [led]	led [led]
	먹이다	feed [fiːd]	fed [fed]	fed [fed]
	달리다	run [rʌn]	ran [ræn]	run [rʌn]
	오다	come [kʌm]	came [keim]	come [kʌm]
	되다	become [bikʌ́m]	became [bikeim]	become [bikeim]
	쓰다	write [rait]	wrote [rout]	written [ritn]
	운전하다	drive [draiv]	drove [drouv]	driven [drivn]
	타다	ride [raid]	rode [roud]	ridden [ridn]
	날다	fly [flai]	flew [fluː]	flown [floun]
	숨다	hide [haid]	hid [hid]	hid [hid] hidden [hidn]
	얻다	get [get]	got [gat]	gotten [gǽtn/gɔ́tn]
	취하다	take [teik]	took [tuk]	taken [teikn]
	버리다	throw [θrou]	threw [θruː]	thrown [θroun]
	주다	give [giv]	gave [geiv]	given [gívən]

불규칙동사 암기 노트 ❸

O / X	뜻	현재	과거	과거분사
	~이다 (세 가지) (m, s, r)	am [æm] is [iz] are [ɑːr]	was [wɑz] were [wəːr]	been [bin/biːn]
	가지다 (두 가지) (v, s)	have [hæv] has [hæz]	had [hæd]	had [hæd]
	가다	go [gou]	went [went]	gone [gɔːn]
	보다	see [siː]	saw [sɔː]	seen [siːn]
	먹다	eat [iːt]	ate [eit]	eaten [iːtn]
	마시다	drink [driŋk]	drank [dræŋk]	drunk [drʌŋk]
	눕다	lie [lai]	lay [lei]	lain [lein]
	일어나다	rise [raiz]	rose [rouz]	risen [rízən]
	노래하다	sing [siŋ]	sang [sæŋ]	sung [sʌŋ]
	부수다	break [breik]	broke [brouk]	broken [bróukən]
	헤엄치다	swim [swim]	swam [swæm]	swum [swʌm]
	가라앉다	sink [siŋk]	sank [sæŋk]	sunk [sʌŋk]
	당기다	draw [drɔː]	drew [druː]	drawn [drɔ́ːn]
	훔치다	steal [stiːl]	stole [stoul]	stolen [stóulən]
	고르다	choose [tʃuːz]	chose [tʃouz]	chosen [tʃóuzn]
	떨어지다	fall [fɔːl]	fell [fel]	fallen [fɔ́ːlən]
	알다	know [nou]	knew [n(j)uː]	known [noun]
	잊다	forget [fərgét]	forgot [fərgát / -gɔ́t]	forgot [fərgát / -gɔ́t] forgotten [fərgátn]
	자라다	grow [grou]	grew [gruː]	grown [groun]
	시작하다	begin [bigin]	began [bigǽn]	begun [bigʌ́n]

편지 쓰는 법

편지 내용

```
                                520 West Adams Street
                                Jacksonville 2, Florida,
                                            U. S. A.
                                       May 5 ,1989

Dear Mr. Robert Dawson,

I received your kind letter yesterday.
I read it with great pleasure.
Thank you so much for the fine picture of your family.
I will be in Florida on Tuesday, May 24, and will see you then.

                                         Truly Yours,
                                         Hyunpil Ahn
```

① 오른쪽 위
 — 편지를 보내는 사람의 주소, 보내는 날짜를 씁니다.

② 본문
 — 친애하는 로버트 도슨 씨,

 저는 당신의 친절한 편지를 어제 받았습니다.
 저는 그것을 대단히 즐겁게 읽었습니다. 당신 가족의 좋은 사진 (보내 주셔서) 대단히 감사합니다.
 저는 5월 24일 화요일에 플로리다로 가게 될 것인데 그때 당신을 만나 뵙게 될 것입니다.
                                    숙배 안현필

설명 dear [diər] 친애하는 receive [risiːv] 받다 letter [létər] 편지 great [greit] 큰
 pleasure [pléʒər] 즐거움 fine [fain] 훌륭한 , 좋은 picture [píktʃər] 그림 , 사진
 I will be = I will go
 Truly Yours = 편지 끝에 쓰는 「경구」(敬具), 숙배, 돈수 따위 (Sincerely Yours, Yours Truly로 해도 좋음)

봉투 쓰는 법

① 왼쪽 위
편지를 보내는 사람의 이름, 성을 쓰고 그 밑에 주소를 씁니다.

　안 현필
　대한민국 서울 특별시 종로구 신문로 2 11의 3

주소의 다른 예 →
150 Namsandong, Taegu, Korea
대한민국 대구광역시 남산동 150번지

② 오른 쪽 위
stamp [stæmp] =「우표」

③ 가운데
편지를 받는 사람의 이름, 성, 그 다음에 주소를 씁니다.

④ 오른 쪽 아래
AIR MAIL [ɛər meil] =「항공우편」

그림 엽서 쓰는 법

① 위
POST CARD [poust kaːrd] =「엽서」

② 왼쪽
(편지 내용)

                                                                                    5월 10일

친애하는 순애씨,
친절한 편지를 보내 주어서 고마워요. 나는 재미있는 여행을 했는데 내일 긴 (자세한) 편지를 보내 드리겠어요.
                                                                                    안녕 철수

③ 오른쪽
편지를 받는 사람의 이름, 성, 주소.

실용 영어 단어 암기

여러분이 영어로 웬만한 의사표시는 할 수 있게끔 하기 위해서 다음에 일상 실용영어 단어를 암기하기 편리하도록 짜놓았으니 하루 에 10개씩 규칙적으로 정성껏 암기하세요. 언제나 틈틈이 적은 시간을 이용하여 암기하도록 하세요. 처음 보자마자 아는 단어에는 X표를 하고 모르는 단어에는 ○표를 해두고서 몇 번이고 반복해서 암기하세요.

☐	001	**가족**	**The Family**	[ðə fǽməli]
☐	002	아주머니	aunt	[ænt, ɑːnt]
☐	003	형제 (남자)	brother	[brʌ́ðər]
☐	004	아이	child	[tʃaild]
☐	005	아이들	children	[tʃíldrən]
☐	006	사촌 (남,여)	cousin	[kʌ́zn]
☐	007	딸	daughter	[dɔ́ːtər]
☐	008	아버지	father	[fɑːðər]
☐	009	할아버지	grandfather	[grǽndfɑːðər]
☐	010	할머니	grandmother	[grǽndmʌðər]
☐	011	조부모	grandparent	[grǽnperənt]
☐	012	남편	husband	[hʌ́zbənd]
☐	013	어머니	mother	[mʌ́ðər]
☐	014	조카	nephew	[néfjuː/névjuː]
☐	015	조카딸	niece	[niːs]
☐	016	양친	parent	[pɛ́ərənt]
☐	017	자매	sister	[sístər]
☐	018	아들	son	[sʌn]
☐	019	아저씨	uncle	[ʌ́ŋkəl]
☐	020	아내	wife	[waif]
☐	021	손자 (남자)	grandson	[grǽndsʌn]
☐	022	손녀	granddaughter	[grǽnddɔːtər]

☐ **023**	**신체**	**The Body**	**[ðə badi/bɔ́di]**
☐ 024	발목	ankle	[ǽŋkl]
☐ 025	팔	arm	[ɑːrm]
☐ 026	등	back	[bæk]
☐ 027	가슴	breast	[brest]
☐ 028	뺨	cheek	[tʃiːk]
☐ 029	턱	chin	[tʃin]
☐ 030	귀	ear	[iər]
☐ 031	팔꿈치	elbow	[elbou]
☐ 032	눈꺼풀	eyelid	[ailid]
☐ 033	얼굴	face	[feis]
☐ 034	발 (단수)	foot	[fut]
☐ 035	발 (복수)	feet	[fiːt]
☐ 036	손가락	finger	[fíŋgər]
☐ 037	집게손가락	forefinger	[fɔːrfiŋgə(r)]
☐ 038	이마	forehead	[fɔ́ːrhèd]
☐ 039	머리카락	hair	[hɛər]
☐ 040	손	hand	[hænd]
☐ 041	머리	head	[hed]
☐ 042	발꿈치	heel	[hiːl]
☐ 043	눈썹	eyebrow	[aibrau]
☐ 044	눈	eye	[ai]
☐ 045	무릎	knee	[niː]
☐ 046	다리	leg	[leg]
☐ 047	입술	lip	[lip]
☐ 048	새끼 손가락	little finger	[lítl fíŋgər]
☐ 049	가운데 손가락	middle finger	[mídl fíŋgər]
☐ 050	입	mouth	[mauθ]

☐	051 손(발)톱	nail	[neil]
☐	052 목	neck	[nek]
☐	053 코	nose	[nouz]
☐	054 약손가락	ring finger	[riŋ fíŋgər]
☐	055 어깨	shoulder	[ʃóuldər]
☐	056 이 (단수)	tooth	[tuːθ]
☐	057 이 (복수)	teeth	[tiːθ]
☐	058 엄지 손가락	thumb	[θʌm]
☐	059 발가락	toe	[tou]
☐	600 혀	tongue	[tʌŋ]
☐	061 손목	wrist	[rist]
☐	**062 집과 정원**	**Houses and Gardens**	**[hauziz ænd gáːrdn]**
☐	063 목욕실	bathroom	[bǽθrù(ː)m]
☐	064 침실	bedroom	[bédrùːm, bédrùm]
☐	065 긴 의자	bench	[bentʃ]
☐	066 굴뚝	chimney	[tʃímni]
☐	067 식당	dining room	[dáiniŋ ru(ː)m]
☐	068 응접실	drawing room	[drɔ́ːiŋ ru(ː)m]
☐	069 울타리	fence	[fens]
☐	070 1층	first floor	[fəːrst flɔːr]
☐	071 2층	second floor	[sékənd flɔːr]
☐	072 화단	flower bed	[fláuər bed]
☐	073 샘, 분수	fountain	[fáuntin]
☐	074 문, 문짝	door	[dɔːr]
☐	075 대문	gate	[geit]
☐	076 현관문	front door	[frʌnt dɔːr]
☐	077 차고	garage	[gəráːʒ,]
☐	078 온실	greenhouse	[gríːnhàus]
☐	079 지하실	basement	[béismənt]
☐	080 홀, 복도	hall	[hɔːl]

☐	081 부엌	kitchen	[kítʃən]
☐	082 잔디	lawn	[lɔːn]
☐	083 잔디 깎는 기계	lawnmower	[lɔːn móuər]
☐	084 거실	living room	[líviŋ rum]
☐	085 우체통	mailbox	[meilbaks]
☐	086 문패	name plate	[neim pleit]
☐	087 못, 늪	pond	[pand]
☐	088 현관, 베란다	porch	[pɔːrtʃ]
☐	089 지붕	roof	[ruːf]
☐	090 덧문	shutter	[ʃʌtər]
☐	091 계단	stairs	[steərz]
☐	092 서재	study	[stʌdi]
☐	093 여름별장	summer house	[sʌmər haus]
☐	094 그네	swing	[swiŋ]
☐	095 창	window	[windou]
☐	096 별장	villa	[vílə]
☐	**097 의복**	**Clothes**	**[klouðz]**
☐	098 가방, 백	bag	[bæg]
☐	099 벨트	belt	[belt]
☐	100 블라우스	blouse	[blaus]
☐	101 장화	boot	[buːt]
☐	102 브로치	brooch	[broutʃ]
☐	103 단추	button	[bʌtn]
☐	104 (테 없는) 모자	cap	[kæp]
☐	105 외투, 코트	coat	[kout]
☐	106 옷깃 (칼라)	collar	[kálər/kɔ́lər]
☐	107 부인복	dress	[dres]
☐	108 야회복	evening dress	[íːvniŋ dres]
☐	109 안경	glasses	[glǽsiz]
☐	110 장갑	glove	[glʌv]

211

☐	111 핸드백	handbag	[hǽndbæg]
☐	112 손수건	handkerchief	[hǽŋkərtʃif]
☐	113 (테 있는) 모자	hat	[hæt]
☐	114 재킷	jacket	[dʒǽkit]
☐	115 레이스	lace	[leis]
☐	116 모닝 코트	morning coat	[mɔ́ːrniŋ kout]
☐	117 목걸이	necklace	[néklis]
☐	118 외투, 오버코트	overcoat	[óuvərkòut]
☐	119 주머니	pocket	[pákit/pɔ́k-]
☐	120 비옷	raincoat	[reinkòut]
☐	121 우화	rain shoes	[rein ʃuːz]
☐	122 리본	ribbon	[ríbən]
☐	123 반지	ring	[riŋ]
☐	124 셔츠	shirt	[ʃəːrt]
☐	125 구두	shoes	[ʃuːz]
☐	126 실크 모자	silk hat	[silk hæt]
☐	127 스커트	skirt	[skəːrt]
☐	128 소매	sleeve	[sliːv]
☐	129 (여자) 속옷	slip	[slip]
☐	130 양말	socks	[saks]
☐	131 지팡이	stick	[stik]
☐	132 스타킹	stockings	[stákiŋ/stɔ́k-]
☐	133 밀짚모자	straw hat	[strɔː hæt]
☐	134 (남자) 옷 한 벌	suit	[suːt]
☐	135 스웨터	sweater	[swétər]
☐	136 넥타이	tie	[tai]
☐	137 바지	trousers	[trauzərz]
☐	138 우산	umbrella	[ʌmbrélə]
☐	139 손목시계	wrist watch	[rist watʃ]
☐	140 옷 가방	suitcase	[suːtkeis]

☐	141 **일용품**	**Things We Use**	[θiŋz wi juːz]
☐	142 안락의자	armchair	[ɑːrm tʃɛər]
☐	143 바구니	basket	[bǽskit]
☐	144 솔	brush	[brʌʃ]
☐	145 양동이	bucket	[bʌ́kit]
☐	146 사진기	camera	[kǽmərə]
☐	147 양초	candle	[kǽndl]
☐	148 카드	card	[kɑːrd]
☐	149 의자	chair	[tʃɛər]
☐	150 시계 (두 가지)	clock (휴대용이 아닌 것) watch (손목/회중시계)	[klɑk] [wɑtʃ]
☐	151 잔	cup	[kʌp]
☐	152 일기	diary	[dáiəri]
☐	153 (깊은) 접시	dish	[diʃ]
☐	154 인형	doll	[dɑl, dɔ(ː)l]
☐	155 봉투	envelope	[énvəlòup, áːn-]
☐	156 포크	fork	[fɔːrk]
☐	157 (유리) 잔	glass	[glæs, glɑːs]
☐	158 다리미	iron	[áiərn]
☐	159 열쇠	key	[kiː]
☐	160 칼	knife	[naif]
☐	161 (전기) 등	lamp	[læmp]
☐	162 잡지	magazine	[mæ̀gəzíːn]
☐	163 거울	mirror	[mírər]
☐	164 냅킨	napkin	[nǽpkin]
☐	165 오르간	organ	[ɔ́ːrgən]
☐	166 종이	paper	[péipər]
☐	167 풀	paste	[peist]
☐	168 축음기	phonograph	[fóunəgræ̀f, -grɑ̀ːf]
☐	169 피아노	piano	[piǽnou]
☐	170 (낮은) 접시	plate	[pleit]

☐	171 엽서	post card	[póustkà:rd]
☐	172 항아리, 냄비	pot	[pat]
☐	173 지갑	purse	[pə:rs]
☐	174 라디오 세트	radio set	[réidiòu set]
☐	175 (전축) 음반	record	[rékərd]
☐	176 밧줄	rope	[roup]
☐	177 안전핀	safety pin	[seifti pin]
☐	178 비누	soap	[soup]
☐	179 숟가락	spoon	[spu:n]
☐	180 (등받이 없는) 의자	stool	[stu:l]
☐	181 탁자	table	[teibl]
☐	182 전화	telephone	[telifoun]
☐	183 텔레비전	television	[téləvìʒən set]
☐	184 수건	towel	[táuəl]
☐	185 장난감	toy	[tɔi]
☐	186 나팔	trumpet	[trʌ́mpit]
☐	187 컴퓨터	computer	[kəmpju:tə(r)]
☐	188 꽃병	vase	[veis]
☐	189 바이올린	violin	[vàiəlín]
☐	190 세탁기	washing machine	[wa:ʃɪŋ məʃí:n]
☐	**191 음식물**	**Things to Eat and Drink**	[θiŋz tə; i:t ænd driŋk]
☐	192 사과	apple	[ǽpl]
☐	193 베이컨	bacon	[béikən]
☐	194 바나나	banana	[bənǽnə]
☐	195 쇠고기	beef	[bi:f]
☐	196 맥주	beer	[biər]
☐	197 빵	bread	[bred]
☐	198 버터	butter	[bʌ́tər]
☐	199 케이크	cake	[keik]
☐	200 캔디	candy	[kǽndi]

☐	201 치즈	cheese	[tʃiːz]
☐	202 커피	coffee	[kɔ́ːfi, káfi/kɔ́f]
☐	203 버찌, 벗나무	cherry	[tʃéri]
☐	204 쿠키	cookie	[kuki]
☐	205 계란	egg	[eg]
☐	206 물고기	fish	[fiʃ]
☐	207 포도	grape	[greip]
☐	208 꿀	honey	[hʌ́ni]
☐	209 아이스크림	ice cream	[aiskrirm]
☐	210 잼	jam	[dʒæm]
☐	211 주스	juice	[dʒuːs]
☐	212 레몬	lemon	[lémən]
☐	213 멜론	melon	[mélən]
☐	214 우유	milk	[milk]
☐	215 귤	orange	[ɔ́(ː)rindʒ, ár-]
☐	216 복숭아	peach	[piːtʃ]
☐	217 땅콩	peanut	[píːnʌt]
☐	218 배	pear	[pɛər]
☐	219 파이	pie	[pai]
☐	220 파인애플	pineapple	[páinæ̀pl]
☐	221 돼지고기	pork	[pɔːrk]
☐	222 푸딩	pudding	[púdiŋ]
☐	223 샌드위치	sandwich	[sǽndwitʃ/sǽnwidʒ, -witʃ]
☐	224 소금	salt	[sɔːlt]
☐	225 소시지, 순대	sausage	[sɔ́ːsidʒ/sɔ́s-]
☐	226 국	soup	[suːp]
☐	227 딸기	strawberry	[strɔ́ːbèri/-bəri]
☐	228 설탕	sugar	[ʃúgər]
☐	229 차(茶)	tea	[tiː]
☐	230 토스트	toast	[toust]
☐	231 수박	watermelon	[wɔːtərmelən]

☐	232 포도주	wine	[wain]
☐	**233 탈것**	**Vehicle**	[víːikəl]
☐	234 비행기	airplane	[éərplèin]
☐	235 자동차	automobile	[ɔ́ːtəməbìːl]
☐	236 자전거	bicycle	[báisikəl]
☐	237 보트	boat	[bout]
☐	238 버스	bus	[bʌs]
☐	239 케이블카	cable car	[kéibəl kaːr]
☐	240 카누	canoe	[kənúː]
☐	241 마차	carriage	[kǽridʒ]
☐	242 엘리베이터	elevator	[éləvèitər]
☐	243 에스컬레이터	escalator	[éskəleitər]
☐	244 제트기	jet plane	[dʒet plein]
☐	245 로켓	rocket	[rakit]
☐	246 돛단배	sailing ship	[seiliŋʃip]
☐	247 관광버스	sightseeing bus	[saitsiːiŋ bʌs]
☐	248 기선	steamer	[striːmə(r)]
☐	249 전차	streetcar	[striːt kaːr]
☐	250 지하철	subway	[sʌ́bwèi]
☐	251 택시	taxi	[tǽksi]
☐	252 기차	train	[trein]
☐	253 트럭	truck	[trʌk]
☐	254 요트	yacht	[jɑt/jɔt]
☐	**255 교실**	**Classroom**	[klǽsrù(ː)m]
☐	256 칠판	blackboard	[blǽkbɔ̀ːrd]
☐	257 책	book	[buk]
☐	258 천장	ceiling	[síːliŋ]
☐	259 의자	chair	[tʃɛər]

☐ 260	분필	chalk	[tʃɔːk]
☐ 261	책상	desk	[desk]
☐ 262	사전	dictionary	[díkʃənèri/-ʃənəri]
☐ 263	문	door	[dɔːr]
☐ 264	연습장	exercise book	[éksərsàiz buk]
☐ 265	마루	floor	[flɔːr]
☐ 266	만년필	fountain pen	[fáuntin pen]
☐ 267	잉크 병	ink bottle	[iŋkbátl/bɔ́tl]
☐ 268	지도	map	[mæp]
☐ 269	국기	national flag	[næʃənəlflæg]
☐ 270	필기장(공책)	notebook	[noutbuk]
☐ 271	연필	pencil	[pénsəl]
☐ 272	필통	pencil case	[pénsəlkeis]
☐ 273	그림	picture	[píktʃər]
☐ 274	교단	platform	[plætfɔːrm]
☐ 275	교장	principal	[prínsəpəl]
☐ 276	교과서	textbook	[tekstbuk]
☐ 277	(칠판) 지우개	eraser	[iréisər/-zər]
☐ 278	고무지우개	rubber	[rʌ́bər]
☐ 279	남학생	schoolboy	[skúːlbɔ̀i]
☐ 280	여학생	schoolgirl	[skúːlgərl]
☐ 281	선생님	teacher	[tíːtʃər]
☐ 282	학생	student	[stjúːdənt]
☐ **283**	**갈 곳**	**Places to Go**	[pleisiz tuː gou]
☐ 284	비행장	airport	[éərpɔ̀ːrt]
☐ 285	은행	bank	[bæŋk]
☐ 286	이발관	barbershop	[báːrbər ʃap/ʃɔp]
☐ 287	해변	beach	[biːtʃ]
☐ 288	다리	bridge	[bridʒ]

☐	289 교회	church	[tʃəːrtʃ]
☐	290 단과대학	college	[kálidʒ/kɔ́l-]
☐	291 백화점	department store	[dipáːrtmənt stɔːr]
☐	292 공장	factory	[fǽktəri]
☐	293 농장	farm	[faːrm]
☐	294 미술관	gallery	[gǽləri]
☐	295 식료품점	grocery store	[gróusəri stɔːr]
☐	296 체육관	gym	[dʒim]
☐	297 항구	harbor	[háːrbər]
☐	298 병원	hospital	[háspitl/hɔ́s-]
☐	299 호텔	hotel	[ho(u)tel]
☐	300 호수	lake	[leik]
☐	301 도서관	library	[láibrèri]
☐	302 시장	market	[máːrkit]
☐	303 산	mountain	[máuntən]
☐	304 영화관	movie theater	[múːviθí(ː)ətər]
☐	305 박물관	museum	[mjuːzíːəm/-zíəm]
☐	306 사무실	office	[ɔ́(ː)fis, áf-]
☐	307 공원	park	[paːrk]
☐	308 운동장	playground	[pleigraund]
☐	309 경찰서	police station	[pəlíːs stéiʃən]
☐	310 풀, 못	pool	[puːl]
☐	311 공회당	public hall	[pʌ́blik hɔːl]
☐	312 학교	school	[skuːl]
☐	313 경기장	stadium	[stéidiəm]
☐	314 역	station	[stéiʃən]
☐	315 가게	store	[stɔːr]
☐	316 극장	theater	[θí(ː)ətər]
☐	317 동물원	zoo	[zuː]

☐	318	**사람들**	**People**	[pi:pl]
☐	319	아나운서	announcer	[ənáunsər]
☐	320	예술가, 화가	artist	[áːrtist]
☐	321	교사	teacher	[titʃər]
☐	322	빵 굽는 사람	baker	[béikər]
☐	323	목수	carpenter	[káːrpəntər]
☐	324	서기, 사무원	clerk	[kləːrk/klɑːk]
☐	325	지휘자, 차장	conductor	[kəndʌ́ktər]
☐	326	요리사	cook	[kuk]
☐	327	치과의사	dentist	[dentist]
☐	328	의사, 박사	doctor	[dáktər]
☐	329	운전수	driver	[dráivər]
☐	330	탐험가	explorer	[iksplɔ́ːrər]
☐	331	농부	farmer	[fáːrmər]
☐	332	식료품 상인	grocer	[gróusər]
☐	333	수위, 문지기	guard	[gɑːrd]
☐	334	안내인	guide	[gaid]
☐	335	가정부	housemaid	[hausmeid]
☐	336	하인 (남자)	houseboy	[hausbɔi]
☐	337	주부	housewife	[hauswaif]
☐	338	사냥꾼	hunter	[hʌ́ntər]
☐	339	발명가	inventor	[invéntər]
☐	340	상인	merchant	[məːrtʃənt]
☐	341	간호사	nurse	[nəːrs]
☐	342	공무원, 장교	officer	[ɔ́(ː)fisər, ɑ́f-]
☐	343	화가, 칠장이	painter	[péintər]
☐	344	피아니스트	pianist	[piǽnist,]
☐	345	조종사	pilot	[páilət]
☐	346	시인	poet	[póuit]
☐	347	경찰관	policeman	[pəlíːsmən]
☐	348	우체부	postman	[póustmən]

	번호	한글	영어	발음
☐	349	선원, 수병	sailor	[séilər]
☐	350	바텐더	bartender	[báːrtèndər]
☐	351	판매원	salesperson	[seɪlzpəːrsn]
☐	352	양치기	shepherd	[ʃépərd]
☐	353	제화공	shoemaker	[ʃúːmèikər]
☐	354	가수	singer	[síŋər]
☐	355	군인	soldier	[sóuldʒər]
☐	356	정치가	statesman	[stéitsmən]
☐	357	승무원	flight attendant	[flait ətendənt]
☐	358	재봉사	tailor	[téilər]
☐	359	요리사	chef	[ʃef]
☐	360	일하는 사람	worker	[wə́ːrkər]
☐	361	노동자, 인부	laborer	[léibərər]
☐	362	작가	writer	[ráitər]
☐	**363**	**동물**	**Animals**	**[ǽnəməlz]**
☐	364	새	bird	[bəːrd]
☐	365	곤충	insect	[insekt]
☐	366	개미	ant	[ænt]
☐	367	박쥐	bat	[bæt]
☐	368	곰	bear	[bɛər]
☐	369	꿀벌	bee	[biː]
☐	370	나비	butterfly	[bʌtərflài]
☐	371	카나리아	canary	[kənéəri]
☐	372	고양이	cat	[kæt]
☐	373	병아리	chicken	[tʃíkin]
☐	374	수탉	cock	[kɑk/kɔk]
☐	375	암소	cow	[kau]
☐	376	까마귀	crow	[krou]
☐	377	뻐꾸기	cuckoo	[ku(ː)kuː]
☐	378	사슴	deer	[diər]

☐	379 개	dog	[dɔ(ː)g, dag]
☐	380 당나귀	donkey	[dáŋki]
☐	381 오리	duck	[dʌk]
☐	382 독수리	eagle	[íːgəl]
☐	383 코끼리	elephant	[éləfənt]
☐	384 파리	fly	[flai]
☐	385 여우	fox	[faks]
☐	386 개구리	frog	[frɔːg, frag/frɔg]
☐	387 기린	giraffe	[dʒəræf,]
☐	388 염소	goat	[gout]
☐	389 거위	goose	[guːs]
☐	390 산토끼	hare	[hɛər]
☐	391 암탉	hen	[hen]
☐	392 말	horse	[hɔːrs]
☐	393 캥거루	kangaroo	[kæŋgərúː]
☐	394 종달새	lark	[laːrk]
☐	395 사자	lion	[láiən]
☐	396 원숭이	monkey	[mʌ́ŋki]
☐	397 모기	mosquito	[məskíːtou]
☐	398 생쥐	mouse	[maus]
☐	399 부엉이	owl	[aul]
☐	400 황소	ox	[aks]
☐	401 앵무새	parrot	[pǽrət]
☐	402 공작	peacock	[píːkak]
☐	403 돼지	pig	[pig]
☐	404 비둘기	pigeon	[pídʒən]
☐	405 토끼	rabbit	[rǽbit]
☐	406 쥐	rat	[ræt]
☐	407 울새, 지빠귀	robin	[rábin/rɔ́b-]
☐	408 바다표범, 물개	seal	[síːl]
☐	409 양	sheep	[ʃiːp]

☐	410 뱀	snake	[sneik]
☐	411 참새	sparrow	[spǽrou]
☐	412 다람쥐	squirrel	[skwə́:rəl/skwír-]
☐	413 황새	stork	[stɔ:rk]
☐	414 제비	swallow	[swɑlou]
☐	415 백조	swan	[swɑn/swɔn]

☐	**416 스포츠**	**Sports**	[spɔ:rts]
☐	417 야구	baseball	[béisbɔ̀:l]
☐	418 타자	batter	[bǽtər]
☐	419 포수	catcher	[kǽtʃər]
☐	420 중견수	centerfielder	[séntər fi:ldə(r)]
☐	421 코치	coach	[koutʃ]
☐	422 1루수	first baseman	[fə:rst beismæn]
☐	423 좌익수	left fielder	[leftfi:ldə(r)]
☐	424 투수	pitcher	[pítʃər]
☐	425 우익수	right fielder	[rait fi:ldə(r)]
☐	426 러너 (주자)	runner	[rʌ́nər]
☐	427 2루수	second baseman	[sékənd beismæn]
☐	428 유격수	shortstop	[ʃɔ:rt stɑ̀p]
☐	429 3루수	third baseman	[θə:rd beismæn]
☐	430 심판	umpire	[ʌ́mpaiə(r)]
☐	431 농구	basketball	[bǽskitbɔ̀:l, bá:s-]
☐	432 야영	camping	[kǽmpiŋ]
☐	433 등산	climbing	[klaimiŋ]
☐	434 자전거타기	cycling	[sáikliŋ]
☐	435 축구	football	[fútbɔ̀:l]
☐	436 골프	golf	[gɑlf, gɔ(:)lf]
☐	437 도보여행	hiking	[háikiŋ]
☐	438 사냥	hunting	[hʌ́ntiŋ]
☐	439 도약	jumping	[dʒʌ́mpiŋ]

☐	440 탁구	ping-pong	[píŋpàŋ, -pɔ̀(ː)ŋ]
☐	441 노 젓기	rowing	[rəuiŋ]
☐	442 달리기	running	[rʌ́niŋ]
☐	443 돛배 항해	sailing	[seiliŋ]
☐	444 스케이트타기	skating	[skeitiŋ]
☐	445 스키 타기	skiing	[skiːɪŋ]
☐	446 수영	swimming	[swimiŋ]
☐	447 정구	tennis	[tenis]
☐	448 배구	volleyball	[válibɔ̀ːl/vɔ́li]
☐	**449 우리가 하는 일**	**Things We Do**	[θiŋz wi duː]
☐	450 굽다(빵 따위)	bake	[beik]
☐	451 목욕하다	bathe	[beið]
☐	452 절하다	bow	[bau]
☐	453 숨쉬다	breathe	[briːð]
☐	454 가져오다	bring	[briŋ]
☐	455 솔질하다	brush	[brʌʃ]
☐	456 요리하다	cook	[kuk]
☐	457 소리지르다	cry	[krai]
☐	458 춤추다	dance	[dæns, dɑːns]
☐	459 끌다	draw	[drɔː]
☐	460 마시다	drink	[driŋk]
☐	461 운전하다	drive	[draiv]
☐	462 먹다	eat	[iːt]
☐	463 가다	go	[gou]
☐	464 듣다	hear	[hiər]
☐	465 치다	hit	[hit]
☐	466 차다	kick	[kik]
☐	467 (편물을) 짜다	knit	[nit]
☐	468 두드리다	knock	[nak]
☐	469 웃다	laugh	[læf, lɑːf]

☐	470 열다	open	[óupən]
☐	471 그리다	paint	[peint]
☐	472 놀다	play	[plei]
☐	473 잡아 당기다	pull	[pul]
☐	474 밀다	push	[puʃ]
☐	475 읽다	read	[riːd]
☐	476 (말 등을) 타다	ride	[raid]
☐	477 바느질하다	sew	[sou]
☐	478 흔들다	shake	[ʃeik]
☐	479 사격하다	shoot	[ʃuːt]
☐	480 닫다	shut	[ʃʌt]
☐	481 노래하다	sing	[síŋ]
☐	482 앉다	sit	[sit]
☐	483 잠자다	sleep	[sliːp]
☐	484 미소 짓다	smile	[smail]
☐	485 말하다	speak say tell	[spiːk] [sei] [tel]
☐	486 일어서다	stand	[stænd]
☐	487 멈추다	stop	[stap/stɔp]
☐	488 공부하다	study	[stʌ́di]
☐	489 쓸다, 청소하다	sweep	[swiːp]
☐	490 손 대다	touch	[tʌtʃ]
☐	491 잠 깨다	wake	[weik]
☐	492 걷다	walk	[wɔːk]
☐	493 씻다	wash	[waʃ, wɔ(ː)ʃ]
☐	494 울다	weep	[wiːp]
☐	495 닦다	wipe	[waip]
☐	496 (글씨를) 쓰다	write	[rait]
☐	497 하품하다	yawn	[jɔːn]
☐	498 방귀 (뀌다)	fart	[faːrt]

☐	499 놀리다	play a joke	[plei ə dʒouk]
☐	500 칭찬하다	praise	[preiz]
☐	501 소개하다	introduce	[ìntrədjúːs]
☐	502 추천하다	recommend	[rèkəménd]
☐	503 침을 뱉다	spit	[spit]
☐	504 눈물 흘리다	shed tears	[ʃed tiərz]
☐	505 땀 흘리다	sweat	[swet]
☐	506 피 흘리다	bleed	[bliːd]
☐	507 상처를 입다	get wounded	[get wundid]
☐	508 아프다	feel a pain	[fiːl ə pein]
☐	509 소독하다	disinfect	[disinfekt]
☐	510 연고를 바르다	apply an ointment	[əplái ən ɔ́intmənt]
☐	511 붕대 (를 감다)	bandage	[[bǽndidʒ]
☐	512 낫다	get well	[get wel]
☐	513 감기 걸리다	catch a cold	[kætʃ ə kould]
☐	514 기침이 나다	have a cough	[hæv ə kɔ(ː)f]
☐	515 콧물 흘리다	run at the nose snivel	[rʌn æt ðənouz] [snívəl]
☐	516 골치가 아프다	have a headache	[hæv ə hédèik]
☐	517 재치기를 하다	sneeze	[sniːz]
☐	518 가렵다	itch	[ítʃi]
☐	519 긁다	scratch	[skrætʃ]
☐	520 성공하다	succeed	[səksíːd]
☐	521 실패하다	fail	[feil]
☐	522 축하하다	congratulate	[kəngrǽtʃəlèit]
☐	523 그는 그녀와 약혼했다.	He became engaged to her. 「약혼한」= engaged [engéidʒd]	
☐	524 그는 그녀와 결혼했다.	He married her. 「결혼하다」= marry [mǽri]	
☐	525 그는 그녀에게 청혼했다.	He proposed to her. 「신청하다, 제의하다」= propose [prəpóuz]	
☐	526 그들은 결혼식을 올렸다.	They had a wedding. 「결혼」= wedding [wédiŋ]	

☐	527 다섯 시에 약속이 있어요.	I am engaged at five. = I have an appointment for five. 「약속」 = appointment [əpɔ́intmənt]
☐	528 죄송합니다.	I'm sorry.
☐	529 용서하세요.	I beg your pardon. 주의 Beg your pardon ? 이라고 끝을 올리면 '다시 한 번 말씀해 주세요'라는 뜻
☐	530 사과합니다.	I apologize to you. 「사과하다」 = apologize [əpálədʒàiz]
☐	531 그는 변명했다.	He explained himself.
☐	532 나는 그를 용서하지 않았다.	I didn't forgive him. 「용서하다」 = forgive [fərgív]
☐	533 나는 당신을 동정하오.	I sympathize with you. 「동정하다」 = sympathize [símpəθàiz]
☐	534 그 여자는 순진하다.	She is naive. 「순진한」 = naive [nɑːíːv]
☐	535 그는 착실하다.	He is steady. 「착실한」 = steady [stédi]
☐	536 그는 정직하다.	He is honest. 「정직한」 = honest [ánist/ɔ́n-]
☐	537 그녀는 명랑하다.	She is bright. 「명랑한」 = bright [brait]
☐	538 그는 치밀하다.	He is minute 「치밀한」 = minute [mainjúːt]
☐	539 그는 침착하다.	He is composed. 「침착한」 = composed [kəmpóuzd]
☐	540 그는 너그럽다.	He is broadminded 「너그러운」 = broadminded [brɔːd maindid] = He is generous. [dʒénərəs]
☐	541 그는 친절하다.	He is kind. 「친절한」 = kind [kaind]
☐	542 그는 동정심이 많다.	He is warm hearted. 「동정심이 많은」 = warm hearted [wɔːrm hɑːrtid]
☐	543 그는 우울하다.	He is gloomy. 「우울한」 = gloomy [glúːmi]
☐	544 그는 마음이 좁다.	He is narrow minded. 「마음이 좁은」 = narrow minded [nǽrou maindid]
☐	545 그는 적극적이다.	He is active. 「적극적인」 = active [ǽktiv]

☐	546 그는 소극적이다.	He is passive 「소극적인」= passive [pǽsiv]	
☐	547 속이다	deceive	[disíːv]
☐	548 배반하다	betray	[bitrei]
☐	549 모략하다 (음모)	plot	[plɑt/plɔt]
☐	550 비방하다	slander	[slǽndər/sláːn-]
☐	551 안 좋게 말하다	speak ill of [spiːk il ɑv] He spoke ill of you. : 그는 당신을 안 좋게 말했었어요.	
☐	552 비난하다	blame	[bleim]
☐	553 꾸짖다	scold	[skould]
☐	554 원망하다	have a grudge	[hæv ə grʌdʒ]
☐	555 시기하다, 부러워하다	envy	[envi]
☐	556 질투하다	(be) jealous [dʒéləs] She is jealous of him. : 그녀는 그를 질투한다.	
☐	557 미워하다	hate	[heit]
☐	558 후회하다 유감으로 생각하다	regret	[rigret]
☐	559 싫증나다	(be) tired (of) [taiərd ɑv] I am tired of the world. : 나는 세상이 싫다.	
☐	560 맵다	(be) hot [hɑt] This red pepper is hot. : 이 고추는 맵다.	
☐	561 짜다	(be) salty [sɔ́ːlti] This soup is salty. : 이 국은 짜다.	
☐	562 달다	(be) sweet [swiːt] This cake is sweet. : 이 케익은 달다.	
☐	563 쓰다	(be) bitter [bítər] This medicine is bitter. : 이 약은 쓰다.	
☐	**564 형용사**	**Adjectives**	[ǽdʒiktiv]
☐	565 흐린	cloudy	[kláudi]
☐	566 비 오는	rainy	[réini]
☐	567 눈이 오는	snowy	[snóui]
☐	568 바람이 부는	windy	[windi]
☐	569 추운	cold	[kould]

☐	570 서늘한	cool	[kuːl]
☐	571 따뜻한	warm	[wɔːrm]
☐	572 뜨거운	hot	[hat]
☐	573 어두운	dark	[dáːrk]
☐	574 밝은	bright	[brait]
☐	575 빈	empty	[émpti]
☐	576 가득 찬	full	[ful]
☐	577 깊은	deep	[diːp]
☐	578 얕은	shallow	[ʃǽlou]
☐	579 높은	high	[hai]
☐	580 낮은	low	[lou]
☐	581 긴	long	[lɔːŋ/lɔŋ]
☐	582 짧은, 키 작은	short	[ʃɔːrt]
☐	583 키 큰	tall	[tɔːl]
☐	584 새로운	new	[n(j)uː]
☐	585 늙은, 낡은	old	[ould]
☐	586 좁은	narrow	[nǽrou, -rə]
☐	587 넓은	wide	[waid]
☐	588 둥근	round	[raund]
☐	589 네모난	square	[skwɛər]
☐	590 오른(쪽의)	right	[rait]
☐	591 왼(쪽의)	left	[left]
☐	592 두꺼운	thick	[θik]
☐	593 얇은, 여윈	thin	[θin]
☐	594 살찐	fat	[fæt]
☐	595 많은 (수)	many	[meni]
☐	596 많은 (양)	much	[mʌtʃ]
☐	597 큰	big large great	[big] [lɑːrdʒ] [greit]

▲ big, large는 혼동해서 많이 쓰나, 회화 때는 big을 더 많이 씀. 사람에게는 large를 안 씀.「부피, 모양이 크다」할 때는 big을 많이 쓰고,「면적, 수량이 넓다, 많다」할 때는 large를 많이 씀. great는 정신적으로「위대한 , 중대한」이란 의미로 많이 씀.

	598	작은	small	[smɔːl]
			little	[lítl]
			▲ 보통 「작은」이라 할 때는 small을 많이 쓰고 「작아서 귀여운」이라 할 때는 little을 많이 씀.	
	599	little a little	'a'가 있고 없고에 따라 뜻이 다름. (a) I have a little money. 나는 돈을 좀 가지고 있다. (b) I have little money. 나는 돈을 조금 밖에 가지고 있지 않다.	
			▲ a little은 「좀 ~하다」「약간 ~하다」라 해서 긍정적인 뜻이 되나, little은 「조금 밖에 ~하지 않다」「거의 ~하지 않다」라고 부정적인 뜻이 됨.	
	600	few a few	역시 'a'가 있고 없음에 따라 뜻이 달라짐. (a) I have a few books. 나는 책을 좀 가지고 있다. (b) I have few books. 나는 책을 조금 밖에 가지고 있지 않다.	
			▲ a little, little은 양(量), 정도를 말할 때에 쓰고, a few, few는 수(數)를 말할 때 씀.	
	601	tiny	몹시 작은, 조그마한 (= very little)	[táini]
	602	**빛깔**	**Color**	[kʌ́lər]
	603	검정, 검은	black	[blæk]
	604	청색, 푸른색	blue	[bluː]
	605	갈색(의)	brown	[braun]
	606	녹색(의)	green	[griːn]
	607	오렌지색(의)	orange	[ɔ́(ː)rindʒ, ár-]
	608	분홍빛(의)	pink	[piŋk]
	609	자주빛(의)	purple	[pə́ːrpəl]
	610	회색(의)	gray	[grei]
	611	빨강, 빨간	red	[red]
	612	보라색(의)	violet	[váiəlit]
	613	흰빛, 흰	white	[(h)wait]
	614	노랑, 노란	yellow	[jélou]
	615	**길**	**Way**	[wei]
	616	건널목	crossing railroad crossing 철도건널목	[krɔ́ːsiŋ/krɔ́s]
	617	지하도	underpass	[ʌ́ndərpæs]

☐	**618** 십자로, 네거리	crossroad	[krɔːsroud]
☐	**619** 골목	lane	[lein]
☐	**620** 갈림길	fork	[fɔːrk]
☐	**621** 모퉁이	corner	[kɔ́ːrnər]
☐	**622** 큰 거리	avenue	[ǽvənjùː]
☐	**623** 거리, 가로	street	[striːt]
☐	**624** 번화가	main street	[mein striːt]
☐	**625** 전차길	streetcar line	[striːtkɑːr lain]
☐	**626** 지름길	short cut	[ʃɔ́ːrt kʌt]
☐	**627** 회전교차로	roundabout way	[raundabaut wei]
☐	**628** 인도	sidewalk	[saidwoːk]
☐	**629** 차도	roadway	[roudwei]
☐	**630** 뒷골목	alley	[ǽli]
☐	**631** 막다른 골목	blind lane	[blaind lein]

마지막 잔소리

이상 열거한 실용단어는 우리의 일상 생활에 극히 필요하고 중학생들도 당연히 알고 있어야 할 것인데, 우리의 실정은 대학을 졸업해도 이런 단어들을 모르는 분이 많습니다. 우리들 학교의 교과서가 그렇게 비실용적으로 되어 있기 때문입니다. 그러니까 이 책을 끝까지 열심히 공부한 사람은 웬만한 대학 졸업생보다 낫다는 결론이 됩니다. 처음에 ABC의 읽는 법을 쓰고 있으니까 깔보고 이 책을 거들떠 보지도 않는 친구들의 손해는 이루 말할 수 없을 것이라는 것을 이 책을 끝까지 공부하신 분은 알 것입니다. 이 외에도 실용적인 영어 단어가 아주 많습니다. 앞으로 여러분이 더 공부해 가면서 이와 같은 단어들을 만나면 노트에 정리해서 (내가 하는 방식으로) 암기하세요. '…은 영어로 무엇이라고 할까?'라고 생각이 날 때마다 한영사전(韓英辭典)을 찾아 가면서 노트에 정리하세요. 그저 부지런한 사람이 이겨냅니다. 그리고 여러분은 이 책 다음에 「영어실력기초」(英語實力基礎), 그 다음에 「영어연구」(英語硏究)를 공부하면 영어 원서나 또는 영자 신문을 읽을 수가 있게 되는데, 문제는 단어입니다. 모르는 단어가 나올 때마다 부지런히 노트에 정리해서 암기하세요. 만 단어쯤만 기억하면 원서, 잡지, 신문을 읽는 데 그다지 큰 곤란은 없을 것입니다. 그리고 국내에서 발간되는 영자 신문을 읽으면 우리의 실정에 맞는 실용적인 영어 단어를 많이 볼 수가 있습니다. 뭐니 뭐니 해도 영어 실력의 밑천은 단어 · 숙어입니다. 그리고 아무리 단어 · 숙어를 알아도 뜻을 파악하거나 정확한 문장을 쓸 수가 없는 경우가 많습니다. 이것은 「영어실력기초」와 「영어연구」가 해결해 줍니다. 그리고 앞으로 더 공부해 가면서 적당한 시기에 내가 지은 「영어단어 암기집」을 공부하세요. 암기하기 편리하게 만들어 놨으므로 도움이 될 것입니다. 그러고 보니까 마치 책 선전하는 것 같아서 마음이 좀 언짢게 되는데, 이 책을 읽는 사람은 내 마음을 아니까 양해해 주실 것이라고 믿고서 안심하고 있습니다. 그리고 부디부디 부탁하는 것은 지금까지 내가 말한 대로 꼭 복습을 하세요. 이 책과 「영어실력기초」 「영어연구」만 내가 말한 대로 완전히 복습해서 몇 페이지에 무엇이 쓰여 있다고 기억이 날 만큼 되어 있다면 영어에 무서운 실력을 갖게 될 것입니다. 이 책들은 평소에 영어의 기본실력을 양성하기 위해 공부하는 것이며, 고교입시나 대학입시를 준비할 때에는 「기초오력일체」 「대입실력요점영어」란 책이 따로 있습니다. 어디까지나 기본실력을 먼저 양성해 놓고 시험치기 전에 읽으셔야 합니다. 시험을 치는 데는 특수한 지식을 필요로 하는 것이 많기 때문에 이것들이 생겨났습니다. 그러면 몸 조심하면서 열심히 공부하세요. 안녕히 계세요. 「영어실력기초」에서 다시 만납시다.

★ 뒷머리가 또 끌리는군요 – 이 책이 완전히 소화되지 않은 채로 「영어실력기초」로 뛰어 들어가지 마세요. 마지막 잔소리의 결론은 **"복습"**입니다.

고유 이야기

머슴살이에서 이조 판서로

★ 편집자 주 : 다음의 이야기는 어려운 형편 속에서도 자신의 꿈과 희망을 놓지 않고 열심히 노력한 조선시대의 정승 고유의 이야기입니다. 생전 안현필 선생님께서 감명깊이 읽은 이야기로 독자 여러분과 나누고 싶어 이 글을 싣습니다.

옛날 부모가 없는 고아 고유(高庾)라는 아이가 살았습니다. 나이가 어리고 철부지인 그는 하루 종일 굶은 날에는 남의 집 것이라도 훔쳐 먹고 싶었습니다.

그러나 '아니다. 나의 고조 할아버지는 임진왜란 때 의병대장으로 나라에 큰 공을 세운 분인데 내가 공부를 해서 큰 일을 못할망정 조상의 명예까지 욕되게 해서야 되겠느냐!'하면서 어린 고유는 그 정직한 절개를 꺾지 않았습니다.

그는 마음 속에 품은 뜻을 이룰 넓은 무대를 찾아서 집도 친척도 없는 고향이지만 정든 광주 땅을 떠날 것을 결심했습니다.

그는 우선 자기 힘으로 먹고 살기 위해 머슴살이라도 해서 글공부를 하기 위한 밑천을 장만해야 했습니다. 그래서 그는 밀양 땅에서 머슴살이를 시작했습니다. 주인집은 부농이었으므로 어른 머슴도 여럿 있었습니다. 어린 고유는 어른들에게 지지 않도록 열심히 일을 했으므로 주인은 물론 동네 사람들까지도 칭찬이 자자했습니다.

"저 놈 사람이 됐어, 못 배워서 벼슬은 못할망정 저렇게 남의 일을 자기 일처럼 정성껏 하니 장차 자수성가해서 큰 부자가 될 거야"라고 이웃 사람들이 입을 모아 칭찬했습니다.

어느 해 여름 고유는 학질에 걸려서 고열로 앓아 눕게 되었습니다. 주인은 그를 위해서 약을 쓰고 집안 식구 모두가 정성껏 그를 간호해 주었습니다. 그런데 때마침 큰 장마가 져서 주인집의 논이 터져 나간다고 야단법석이었습니다. 모두가 논둑 막기에 총동원 됐기 때문에 온 집 안이 텅 비어 있었습니다.

"주인집 논이 터져나갈 판에 내가 편히 누워 있을 수는 없지! 내가 봄 여름 동안 피 땀을 흘리면서 가꾼 벼가 홍수에 떠내려 가는 판에 누워 있다니!"

그는 억수로 퍼붓는 비를 뚫고 논을 향하여 쏜살같이 달려갔습니다. 학질을 앓아 산송장처럼 극도로 쇠약해진 몸인데도 성한 사람의 몇 배나 일을 했습니다. 주인과 집안 사람들이 말리는데도 불구하고 위험을 무릅쓰고 홍수 속으로 뛰어들어가 터지는 논둑을 막기에 전심 전력을 다했습니다. 사람들은 위험해서 물 속에 들어가지 못하고 발만 동동 구르고 있는 판인데 말입니다.

"나와! 위험해!"

주인이 아무리 말려도 그는 들은 체 만 체하고 일을 계속했다.
한 시간 후에 물이 점점 빠지면서 주인집의 논이 드러났습니다.
"조 서방네 집에 큰 복덩이가 들어왔어!"
먼 동네사람들까지도 고유의 지성을 입을 모아 칭찬했습니다.
주인은 고유가 보통 인물이 아니라는 것을 알아채고 글공부를 하고 싶어 하는 고유에게 일을 일찍 끝내고 밤에라도 서당에 가서 공부하라고 하였습니다.
"저는 주인집의 일을 한다고 약속하고 들어 왔으므로 약속대로 일을 하겠습니다. 다른 머슴들과 같은 시간에 일하고 일이 끝난 후 자기 전에 글공부를 하겠습니다. 5년 정도 번 것을 밑천으로 절에라도 들어가서 제대로 공부할 작정입니다."
라고 말하며 주인의 호의를 거절했습니다. 성공하는 사람은 누구든 남의 신세지기를 싫어하는 것은 예나 오늘이나 다름 없답니다.
그런데 이런 그에게도 한 가지 취미가 있었으니 그것은 장기를 두는 일이었습니다. 비가 오거나 농한기에 동료 머슴들이 두는 것을 보고 알게 된 것인데 장기를 두는데 비상한 머리를 발휘하여 동네 머슴들을 다 정복하였습니다.
같은 동네에 박 좌수라는 노인이 있었는데 그는 그 고장에서는 글깨나 알고 부유한 노인으로 알려져 있었고 그에게는 예쁜 딸이 있었습니다. 그는 외동딸의 효도를 받으며 술과 장기를 소일거리로 한가롭게 살고 있었습니다. 그 노인의 자랑은 첫째가 딸이요, 둘째가 장기였습니다. 그러나 일단 장기만 두기 시작하면 딸은 둘째로 밀려나기 일쑤였습니다.
고유는 그 동네에 2년간 있었는데 20세의 청년기에 접어들었고. 효성이 지극하고 아름다운 박 좌수의 딸에 대한 연정이 싹트기 시작했습니다.
'남의 머슴살이 주제에 이런 생각을 하다니!' 하면서 자책을 했으나 그 마음을 막을 길이 없었습니다.
어느 날 비가 와서 할 일은 없고 책을 읽고 있는데 주인이 불러. 박 좌수 댁에서 자네를 보내 달라고 심부름꾼이 왔으니 가보라고 하였습니다.
고유가 박 좌수 댁에 가자 노인이 말했습니다.
"자네 장기 솜씨가 상당하다는데 어디 나하고 한 번 두어 보세."
고유는 이것은 다시 없는 기회라고 생각했습니다.
"상대는 해드리겠습니다만 내기를 하셔야 두겠습니다."

"그래? 무슨 내기든지 하지."

"이왕이면 큰 내기를 할까요?"

"좋아, 그러나 자네가 무슨 큰 것을 걸 수 있단 말인가?"

"제가 지면 좌수님 댁 머슴 노릇을 3 년간 공짜로 해드리겠습니다"

"허허, 조 서방네 복이 우리 집으로 굴러 들겠구나."

"그대신 좌수님이 지시면 저를 사위로 삼아 주십시오."라고 농담 삼아 진심을 내비쳤습니다.

"뭐라고! 이놈이 엉큼한 생각을 하고 있었군! 내가 애지중지하는 꽃같은 외동딸을 너 같은 머슴 일꾼에게 주다니! 학식이 높고 돈 많고 지위가 높은 데서 청혼이 너무 많아서 고르고 고르는 판인데 아니 너 같은 놈에게 주겠느냐!"

고유는 순간 홍당무처럼 얼굴이 빨개지고 쥐구멍이라도 뛰어들어 가고 싶어 얼른 도망쳐 나왔습니다.

"내가 공연한 소리를 해서 이런 창피를 당했구나, 나 같은 머슴살이 주제에 그런 생각을 하다니 내가 정말 미쳤어. 누가 돈 없고 무식한 머슴에게 딸을 준단 말인가? 나는 정말 그 노인 말대로 엉큼한 생각을 하고 있어. 아… 이 망신을 어떻게 한담! 박 좌수를 원망할 이유는 없다. 다 내 잘못이다."라고 생각하면서 단념하려고 무척 애썼으나 사랑의 고민은 더욱 커질 뿐이었습니다.

그런데 이 순수한 고유의 사랑은 평소의 그의 지극한 성실성으로 말미암아 동네 사람들의 동정을 사고 박 좌수의 딸 자신도 고유의 그 인품에 반해 은근히 애정을 품고 있는 판에 부친과 장기 내기 이야기를 듣고 마음 속으로 무척 부친을 원망했답니다. 그러나 그 당시의 엄격한 사회에서 한낱 처녀로서는 어떠한 의사표시도 할 수 없었고 마음 속으로만 고민만 할 뿐이었습니다.

"나는 어떤 일이 있어도 고유와 결혼 할거야. 돈과 지위 같은 것은 그 사람의 껍데기일 뿐이다. 오늘 있다가도 내일은 거품과 같이 사라져 버려서 믿을 수가 없는 것이다. 양반집 아들의 돈과 지위는 스스로 만든 것이 아니고 부모가 만들어 준 것이다. 자기 자신이 만들 수 있는 인간이어야 해. 고유는 틀림없이 자기 힘으로 만들 수가 있는 인물이니 나는 고유와 결혼 해야겠어. 하지만 아버지를 어떻게 한담?" 하면서 무척 고민을 하였습니다. 여자이기 때문에 말은 못하고 마음 속으로만 고민이 이만 저만이 아니었습니다.

한편 고유는 창피를 당한 분한 감정과 극심한 사랑의 고민으로 집으로 돌아오자 이불 속에 드러누워 버렸습니다.

주인과 이웃 사람들이 이 일을 알고 고유를 타이르고 달래기도 했지만 소용이 없었고 또 박 좌수를 설득시키려고 애썼으나 그는 더욱 화를 내기만 했습니다.

고유는 "사나이 대장부가 이런 일에 앓아 눕다니!"

하면서 벌떡 일어나서 주인에게로 가 말하였습니다.

"주인님 저는 머슴살이를 그만두고 공부를 해야겠습니다. 5년 간 일하여 드리기로 약속을 하였는데 2년 밖에 되지 않았습니다. 용서하여 주십시오."

"그래, 지금부터라도 좋으니까 일하지 말고 공부만 하렴. 우리 집을 나갈 필요는 없으니 집에서 공부를 하거라. 나는 너를 아들로 삼고 네가 공부해서 성공하는 것을 낙으로 삼고 싶구나"

"아닙니다. 남에게 의지하는 사람은 큰 인물이 못됩니다. 정직한 노동의 대가를 받고 공부하겠습니다. 저는 서당에서 일을 하면서 공부하겠습니다. 저는 내일 아침 이 마을을 떠나겠습니다."

아무리 말리고 사정을 해도 고유의 마음은 움직이지 않았습니다. 주인은 다시 박 좌수를 찾아가서 애걸 복걸을 했으나 소용이 없었습니다.

"그래 정 그렇다면 너의 학비에 보태는 의미에서 벼 열 섬을 주겠으니 어디 절간으로라도 들어가서 열심히 공부하도록 하게."

"아닙니다. 저는 이 집에 2년 있었으니 벼 두 섬만 받겠습니다. 도중에 약속을 어기고 나가는 것을 승낙해 주시는 것만 해도 고마운데 그것까지 받아서야 되겠습니까?"

「인간을 알려면 돈 거래를 해보면 잘 알 수 있을 것이다. 즉 물질을 지배하는 그 정신력을 알 수 있기 때문이다. 보통사람 같으면 벼 열 섬도 모자란다고 할 것이다. 자기 때문에 논밭을 더 사서 재산이 늘었으니까 더 내라 할 것이다. 이런 사람들은 동정을 하여 주어도 언제나 더 주기만 바라고 감사할 줄을 모른다. 돈은 인간의 정신과는 다른 생명이 없는 차디찬 한 물질에 불과하다. 이것을 지배하는 것이 인간이고 결코 이것에 지배당해서는 안 된다. 때문에 돈에 관해서는 부자 간도 형제 간도 한계를 지켜야 한다. 이 한계를 지키지 않고 신용이 없는 한 위급한 때에 도움을 요

청해도 소용이 없다. 있으면서도 없다고 한다. 부자 간, 형제 간에도 자연히 그렇게 된다. 한계를 지키고 신용이 있으면 없을 때에도 딴 데서 꾸어서라도 주는 것이 인정이다. 과연 고유는 본받을 만한 인물이다. 역시 위인에게는 보통사람과는 다른 점이 있구나.」(안현필 선생님 말씀)

고유는 다음날 아침 일찍 그 정든 마을을, 애타게 사모하던 애인을 뒤로 하고 용감히 짐을 싸 떠났습니다.

"나는 그녀를 잊어야 해. 나는 지금 그런 생각을 할 때가 아니다."

몇 번이고 눈물을 머금고 자기 자신을 채찍질하면서 잊으려고 애썼습니다. 그는 억지로 잊으려고 큰 소리로 노래를 부르면서 길을 나섰습니다.

그때 등 뒤에서 아리따운 여인의 목소리가 들렸습니다.

"서방님! 좀 기다려 주세요!"

고유는 자기 귀를 의심했습니다. 꿈에도 잊지 못할 그 여인의 목소리가 아니었던가. 그 여인의 모습이 안개 속에서와 같이 몽롱하게 시야에 떠 올랐습니다. 마치 하늘에서 내려 온 천사와도 같아 꿈을 꾸는 것은 아닌가 자기 눈을 의심했습니다. 아니다! 눈 앞에 실제 그 여인이 있었습니다.

"서방님께서 성공해서 돌아오실 때까지 저는 기다리겠습니다. 그대신 저도 바느질을 하고 농사를 지어서 당신이 벼슬을 하거나 학자가 된 후에도 남에게 나쁜 짓을 안 하고 잘 살 수 있는 밑천을 벌겠어요. 당신은 공부를 해서, 나는 재산을 모아서 성공하기로 약속해요."라고 말하면서 자기 손으로 짠 베 다섯 필을 내 놓았습니다.

"이것을 팔아서 공부 밑천에 보태 쓰세요."

다른 사람 것 같으면 거절했을 고유는 흔쾌히 받아 들였습니다. 자기 아내가 될 사람이 손수 짠 것이기 때문에 팔지도 않고 고이 몸에 간직하고 다닐 생각이었습니다. 그는 주인으로부터 받는 벼 두 섬을 팔아서 품 안에 넣고 베 다섯 필을 짊어지고 고명한 훈장이 있는 서당을 찾아 정처 없는 길을 떠났습니다.

저녁 때가 되어서 눈이 몹시 내리기 시작했습니다. 그는 더 걸어갈 수가 없어서 어떤 산밑의 외딴 오막살이 집에서 잠을 청하게 되었습니다. 식구들은 마침 저녁 식사를 끝마칠 때였는데 죽 그릇과 간장 한 종지 뿐이었습니다.

"죽이나마 남아 있으면 대접 하겠는데 다 먹어버렸으니 이 일을 어떻게 한담? 잠깐만 기다리세요."

아주머니가 며느리에게 밥을 지으라고 눈짓을 하며 며느리 뒤를 쫓아 부엌으로 들어 갔습니다. 그런데 고유는 문틈으로부터 새어 나오는 말을 듣게 되었습니다.
"애야, 저기 있는 쌀은 네가 해산할 때에 쓸 것이니 그대로 두고 조밥을 지어라."
"손님한테 어떻게 조밥을 대접하겠어요?"
"괜찮다. 내가 손님에게 말하마."
부엌에서 시어머니와 며느리가 주고 받는 말을 듣자 고유는 가슴이 아팠습니다.
이윽고 밥상이 들어왔는데 쌀과 조를 섞은 죽이었습니다. 가을 추수가 끝난 지도 얼마 안 되었는데 벌써 쌀이 떨어진 소작농들의 딱한 실정을 고유는 너무나 잘 알고 있었습니다.
바로 그날 밤에 이 집 며느리는 옥동자를 분만했습니다. 고유는 다음 날 아침에 돈 열 냥을 안받는다는 것을 억지로 주고 떠났습니다.
그런데 이 착하고 어릴 때부터 고아로 자라나서 인생의 갖은 고초를 오직 성실하게 버텨온 고유에게 시련이 닥쳤습니다.
고유는 산을 넘다가 산적에게 가지고 있었던 돈, 성공할 때까지 고이 간직하려고 했던 선물인 베 다섯 필, 갈아입을 옷 등을 모두 빼앗기고 말았습니다. 이제는 아무 것도 없는 빈털털이 거지가 된 것입니다. 고유는 자기의 운명을 한탄하며 울면서 세상을 원망하였습니다. 선하게만 살아 온 자신에게 왜 하늘은 오히려 벌을 내리시는지 도무지 알 수가 없었습니다.

고유는 비참한 심정으로 정처없는 인생항로를 계속해서 나아갔습니다. 빈털털이 거지가 된 자기에게 어떤 운명에 닥치게 될 것인가에 관해 일종의 호기심조차 갖게 되었습니다.
합천의 어느 고을에 이르렀을 때, 서당에서 글 읽는 소리가 들려왔습니다. 그는 그 곳으로 들어가 훈장과 집 주인에게 절을 하고 사정을 했습니다.
"저를 댁의 머슴으로 삼아 주십시오. 한 달 동안 지켜 보시고 마음에 드실 경우에는 계속해서 두시고 마음에 드시지 않을 경우 경우에는 내쫓아 버려도 좋습니다. 저는 대가를 받지 않겠습니다. 그대신 밤에 글공부만 하게 하여 주시면 됩니다."
"하긴 올 농사를 지을 머슴이 나갔으니까 두어도 좋지만 밤에 글을 읽겠다고 하는데 그냥 시킬 수도 없잖은가?"

주인도 고유의 인품이 첫눈에 들어서 동정하는 어조로 말했습니다.

"나이가 몇인가?"

"스무 살입니다."

"스무 살에 글공부를 시작한단 말인가?"

"네."

옆에서 듣고 있던 어린 학동들이 킬킬대며 웃었습니다.

"모르는 글 배우는 데 나이가 상관 있습니까?"

"음, 허긴 그래."

훈장도 기특한 청년이니 한 달 가량 두어 보면 어떻겠냐 주인에게 말했습니다.

"한 달 가량 일해보게. 자네만 착실히 하면 자네 원대로 해줌세."

뜻밖에 공부할 기회를 빨리 얻은 고유는 기뻐서 어쩔 줄을 몰랐습니다. 낮에는 거저 농사를 지어주고 남이 일도 안 하는 밤에 글공부를 하겠다는데 어느 주인이 환영하지 않겠습니까. 보통의 청년이라면 낮에 열심히 일해서 돈은 돈대로 받고 남이 일 안 하는 밤에는 글공부를 하면 되는 것이지 왜 그렇게 어리석은가 하고 고유를 바보로 볼 것입니다. 그러나 위인의 공통점은 지극히 마음이 순수해서 물질적인 이해 타산을 초월하여 일을 합니다. 이것이 보통 사람과의 차이입니다. 이해타산을 너무나 가리는 사람치고 성공하는 경우는 거의 없습니다. 위인들은 아무 야심도 없이 순수한 마음으로 자기 자신을 희생합니다. 이 희생에 감격한 주위 사람들이 그를 끌어올리는 것입니다. 고유는 정말 진심으로 돈을 안받고 글공부만 할 생각이었습니다. 열심히 일하는 고유에게는 어떠한 대가라도 주고 싶을 것입니다. 무엇보다 가치가 있는 공부 시간과 편리를 도모해 줄 수도 있습니다.

그러나 고유는 어떠한 경우에도 공짜로 남에게 신세를 질 생각은 없었습니다. 저쪽에서 하나의 호의를 베풀면 이쪽에서는 두 배로 보답하자는 생각으로 나아갔습니다. 오히려 먼저 희생과 호의를 베풀어주자는 주의였습니다.

고유는 우선 그날부터 먹고 잘 곳이 없었으므로 주인의 말을 들을 것도 없이 소매를 걷어 붙이고 집안 구석구석을 깨끗하게 청소했습니다.

이와 같이 고유는 주인이 일을 시키는 것을 기다렸다 하지 않고 자기가 일을 찾아가면서 일을 했습니다. 주인이 시키기를 기다렸다 일을 하는 것은 보통 사람이 하는 행동입니다. 주인 눈만 살살 피해가면서 적당히 하는 사람, 자기 딴에는 약삭빠르고 자기에게 이익이 되는 일을 하고 있다고 생각하지만 자기 스스로가 무덤을 파고 있다는 것을 깨닫지 못하는 사람이 정말 바보인 것입니다. 고유가 나간 후 몇 시간이 되어도 돌아오지 않자 주인과 훈장은 참 이상한 사람이라고 생각했습니다. 처음부터 하는 일 하나 하나 신기하고 보통과는 달랐습니다.

저녁 때쯤 되어서 고유는 나무 한 짐을 지고 돌아왔습니다. 고유는 저녁밥을 공짜로 얻어 먹기가 미안해서 그랬는데 주인과 훈장은 놀랐습니다. 저녁밥을 먹고 난 다음은 공부를 하겠지 하고 생각했더니 그는 밤 늦게까지 짚신을 삼고 새끼를 꼬았습니다. 주인이 공부를 하라니까 약속대로 한 달 후부터 하겠다고 고집을 부렸습니다. 그 다음날도 아침 일찍 일어나서 집 안 청소는 물론 온 동네 길까지 청소했습니다. 똥과 쓰레기로 주인집 거름더미는 점점 많이 쌓여 갔습니다.

눈 오는 날에도 나무 한 짐씩을 꼬박 꼬박 해왔습니다. 처음에는 미친 놈이니 주인에게 아첨하는 비열한 놈이니 하고 흉들도 보았으나 그의 순수하고 근면하고 희생적 행동이 하루도 변함없이 계속되는 것을 보자 집안 사람은 물론 온 동네사람들의 칭찬이 자자했습니다. 그 후 몇 번이고 주인과 훈장은 밤에는 공부하라고 애걸하다시피 권했으나 약속대로 한 달 동안은 일만 하겠다고 고집을 굽히지 않았습니다.

한 달이 지나자 그는 드디어 공부하기 시작했습니다. 피곤한 몸으로 밤에만 했지만 하도 열심히 했기 때문에 낮부터 하는 사람보다 그 학업 진도가 놀랄 정도로 빨랐습니다. 서당이 끝나고 훈장이 잘 시간이 되면 고유도 불을 끄고 서당 한 쪽에서 자는 척을 했습니다. 그러나 달 밝은 밤이면 밖에 나가서 달빛 아래서 공부했고 눈 오는 밤이면 눈빛을 책에 비춰서라도 글을 읽었습니다.

이러한 주경야독의 세월이 7년 동안 계속되었고 그 동안 고유의 재산은 몇 배나 늘었습니다. 남의 논 보다 더 깊이 갈고 풀도 더 잘 뜯어 주고 거름도 더 많이 주고 물도 더 잘 대주니까 농사가 잘 안될 리가 없고 따라서 수확이 많아지니까 재산이 늘어 갈 수 밖에 없었던 것입니다. 그리고 고유의 자발적인 노력으로 개간해 놓은 논과 밭도 적지 않았습니다. 고유는 남인 주인을 위해서 그만큼 큰 일을 했지만 자기 자신의 학문적 성과도 경탄할 만한 것이었습니다.

"나는 이제 자네를 더 가르칠 수 없네. 자네 실력이 나를 넘어섰으니 이제부터는 나한테서 더 배울 필요가 없네. 내년 봄에 서울로 가서 과거를 보게. 내가 20년 동안 훈장을 했지만 자네 같은 제자는 처음이네. 내 제자로서 한 명쯤은 과거에 급제해야 될 것 아닌가?"

훈장은 고유의 출세보다 자기자신의 명예를 위해서 권하는 태도였습니다. 고유도 이제는 자기 혼자서 조용히 과거 준비를 해야겠다고 생각하고 주인에게 "7년 동안 신세 많이 졌습니다. 말씀대로 과거를 보겠습니다."라고 말했습니다.

"신세는 내가 졌네. 우리 집 재산은 자네가 다 만든 것이네. 그래서 재산의 반을 자네 것으로 할 것이니 그리 알게. 반을 자네에게 주어도 내 재산은 자네가 들어올 때에 비해서 세 배 이상이 되니 신세진 것은 바로 나일 세."

고유는 앞으로 3년 동안 절에서 공부하는 비용만 대어 주면 족하다고 고집했으나 주인은 주인대로 고유에 못지 않게 고집이 세서 고유의 승낙도 없이 그 재산의 10분의 4를 고유의 명의로 하고 그 증서와 3년간의 학비를 고유에게 주었습니다. 고유는 공짜로 받는 것이 아니고 자신의 피땀의 결과이며 또 주인의 고집을 이길 수도 없고 해서 결국은 그 증서와 돈을 받았습니다. 주인과 훈장 그리고 온 동네 사람들은 이제는 한낱 머슴으로서가 아니라 훌륭한 선비로서의 예절을 갖추어서 전송을 했습니다. 고유는 이에 보답하고자 꼭 과거에 합격하기로 굳은 결심을 하고 해인사의 조용한 방에 들어 앉아서 과거를 준비했습니다. 그는 이제는 밤낮으로 책 읽기에 전념 할 수 있었습니다.

훈장은 내년 봄에 과거를 보라 했지만 그는 3년 계획으로 과거 볼 준비를 했습니다. 그래도 시간이 아까워서 밤에도 졸음을 쫓고 공부하기 위해서 굵은 노끈으로 상투를 천정 대들보에 달아 매고 졸음이 와서 머리가 수그러지면 머리가 아파서 정신이 들게 하기도 했습니다.

「이런 공부를 옛날 사람이 많이 했고 지금 사람들도 졸음을 쫓아가면서 밤새 공부하는 경우가 많습니다. 그 정신은 참으로 감탄할 만하지만 오늘의 현명한 학생들은 잠을 제대로 자고 자서는 안될 시간에 놀지 말고 열심히 공부하는 것이 더 능률적이라는 것, 또 낮잠 한 시간쯤은 자서 머리의 피곤을 푼 후에 공부하는 것이 더 효과적이라는 것을 알고 있을 겁니다. 그리고 저녁밥을 먹은 후에는 바로 자고 새벽 2시쯤에 일어나서 아침밥 먹기 전에 5시간 공부하거나 적어도 3시간 공부하는 것이 과학적이며 효율적인 공부방법입니다. 아침 식사 전 한 시간의 공부는 낮 3시간과 같아서 남이 잠자는 사이에 결과적으로 3시간 내지 15시간이나 공부하게 되니 성공 안 할 리가 있겠습니까?」(안현필 선생님 말씀)

고유는 그런 맹렬한 공부로 3년을 보냈습니다. 그가 글을 배운지도 이제는 10년이 됐습니다. 그는 다음 해 봄에 드디어 과거를 보고 단번에 장원 급제를 하여 그의 이름은 천하에 알려지게 되었습니다. 장원 급제한 고유는 예에 따라 곧 숙종대왕 앞에 서게 되었습니다.

어느 날 소나기가 억수로 퍼부어서 관전 처마 끝에서 떨어지는 낙수 소리가 폭포 같아서 신하들의 아뢰는 말소리가 왕에게 들리지 않았습니다.

"빗소리로 말이 들리지 않으니 좀 큰 소리로 말하도록 하라."

마침 옆에 있던 고유는 그 왕의 분부를 초지에 받아써서 신하들에게 전했습니다. 고유는 다음과 같은 절묘한 표현으로 썼던 것이었습니다.

「詹鈴亂耳奏敢宣高」(첨령란이주감의고) (편집자 주;이 글 마지막에 뜻이 있습니다.)

이 글을 본 군신들이 입을 딱 벌리고 감탄했습니다. 왕도 흥미를 느껴 그 초지를 올려 보내라 하셨습니다. 왕이 그것을 보고 감탄 하시었습니다.

"이번 과거에서 과연 문장을 뽑았구나!"

그 후 왕이 고유를 부르시어 그의 집안 내력을 하문하시었습니다.

"신은 재봉 고경명의 현손입니다."

숙종대왕은 임진왜란 때의 의병대장으로 공을 세운 재봉의 이름을 기억하고 계시었습니다.

"과연 재봉의 후손이로다. 그래 부모들은 안녕히 계시느냐?"

"조실부모하였습니다."

"그럼 처자는?"

"10년 전에 약혼한 여자가 시골에 있사온데 10년간 만나본 일이 없습니다."

"그럼 약혼녀는 자네의 장원 급제를 알고 있는가?"

"먼 길이옵고 아직 편지를 못 내고 있습니다."

왕은 고유의 인품과 태도에 어딘가 모르게 점점 마음이 끌려 어릴 때부터의 내력까지 물으셨습니다. 고유는 왕을 속일 수가 없어서 자기의 오늘에 이르기까지의 고학담과 약혼녀와의 약속한 내용까지 자세히 아뢰었습니다. 왕은 감명깊게 들으신 후 고유를 약혼녀가 사는 밀양 사또로 봉해 주었습니다.

"그럼 약혼녀를 빨리 가서 만나보고 기쁘게 해주어라. 그러나 과거에 급제하여 밀양 부사로 임명되었다는 말은 하지 말고…"

낙방한 고유의 모습을 하고 만나서 10년 전의 약혼녀의 약속이 변했는지 여부를 알아 보라고까지 분부하시었습니다. 너무도 소설과 같은 입지성공이라 왕까지도 그러한 심정이 되신 모양입니다. 이점은 춘향전과 비슷합니다.

「고유는 이 도령과 달라서 일개의 머슴으로서 인생의 갖은 고초를 겪은 후에 과거에 합격했으므로 이 도령 이상의 인물이라고 볼 수가 있으며 따라서 고유 이야기는 춘향전 이상의 가치가 있다고 봅니다.」(안현필 선생님 말씀)

그래서 고유는 왕의 분부대로 남루한 옷을 입고 문전 걸식의 거지꼴을 하고 정든 님이 사는 밀양 땅으로 내려갔습니다.

실로 10년 만에 정든 고장으로 다시 오게 되자 고유는 감개무량하여 어쩔 줄을 몰랐습니다. '꿈에도 잊지 못했던 그 여인은 지금 어떻게 되었을까? 10년간 한 번도 만나 보지 못하고 소식도 못 들었던 그녀가 지금 어떻게 하고 있을까? 청상과부 신세로 늙었을 리는 만무하고 아마 지금쯤은 누군가의 아이를 등에 업고 있을 거야…'. 라고 생각하면서 몸은 비록 거지꼴이나 금의환향의 심정으로 의기양양하게 그 정든 땅 밀양으로 들어왔습니다.

그녀 고유의 여인도 고유에 못지 않게 고생을 했습니다. 조선시대에 처녀가 시집도 안가고 10년간 견뎌냈으니 그간의 고생은 이루 말할 수가 없었습니다. 백방에서 들어오는 청혼을 물리치자니 우선 그 구실이 문제였습니다. 엄한 아버지로부터 몇 번이고 매를 맞고 고문을 당하다시피 해서 고유와의 관계를 실토해 버렸습니다. 그녀는 아예 고유에게 몸까지 바쳐버렸다고 거짓말까지 했습니다.

아버지의 상심하는 딸을 차마 볼 수가 없어 집을 나간 적도 있고 고유를 찾으려니 찾을 도리가 없고 해서 몇 번이고 죽을 생각도 해보고 10년이 지나도록 소식이 없자 고유의 생사조차 의심했습니다. 그러나 그녀는 고유와 이별할 때의 약속을 잊지 않고 그간 바느질과 농사짓기, 해산물의 무역까지 하여 수백 석의 부자가 되어있었습니다. 늙은 아버지는 고유와 이별한 후 3년 만에 세상을 떠나고 그녀는 혼자 힘으로 큰 재산을 모으게 된 것입니다.

낙방하고 거지꼴을 해서 돌아온 고유를 맞이한 그녀는 한탄하는 그를 오히려 위로하면서 극진히 맞아 주었습니다.

"아무 걱정 마세요. 사람의 성공은 운과 때가 있는 것입니다. 아직 젊고 이제부터라도 늦지 않았으니 더욱 열심히 공부하셔서 꼭 과거에 합격하세요."라며 오히려 고유를 격려하는 것이었습니다. 10년 전 그때와 조금도 변함이 없는 애정으로 또다시 희망의 앞날을 격려해 주는 그녀였던 것입니다.

"실은 나는 장원급제를 하여 밀양 부사로 임명받았소. 내가 무슨 그런 의심이나 장난을 하려고 했겠소 만은 상감 마마께서 하명하시었소"하고 실토를 하였습니다.

"이 모든 것이 당신의 덕택이오."

그녀에게 고맙다고 치사를 했습니다. 이와 같이 서로 성공한 부부는 다음날 결혼식을 올리고 이어 밀양 사또로 부임하기 위해 준비하였습니다. 결혼식에서 아내가 그 재산의 반을 가난한 사람들에게 나눠 줄 것을 선언하자 모여든 백성들의 감격과 칭송은 더 말할 것도 없고 이 소설적인 성공 이야기는 전국 방방곡곡으로 퍼져 나갔습니다.

「고유는 아내가 모은 재산과 자기가 머슴살이를 하면서 번 재산이 있어서 부유하게 살 수가 있었습니다. 따라서 백성의 재물을 탐내지 않고 깨끗한 정치를 할 수가 있었던 것입니다. 정치를 생업으로 하는 오늘의 정치인은 모름지기 이 고유를 본받아야 할 것입니다.」(안현필 선생님 말씀)

인생의 밑바닥인 시골 머슴살이로부터 출발해서 10년 고학 끝에 사또로 부임한 고유는 가난한 백성의 실태를 몸소 체험해서 잘 알았기 때문에 모든 정사를 백성을 잘 살게 하기 위한 일념에서만 베풀었습니다.

그래서 그의 치적은 괄목할 만했고 얼마 안 되어 경상도 감사로 승진하고 이어서 이조판서로 올라가게 되었습니다. 부인 박씨도 정부인의 품위를 받고 부부가 화목하게 백년해로하며 만복을 누렸다는 이야기입니다.

▲ 簷鈴亂耳奏敢宣高 「처마 끝의 풍경소리가 주악과 같이 어지러운데 감히 임금님께 옳게 아뢸 수가 있으리오.」

▲ 복습을 꼭 하세요. 오늘 배운 것도 내일이면 거의 다 잊어 버려요

대한민국 영어교육사의 초대형 베스트셀러
안현필의 NEW 영어실력기초

안현필의 잔소리 원문 그대로 재현
"안현필의 영어공부법은 선진화된 교수방법의 전형"

안현필의 NEW 영어실력기초

"대한민국 영어교육사의 최고 명작! 풍부한 유머와 스토리중심의 교수법, 방향을 잃은 21세기 영어교육 현실에 새로운 길 제시!!"

안현필의 NEW 영어실력기초는 **안현필의 NEW 영어기초확립**을 공부한 후 기초가 완성된 단계에서 한걸음 더 나아가 영어실력을 완전히 자신의 것으로 체화하기 위해 반드시 필요한 교재입니다. 문제 먼저 제시후 스스로 문제해결을 통해 실력을 쌓을 수 있으며 풍부한 유머와 스토리를 활용한 교수법은 개별학습자가 직접 영어를 생각해보면서 공부하도록 구성되어 있는 국내유일의 실용적인 영어연습서입니다.

✚ 안현필 영어를 공부하는 순서 ✚

대학수학능력 기본실력 향상을 위한 MEDLEY 삼위일체강의
독해실력 및 영문체계의 완성
안현필의 NEW 메들리 삼위일체 강의
안현필의 NEW 영어실력기초의 확장판

안현필의 NEW 영어실력기초의 뒤를 잇는 영문체계의 완성을 위해 반드시 필요한 문법서입니다.

특히 **안현필의 NEW 영어실력기초**에서 다소 부족했던 독해분야를 특성화시켜 영문법의 완성단계인 영작문까지 공부할 수 있는 교재입니다.

학교나 학원강의를 들을 수 없는 분들을 위해 책 구성과 안현필 선생님 특유의 지도법으로 혼자서도 충분히 공부하기에 부족함이 없습니다.

또한 영어학습의 장벽을 제거하여 공부하기 편리하도록 객관식으로 나누어 학습효과도 뛰어난 교재입니다. **안현필의 NEW 영어실력기초**를 공부하신 모든 학습자들에게 권합니다.

+ 안현필 영어를 공부하는 순서 +

초중생 영어기초확립 ▶ 영어실력기초

고교생 영어실력기초 ▶ 영어기초오력일체 ▶ 메들리삼위일체강의 ▶ 영어연구

토씨(TOEWC)
영어쓰기능력 평가시험의 새로운 장을 열었습니다.

(TOEWC : Test of English Writing for Global Communication)

점수를 높이는 시험은 넘쳐나지만,
능력을 평가하는 시험은 토씨(TOEWC)뿐입니다.

토씨(TOEWC)는 세계 최초의 영어쓰기능력 평가시험입니다.

시험유형 초등, 중등, 고등, 일반 (각 1급 ~ 5급)	**참가자격** 자격제한 없음

문제유형 자율서술, 요약, 묘사, 유추설명, 비교대조, 분석, 진단평가, 의견제시 등

홈페이지 www.toewc.or.kr

문 의 TEL : 02) 557-1702~3 / toewc@toewc.or.kr

응시특전
- 합격자에게 민간자격증 부여, 개인별 전국단위 종합 성적표 제공
- 단체 응시의 경우 학교별 전국단위 성적표 제공
- 수상실적 대입 전형 참고자료로 활용 가능

※ 토씨(TOEWC)는 초,중,고교 및 대학 교내 영어쓰기능력 경시대회를 지원해드립니다.

주 최 :  주식회사 하리스코엔코렉션

주 관 :  RICGC Research Institute of Contemporary Global Communication - 미국연구소    CCRI Cornwell Communication Research Institute - 영국연구소

EnCorrection

원어민 전문교정 영작문 학습서비스

엔코렉션은 월단위 영작문 학습 서비스입니다.

영어일기, 자유 영작, 주제별 영작, TOEFL, TOEIC, SAT, IELTS 에세이와 개별 교정 서비스, 번역 클리닉, 이메일 개인비서 서비스를 제공하고 있습니다.

원어민 선생님의 첨삭, 교정 후 평가 보고서를 통한
고객의 영작에 대한 문제점과 학습 방향을 제시하고 있습니다.

영어일기
회원들이 영어로 작성한 일기를 원어민 선생님이 교정하는 서비스입니다. 하루에 일어난 상황이나 느낀 점 등을 영어일기로 써 보시기 바랍니다.

자유 영작
자유 주제로 영작을 한 후 원어민 선생님이 교정하는 서비스입니다. 자유롭게 자신의 생각을 영작해 보실 수 있습니다. 평소 쓰시고 싶었던 이야기나 에세이를 영작하시면 됩니다.

주제별 영작
주어진 주제로 영작을 한 후 원어민 선생님이 교정하는 서비스입니다. 무슨 글을 써야 할지 막막하거나 좀 더 다양한 글들을 영어로 써 보고 싶으신 분들은 실생활과 밀접하게 선정된 500여개의 주제 중 하나를 골라 자신의 생각을 영작하시면 됩니다.

TOEFL / TOEIC / SAT / IELTS Essay
수준 높은 원어민 선생님의 철저한 첨삭 지도를 통해 각종 Writing 시험에서 고득점을 맞으시길 바랍니다.

개별 교정 서비스
엔코렉션은 월 단위 원어민 교정 영작문 서비스를 제공하고 있지만 개별 교정을 원하시는 분을 위하여 개별 교정 서비스를 제공합니다.

번역 클리닉
취업 준비나 외국 유학을 준비 중인 고객들을 위해 영문이력서, 자기소개서, 커버레터, 에세이 등을 영문으로 번역하는 서비스입니다. 엔코렉션 번역 클리닉을 통해 고객님의 꿈을 이루시기 바랍니다. 번역 클리닉은 일반 문서 번역만 서비스해 드리고 있습니다. 특수 분야 번역은 제공하지 않습니다. (의학, 법률, 정보 통신등은 특수 분야로 서비스에 포함되지 않습니다.)

이메일 개인비서
엔코렉션은 해외 업무로 바쁘신 고객들을 위한 무역 서신, 업무 메일, 해외 메일, 영문 편지 등 이메일 개인 비서 서비스를 제공하고 있습니다. 이제부터 엔코렉션 이메일 개인 비서 서비스를 통해 해외 업무에 자신을 가지시길 바랍니다.

http://www.en-co.co.kr   TEL 02) 565-2856~7

안현필의 New 영어기초확립

지은이 | 안현필
발행인 | 김무진
발행처 | 하리스코대영당

주소 | 서울시 마포구 백범로 10, 2층 250호(노고산동)
대표전화 | 02-701-3577   팩스 | 02-555-0752
홈페이지 | http://www.ahpstudy.com
E-mail | info@ahpstudy.com

ISBN 979-11-956924-2-2

가격 18,000원

발행자의 허가 없이 모방복사를 엄금함.

(판권본사소유)

파본이나 잘못된 책은 구입처에서 바꿔 드립니다.